실학, 實學
우리 안의
오랜 근대

실학, 實學

우리 안의
오랜 근대

—이경구 지음

푸른역사

일러두기

1. 특별한 언급이 없으면 1894년 이전은 음력, 이후는 양력이다.
2. 전근대 한문 자료의 인용문은 본문에 번역하였고 주석에 원문을 표기했다.
   신문·잡지 등 근대 매체의 인용문은 가급적 현대어로 윤문하였고 원문은 생략했다.
3. 주요 인물의 생몰년은 1960년대까지 활발하게 활동한 인물에 한정했다.

* 이 책은 2018년 대한민국 교육부와 한국연구재단의 지원을 받아 간행되었다.
  (NRF-2018S1A6A3A01022568)

책을 내며

한국에서 실학實學과 실학자는 상식이다. 누구라도 '실학'이란 말을 들으면 자동적으로 사람, 표어, 정책 등을 떠올린다. 정약용, 이익, 유형원, 박지원, 박제가, 홍대용 등의 실학자들, 실사구시實事求是와 이용후생利用厚生 같은 표어, 토지개혁을 비롯한 사회개혁안, 기술의 발전과 상업 중시, 서학西學 수용 등이다. 이들은, 따분한 역사 교과서나 학술서, 심지어 경전 등에서 나왔는데도 한국인 다수의 머릿속에 안착했다. 실학은 성공한 역사 용어이다.

　사회 곳곳에서 실학의 매력을 놓치지 않았다. 정치가 빠질 수 없다. 1962년 국가재건최고회의 의장이었던 박정희는 당시 《우리 민족의 나갈 길》을 저술했다. 그중 2장이 〈우리 민족의 과거를 반성한다〉

였다. 책은 전체적으로 과거를 반성하고 재건과 혁명을 강조하는 기조였으므로 2장에서도 전통은 주로 극복의 대상이었다. 다만 2절은 '전승傳承해야 할 유산들'이었고 여기서만큼은 본받아야 할 역사 전통을 꼽았다. 그것들은 훈민정음, 영·정조의 문화 르네상스, 향약·계 등의 지방 자치, 국난 극복을 위한 애국 전통, 서민문화, 그리고 실학이었다.

실학은 공리空理나 공론空論에 골몰하는 주자학에 반대해서 실제로 응용할 수 있는 지식과 과학을 존경하는 사상인 것이다. 과거 주자학에 물든 양반들의 무사無事, 무위無爲주의나 안일주의를 배격하고 속수무책으로 허송세월만 하는 낡은 생활 태도를 반박하고 실천을 강조했던 것이다. 돌이켜보면 우리나라 근대화 과정에선 사상계가 당론黨論에만 쏠린 주자학이나 유교풍을 누르고 유럽의 과학적인 문화나 물질문명을 받아들이는 실학의 진취성 있는 새로운 사상을 과감하게 받아들이고 이를 육성했다면 뒤떨어진 것을 훨씬 단축시킬 수 있었을 것이다.

박정희에 의하면 실학은 주자학에 반反하고 근대와 짝하는, 한국 역사에서 몇 안 되는 소중한 자산이었다. 그가 집권했던 1960~1970년대에 실학에 대한 강조가 최고조였음을 감안하면 1962년의 이 글은 현대 한국에서 실학의 운명을 잘 보여준다.

실학의 매력은 1980년대 이후 문화·사회 방면에서도 식지 않았다. 1990년대 초반 소설 《동의보감》과 동명 드라마의 성공 이후, 조선 중·후반기 인물을 다룬 소설이 붐을 이룬 적이 있었다. 《소설 목민심서》, 《토정비결》, 《영원한 제국》 등이 대표적이다. 수십만 부 이상이 팔렸던 《토정비결》의 작가 이재운은 신문 인터뷰에서 "(이지함은) 점술가라기보다는 실학사상의 원조라고 볼 수 있습니다"라며 그가 자본주의 경제를 최초로 시도한 경제학자이자, 수학자, 과학자라고 말했다(《조선일보》 1992년 2월 26일, 〈기氣 철학 실용화한 토정土亭 일대기〉). 소설의 성공에는 이지함을 조선의 첫 근대인으로 설정한 것이 크게 기여했다.

영화로도 성공했던 《영원한 제국》에서 정약용은 독살 사건을 합리적으로 해결하는 탐정처럼 등장했다. 《영원한 제국》이 서양 중세를 배경으로 한 소설 《장미의 이름》에서 모티브를 빌려온 것은 잘 알려진 일이다. 《장미의 이름》의 주인공 윌리엄 수사修士도 명탐정 셜록 홈즈의 면모를 선보이며 화려하게 등장한다. 탐정 셜록의 면모를 서양 중세의 수사, 조선의 학자에게 투사할 때의 이점을, 영리한 소설가들은 잘 알고 있었다.

중세를 다룬 소설에서 비합리성을 깨는 캐릭터가 중요하다면, 조선 시대를 배경으로 한 대중문화에서 시대를 앞선 캐릭터에는 누가, 무엇이 효과적일까? 《토정비결》이나 《영원한 제국》처럼 캐릭터와 실학을 연결하거나, 아예 실학자를 등장시키는 일일 것이다. 우리의 대중문화에서 당대의 인습을 깨기 위해 실학 또는 실학자를 등장시킨 사례는 꽤 많다.

21세기에 한국의 실학자들은 또 새롭게 조명되었다. 실학자와 연관 있는 지역에서는 그가 지역 사회, 문화의 아이콘이 되곤 한다. 다산 정약용이 태어나고 별세한 경기도 남양주시에서는 실학축제가 열렸고, 실학박물관이 건립되었다. 남양주시 일부는 '다산'으로 명명되기도 했다. 정치도 여전하다. 2021년 한국에서 대통령 선거 열기가 달아올랐을 때 양대 정당인 민주당과 국민의힘에서 모두 실용과 실사구시를 동원했다.

이상에서 실학 및 그와 관련한 용어·설명 등이 현대 한국의 정치, 사회, 문화 전반에서 건재함을 단적으로 제시했다. 발전된 미래를 위해 과거에서 동원할 수 있는 큰 자산일 뿐더러, 민족적 자긍심도 채워주고 정치 논쟁도 유발하지 않는 소재이기 때문이리라. 그렇다 해도 그늘이 없지는 않다. 존경과 인용이 더해질수록 실학과 실학자에 대한 과소비, 왜곡에 대한 지적과 비판도 끊이지 않는다. 그 지적이 문화에서의 재현, 정치나 지방 자치기관 등에서의 활용에 대해서라면 점잖은 충고에서 그치겠지만, 사실에 토대하고 사실을 추구하는 학계의 경우라면 엄중하게 시비를 가려야 하는 문제가 된다.

현대 한국학계의 여러 분야에서는, 연구 주제로 택한 조선 시대의 학자와 그의 학문에 대해 '그래서 실학(자)이다'라고 결론짓는 일이 종종 있다. 그러나 그렇게 서술형으로까지 쓰이는 실학 개념에 대한 비판도 만만찮다. 논쟁은 역사 용어 '실학'의 탄생 때부터 있었고 아직도 해소되지 않았다. 실학을 학계에서 통용된 개념으로 쓰는 측과, 그 공인의 근거가 허약하다고 보는 견해는 대립 중이다. 양측의 차이가 알려질수록 독자들의 당혹도 생겨난다. 독자들은 당연하게 여겼던 실학이란 상식에 대해 허무함이 커지거나, '실학은 없었다'는 다소 선정적인 주장을 수긍할 수도 있다.

필자가 실학을 주제로 시민강좌에서 강의할 때 자주 나오는 질문 또한 그것이었다. "그래서 실학이 과연 있었나요?"

질문하시는 분들은 대개가 한국 역사, 넓게는 인문학에 조예가 깊고 무엇보다 큰 애정을 지니고 계셨다. 성의껏 답변한다고는 했으나 설명 후에는 항상 미흡하고 송구한 마음이었다. 어쨌거나 그분들께 드렸던 나의 정리된 답변은 대강 이렇다.

'있다', '없다'를 말하기 전에 우리가 과거를 이해하거나 정리할 때 도움을 주는 역사 용어나 개념 등과 과거 사실과의 관계를 생각해봐야 합니다. 이것은 일반적인 역사 강의에서는 잘 하지 않았기에 조금 생소할 수도 있겠습니다.

예를 들어 '농업 기술'이란 용어를 보겠습니다. 이 용어로 조선시대의 농업에 대한 설명을 듣는다면 우리는 용어와 과거의 팩트 자체를 고민할 필요가 없습니다. 당시에 농업 기술이란 용어가 없었음은 잘 알고 있고, 또 당시에 농사를 지을 때 그 수준에 맞는 농업 기술이 있었음도 잘 알고 있습니다. 그래서 용어와 팩트에 대한 고려 없이 자연스럽게 설명에 집중합니다. 말하자면 현대어나 신조어로 과거를 설명하는 데에는 굳이 역사 용어와 과거 사실과의 관계를 따질 필요가 없습니다.

그런데 실학은 농업 기술이란 용어와 다릅니다. 과거에도 실학이란 용어를 사용했는데요, 그것도 아주 오랫동안 써왔습니다. 문제는 당시에 사용한 실학의 의미가 지금과 달랐다는 데 있죠. 게다가 실학은 의미가 몇 차례 바뀌기조차 했습니다. 그런 내력을 지닌 용어를 근대 이후에 학자들이 '조선 후기라는 특정한 시기에 특정한 학자들의 학문과 사상을 설명하는 역사 용어 실학으로 재구성'했습니다. 말하자면 과거의 용어를 빌려와서 새 의미를 부여하고, 그에 합당한 학자들을 실학자로 정리했고, 다시 이 용어로 과거를 설명하고 있는 것입니다. 이 과정을 꼭 생각해두셔야 합니다.

예컨대 역사를 좋아하는 분이 사료를 보다가 다른 의미로 쓰였던 실학 용례를 발견하면 어떨까요. 실학자의 글을 접할 때도 그렇습니다. '실학의 집대성자 정약용'으로 배웠는데 정약용의 글을 찾아보니, 그는 '실학'이란 용어를 사용한 적도 거의 없고, '나는 실학자다'라고 내세운 적도 없습니다. 내가 배운 실학과 과거의 실학이 다르니 당혹스럽습니다. 정확히 보면 이렇습니다. 정약용은 실학을 말하지는 않았습니다. 그는 당대의 학문 풍토를 비판했고,

당대의 학문을 두루 소통하며 성리학과는 다른 유학을 구상했고, 현실적·개혁적·실용적 분과 학문을 정립했습니다. 그의 학문성과를 우리가 실학이라고 정의하고 실학자로 계보화한 것이죠.

자, 이제 '실학이 있었느냐'는 물음으로 돌아가보죠. 실학은 있었습니다. 용어가 있었고 학자들의 학문이 있었습니다. 다만 용어는 지금과 의미가 달랐고, 학자들의 학문은 훗날 실학으로 정리되었습니다. 실학의 입장에서는 새 의미를 부여받은 것이죠. 관점을 달리해서 이 관계를 본다면 '실학은 없었다'라고도 할 수 있습니다. 과거의 실학이란 말은 우리가 생각하는 의미가 아니었고, 당시 학자들이 '나는 실학자다'라는, 지금 우리가 생각하는 정체성을 가지지는 않았기 때문입니다.

결론적으로 저는 우리가 통상적으로 배웠던 실학에 대한 설명, 즉 '조선 후기 실용적인 학풍이 일어나고 이를 〈실학의 일어남〉 등으로 제목을 달고, 그들의 학문 내용을 하나하나 소개하는 방법'은 불완전하다고 생각합니다. 제목을 고치거나, 아니면 최소한 하나의 설명을 더해야 한다고 봅니다. 실학이란 말이 과거와 현재에 어떻게 달라졌고, 근현대 학자들이 조선 후기의 특정 학자들을 실학자로 정리하게 되었는지에 대한 설명입니다. 간단히 말해 실학이란 말 자체의 역사를 설명해야 하는 것입니다. 만약 이 과정을 생략한다면 '실학이 있다고 배웠는데 왜 실학이 없었나요'라는 질문에 해답을 줄 수가 없습니다.

위 설명은 이 책의 출발지이자 종착지이기도 하다. 이 책은 실학자들과 그들의 학문이 주인공이 아니다. 실학이란 말 자체 그리고 실학이란 말을 발화發話한 사람들이 주인공이다. 말의 기원과 특징, 실학의 의미가 변하는 과정들, 실학에 공명하여 소환된 실사구시·이용후생 등의 의미, 근대 이후 전변轉變한 실학의 의미, 한국에서 현대의 실학 개념이 구축되는 장면 등이다. 조선 후기의 실학자와 그들의 학문을 실학으로 소개하는 통상적인 설명은 이상의 과정에서 필요한 만큼만 진행될 것이다.

이제 책에 대해 짧게 소개하고 저술 과정에서의 소회를 전할까 한다. 이 책의 1장과 2장은 실학의 어원, 의미상의 특징과 고전적 정의, 공명하는 용어들에 대한 서술이다. 3장 이하는 한국의 실학 역사이다. 3장과 4장은 한국에서의 출현과 조선 시대의 용례이다. 실학의 과거 의미이기도 하고, 훗날 실학의 내용으로 소개되는 학자들의 학문성과에 대한 소개이기도 하다. 5장은 실학 전변의 역사이다. 유학—한자문화권 전체에서 오랫동안 쓰였던 실학의 의미 변화를 살폈다. 이 변화는 서양문화, 서양 학문과의 문명 차원의 충격에서 초래되었다. 때문에 5장에서는 중국과 일본에서의 변화도 함께 보았다. 6장은 20세기 초 한국에서 역사 용어 실학이 정립되는 과정이다. 우리에게 익숙한 실학의 탄생이기도 하다. 7장은 현대 한국에서 실학 개념의 성립과 사회적, 문화적 영향력에 대해서이다. 현대 한국학계의 실학 연구성과도 아울러 살폈다.

　이상의 과정을 충분히 소화하지 못했기에 부끄럽지만, 2010년 초에 필자가 실학을 구상했을 때는 더 큰 꿈도 꾸었다. 특히 근현대 부분이다. 북한에서 1960년대 이후 실학에 대한 설명, 현대의 중국과 일본에서의 실학 용례, 1990년대 이후 한·중·일 삼국의 실학 교류의 성과 등이 그것이다. 또 실학에 대한 통념의 형성에는 교과서에서의 실학 설명도 매우 중요하다. 처음부터 연구를 다짐했던 주제들인데 필자의 역량 부족으로 제대로 살피지 못했다. 앞으로의 과제로 남긴다.

　예상을 넘은 성과가 있다면 최근까지 디지털로 축적된 국내외 자료를 힘이 닿는 한 검색해본 경험이었다. 2장에서는 중국에서 구축한 《사고전서四庫全書》 전자판이 도움이 되었다. 3~7장은 국사편찬위원회, 한국고전번역원, 한국학중앙연구원, 국립중앙도서관, 네이버 뉴스라이브러리 등에 구축된 대단위의 전근대 사료, 신문과 잡지의 데이터베이스가 없었으면 쓰기가 불가능했다. 다만 현대 학자들의 논저는 너무 많았고 1960년대까지의 논저는 거의 검토했지만 1970년대 이후는 적절히 취사할 수밖에 없었다. 대신 신문의 실학 관련 기사는 상대적으로 많이 인용했다. 대중들이 직접 접하는 실학 정보를 가늠해보려는 취지였다.

　전산화된 다수의 실학 정보를 뒤적이는 경험은 새로웠고 두어 가지 시사점도 얻었다. 검색되는 사료들은 과거 많은 학자가 지면으로 찾고 소화했던 자료들을 압도하는 분량이었다. 포착되기 힘들었던 자료를 발굴하는 일의 보람이야 말할 것도 없지만, 너무 단순해서 무심코 넘겼던 언술들이 큰 데이터 안에서 또 다른 망으로 연결되며 새로운 현상을 보여주기도 했다. 그 경험은 필자의 작업 또한 하나의 단계에 불과함을 명확하게 일깨워주었다. 앞으로 추가되는 정보와 진전된 분석틀로 인해 추후에는 실학에 대해 훨씬 입체적이고 자세한 면모가 드러날 것이다. 모쪼록 이 책 또한 과정 중의 해석이 되었으면 한다.

마지막으로 고마운 분들과의 인연을 떠올린다. 필자는 조선 시대를 전공했으므로 이 책을 구상할 때 근대 이후의 정리에는 암담한 느낌이 없지 않았다. 근대는 노관범 선생님의 선구적인 연구가 직접적인 도움을 주었다. 그는 근대의 실학 사료를 개척하고, 개화기 이후 실학의 변화를 촘촘하게 살폈다. 동학이자 동료였던 인연으로 필자의 일련의 글을 비평, 교열해준 수고에도 감사드린다. 현대는 이태훈 선생님의 〈실학 담론에 대한 지식사회학적 고찰—근대성 개념을 중심으로〉(전남대학교 박사학위 논문, 2004)에서 큰 도움을 받았다. 통상적인 실학 연구사에서 벗어나 실학을 현대 한국의 담론으로 과감하게 파악한 첫 연구라고 생각한다.

애초 실학에 주목하고 써보겠다고 결심한 데에는 필자가 근무하는 한림대학교 한림과학원이 수행하는 학술 프로젝트가 직접적인 인연이 되었다. 한림과학원은 2007년부터 지금까지 한국연구재단의 지원을 받아 인문한국·인문한국플러스 사업을 수행하고 있다. 프로젝트 주제를 간단히 소개하면 '동아시아 개념사 연구'이다. 개념사라는 특정한 역사방법론에 입각해 한국과 동아시아 근대 형성의 특징적 경로를 밝히는 것이다. 그 사업의 핵심이 《한국 개념사 총서》이다.

필자가 총서의 주제로 실학을 쓰겠다고 해서 일이 시작되었다. 총서에서 항목으로 다룬 개념들은 주로 동아시아 근대 형성에 영향을 미친 서양의 개념어, 번역어들이었다. 그러나 실학은 그들 개념과는 달랐다. 서양에서 기원하지 않았으면서 한국의 근대에 영향을 미친 대표 개념이기 때문이다. 필자는 자생했던 개념의 근대 이후의 여정이 중요하다고 주장하며 여기까지 왔다. 이렇게 설명하고 보니 개념사에 자극받아 실학을 해석하고 그를 통해 한국 근대의 특징을 살피려는 속내가 있었음을 고백한 셈이 되었다. 이 책 1장에서 개념사와 관련한 서술이 있으므로 여기서는 단서만 밝힌다.

개념사 프로젝트를 오랫동안 이끌었던 김용구 한림과학원 전前원장님을 비롯해 박근갑, 송승철, 양일모, 오수창 선생님은 필자가 작업을 시작할 수 있도록 지원하고 응원해주셨다. 지금은 그 응원을 한림과학원의 HK교원들에게 받고 있다. 이행훈 선생님은 자료와 연구 전개에 귀중한 도움과 함께 허술했던 초고도 검토해주었다. 전공은 다르지만 수년간 공동연구를 진행하며 조언을 나누었던 심혁주, 이성우, 이예안, 장세진, 황정아 선생님께도 감사드린다. 송인재 선생님을 비롯해 한림과학원을 거쳐간 도재학, 이정선, 이주라, 허수 선생님이 없었으면 방대한 데이터의 분석과 활용에 대한 착안과 시도가 없었을 것이다. 연세대학교 최지명 선생님과는 실학을 대상으로 코퍼스 실험을 함께해보았다. 이 책의 코퍼스 분석 결과는 그 작업의 결과물이다. 인하대학교 이봉규 선생님이 여러 모임에서 해주셨던 논평과 제안은 이 책 곳곳에 배어 있다. 일송학원 역사문화실을 함께 운영하는 김아람, 노성호, 박신애, 서병철 선생님도 잊을 수 없다. 이분들과는 다른 자료를 갖고 이런저런 실험을 하고 있는데 신기하게도 그 시도가 실학 연구에 자극이 되었다.

한림과학원의 《한국 개념사 총서》를 비롯한 개념사 관련 저작이 어느덧 120권을 훌쩍 넘겼다. 그 책들의 절반 이상은 푸른역사를 거쳐 빛을 보았다. 한결같이 지원해주신 박혜숙 사장님과 원고 정리에 애써주신 직원분들, 그리고 서강대학교 대학원의 유찬근 님께 깊이 감사드린다. 역사서 출판의 명가名家인 푸른역사의 명성에 '개념사의 명가'라는 호칭을 더해 드려 노고에 보답했으면 하는 소망을 품어본다.

2024년 춘천에서
이경구

1

실학 인식의 세 층위
—용어·개념·담론

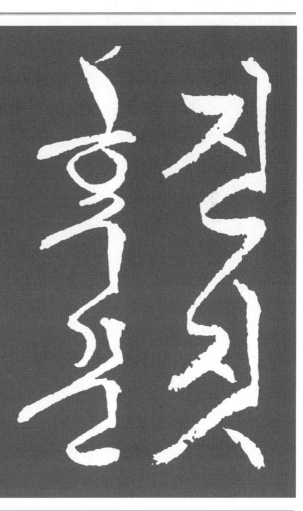

1.
실학이란 말

두 가지 설명

실학實學은 한국의 일반인에게 꽤 익숙한 용어이다. 이해의 평균치를 보여주는 사례로는 대표 국어사전인 《표준국어대사전》의 설명이 적절할 듯하다. 사전의 설명은 이렇다.

1. 실제로 소용되는 학문.
2. 〈역사〉 조선 시대에, 실생활의 유익을 목표로 한 새로운 학풍. 17세기부터 18세기까지 융성했으며, 실사구시와 이용후생, 기술의 존중과 국민 경제생활의 향상에 대해 연구했다.

정리를 해보자. 설명 ①은 일반명사로서의 풀이이다. ②는 실학이 '역사 용어'임을 명기하고 실제 사례를 소개했다. 우리는 일반명사 실학과, 역사·학술 용어인 고유명사 실학을 겹쳐 쓰고 있다. 별다른 의문이 들지 않을 수도 있겠다. 그렇지만 과거로 거슬러가 당시의 용례를 따져보면 조금 복잡해진다.

실학이란 용어는 한국의 현존하는 문헌에는 14세기 초에 처음 등장했다. 그 당시는 물론 이후에도 상당히 오랫동안 지금의 실학과 같은 의미, 다른 의미가 뒤섞여 있었다. 예를 보자. 1452년 단종 즉위년에 중국 사신 진둔陳鈍과 성균관 유생 김석통, 병조참판 이변이 만나 대화를 나누었다.

> 김석통이 대답했다. "사서四書와 《시경》, 《서경》, 《주역》, 《춘추》, 《통감》을 읽겠습니다."
> 진둔이 말했다. "너무 많지 않은가 합니다."
> 이변이 말했다. "모두 실학實學이니, 많은 것이 아닙니다. 대인이 강講하면 곧 알 것입니다."[1]

중국 사신이 성균관의 유생에게 질의할 텍스트를 고르는 장면이다. 유생 김석통은 사서는 물론이요 경전, 역사서 어느 것이나 상관없다고 자신만만하게 대답했다. 진둔이 오히려 난감해하는 듯하다.

여기서 병조참판 이변의 대답이 눈길을 끈다. 그는 후보로 꼽힌 텍스트들이 '모두 실학[皆實學]'이라고 말했다. 이때의 실학을 '진실한 학문' 정도의 보통명사로 번역해도 된다. 그러나 당시 현장을 고려해서 정의하면 유교 경전 또는 경전에 대한 공부인 경학經學이 정확하다. 이때의 실학은 고유명사이다. 조선 시대에도 실학은 보통명사, 고유명사로 쓰이고 있었던 것이다. 다만 고유명사의 의미는 경학이었으므로 지금과 달랐다. '경학=실학'인 과거의 용례는 지금 대부분의 사전에는 소개되어 있지 않다.

변화하는 고유명사

보통명사 실학의 의미는 예나 지금이나 크게 변하지 않았지만, 고유명사의 의미는 시기에 따라 달랐다. 한국에서 14세기에 등장한 실학은 거짓 학문인 불교에 반대되는 유학 또는 성리학이었다. 15세기 이후부터는 문장 공부에 반대되는 경학經學도 널리 쓰였다. 맥락에 따라서는 출세를 지향하는 공부와 반대되는 순수한 공부로도 쓰였고, 16세기 이후는 군주의 성학聖學, 공허한 담론에 반대하고 실천과 실용을 중시하는 경세학經世學으로도 쓰였다. 현대 사전의 설명 ②는 경세학으로 쓰인 실학 용례를 설명한 것이다. 고유명사의 역사로만 본다면 막내 격으로 등장한 설명만 현대 사전에 소개된 셈이다.

　나중에 등장했지만 지금 사람들 대부분은 설명 ②를 지침삼아 과거를 이해한다. 그러나 그 의미는 한때에 불과했다. 따라서 설명 ②를 '과거에 실재했던 불변하는 좌표'로 설정한다면 우리는 과거에 상당한 시간 동안 사용했지만 지금은 사라진 유학·성리학·경학·성학聖學 등의 의미를 놓치거나 사실을 잘못 이해하게 된다. 예를 들어보자. 여기서 실학을 '실용의 학문'으로 해석했는데 타당할까?

전前 찬선贊善 이희조가 귀양길에서 죽었다. 이희조는 부제학 이단상의 아들이다. 젊었을 때 과거 공부를 폐하고 거유巨儒의 문하에 드나들어서 당시에 이름이 있었고 만년에는 조정에서 유현儒賢으로 대우하기까지 했다. 그러나 '실용의 학문[實學]'은 없고 다만 글씨와 편지에 능숙하고 민첩하여 잠깐 사이에 수천 글자의 글을 휘갈겨 써도 그 사연이 곡진할 따름이었다.[2]

숙종 대에 유학자로 이름난 이희조李喜朝(1655~1724)에 대한 졸기卒記이다. 그는 과거 공부를 일찍이 접었고 만년에 산림山林으로 대우받았다. 이 글에서는 그의 학문에 대해 "그러나 실학이 없고 다만 글씨와 편지에 능숙했다[然無實學, 但筆札贍敏]"고 평가했다.

사실 위 기사는 노론의 학자였던 이희조를 비판하는 소론 쪽 사신史臣의 평이다. 이를 감안해 윤문하면 '과거를 단념하고 공부하여 유학자로 명성을 날린 사람이 그에 걸맞은 실학은 없고 다만 글씨나 편지 쓰기에 능했다'는 뜻이다. 결국 실학은 '과거를 단념하고 유현으로 명성을 날린 사람이 연마한 학문'이니 범칭하면 진실한 학문이요, 구체적으로는 경학經學 또는 성리학이다. 그러나 번역은 엉뚱하게 '실용의 학문'이 되었다. 아마 무심결에 우리가 쓰는 실학의 이미지가 투영되어서가 아닐까 한다.

이렇게 보면 처음에 보기로 들었던 《표준국어대사전》의 설명 역시 부족한 감이 있다. 설명 ①에는 '진실한 학문' 정도가 적합하다. 가장 포괄적이며 오랫동안 쓰였기 때문이다. '진실한 학문'에는 실제, 실용, 실천을 중시하는 학문 등이 강조점에 따라 모두 담길 수 있다. 또 설명 ②의 정의는 지나치게 근대적이다. 학자에 따라서는 실학을 17세기보다는 18~19세기의 학문으로 보기도 한다. 기술의 존중 또한 극히 일부 학자에서나 찾을 수 있으며, '국민경제'라는 표현은 도무지 적용되지 않는다. 현재의 사전에도 실학을 근대의 단초, 반反유학의 학문으로 강조했던 20세기식 정의가 잔존해 있다.

지속하는 보통명사

실학의 고유명사들은 일시적이었지만 실학이란 용어 자체는 오랫동안 쓰였다. '진실한 학문'은 어느 시대에서건 추구하기 때문이다. 그러니까 진실한 학문은 그때그때 고유명사 실학과 짝하거나 때론 고유명사의 의미를 변화시키며 지속했다. 필자는 그 생명력의 원인은 '실實'이

가진 의미의 속성에서 기인한다고 본다.

한자 '실實'과 관련한 여러 의미 가운데 실학과 관련해서는 두 가지를 주목할 수 있다. 하나는 '진실'의 의미이다. 실학은 진실 또는 진리를 탐구하는 학문이다. 진실은 현상 너머의 본질을 통찰해야 한다. 진리를 추구하는 학문이기에 바른 학문이기도 하다. 다른 하나는 '현실'이다. 실학은 실재를 탐구하는 학문이다. 실재하는 존재들에 주목하고 그것을 본질로 여긴다. 진리는 가시적이고 현재화되어 있으므로 실용적이기도 하다.

진실과 현실에 한 발씩 내디딘 실학을 우리말 '진짜 학문'으로 번역해도 의미가 통한다. 우리말에서도 '진짜'라고 말하면 때론 개별 사물 너머의 본질을 가리키기도 하고, 때론 현상 그 자체를 가리키기도 한다. 흥미롭게도 영어 'real'도 마찬가지이다. 'real'은 '진실하고 근본적인 것something true or fundamental'이면서 '실제로 존재하는 것something actually existing'이기도 하다. real과 거기서 파생한 realism은 서양에서도 본질과 실재를 두고 복잡한 논쟁을 유발했다. 레이먼드 윌리엄스의 《키워드》를 조금 인용한다.

'realism'은 난해한 단어이다.……'real'에는 처음부터 불안정한 이중의 의미가 있었다.……'실재하는 것'이라는 의미는 암묵적이거나 명시적으로 '상상 속의 것'과 대비되어 16세기 말부터 일반적으로 사용되었다.……이와 동시에 'real'에는, 상상 속의 것과의 대조가

1

아니라, 눈에 보이는 것과 대조적으로 사용되는 중요한 의미도 있었
다.……어떤 사물이나 상황의 진정한 또는 기본적인 성질(본질적인
것 또는 어떤 것의 본질)을 둘러싼 보다 폭넓은 논의에서도 이 용법을
찾아볼 수 있다.……때문에 이 단어의 자유로운 유희는 끝이 없어
보인다.[3]

여담이지만 영화 〈매트릭스The Matrix〉(1999) 초반부는 이 단어의
'끝없이 자유로운 유희'를 강렬하게 보여준다. 매트릭스 세계를 접하
고 현실과 가상이 뒤섞여 혼란스러운 주인공 네오와, 그에게 매트릭스
를 설명하는 모피어스 사이의 대화이다.

네오: This……This isn't real?
모피어스: What is real? How do you define real?

이 짧은 대화는 모피어스가 '네오가 이제껏 알아왔던 현실', 즉 매
트릭스에 의해 우리 뇌에 새겨진 가짜 현실을 흔들고 곧이어 보여줄
황폐한 진짜 현실을 암시하는 장치이다. 동시에 이 말은 현상과 본질
사이에 대한 인상적인 질문이기도 하다. 현상을 의심 없이 믿어온 아
이 앞에 선 철학 스승처럼 모피어스는 가르친다. '무엇이 진실일까. 진
실은 정의하기 나름 아닐까?'
　'실實, 진짜, real'이 가지고 있는 현실/진실의 속성은 때론 겹치고

때론 대립하기에 정의하기 나름이다. 현실과 진실이 겹치고 현실과 진실이 대립하기에 그 의미에 대한 독해는 섬세함이 필요하다.《키워드》 'realism' 항목의 마지막 또한 '주의와 비판'을 당부한다.

　한 가지 덧붙이면, 'real', 'realistic', 'reality'의 대부분 용법에 관해서는 비판적으로 보아야 하며 'realism'의 용법도 현재 엄청날 정도의 많은 변형을 겪고 있기에 이 단어와 대면했을 때 적어도 동일한 수준의 비판적 주의를 기울여야 한다는 점이다.[4]

　'비판과 주의'가 좀 막연하다면 사회적·역사적 발화發話, 맥락에 대한 섬세한 고려라고 대체해도 무방할 듯하다. 이 지점이 실학의 장기 지속과 변용을 이해하는 열쇠이다.

2.
실학 개념의 특징

사회적 영향력

학교에서 역사 과목은 인기가 없다. 과거를 전문적으로 설명하는 역사 용어라면 거리감은 더 커진다. 특별한 계기가 없는 한 역사 용어 대부분은 현실에서 거의 작동하지 않는다. 그러나 역사 용어 실학은 이 한계를 넉넉히 돌파한 몇 안 되는 사례 중의 하나이다.

20세기 중반 이후에 정규교육을 받은 한국인 다수는 실학을 알고 있으며 나름의 경외감을 품고 있다. 상식에다가 존경의 마음까지 더해졌으니 그야말로 사회 곳곳에서 불러내기 좋은 보기이다. 이 책의 책머리에 썼듯 정치에서의 소환은 실학의 효용을 잘 보여준다.

실학의 왕성한 사회적 영향력을 보여주는 좋은 보기는 '다산 정약용 선생'이다. 다산에 대한 연구, 존경은 20세기 초까지 면면했지만 그가 '민족의 불멸하는 스승'으로 급등한 시기는 일제강점기였다. 1930년대 중반 일제의 군국주의가 민족을 옥죈 시기에 '다산학'은 한국학의 보루였고, 다산 연구는 민족의 자긍심을 높이는 운동이었다.[5] 해방 후에도 남한과 북한은 자신들의 체제 건설에 다산을 효과적으로 소환했다. 남한에서 다산은 민권·민주의 선구자로서 근대의 맹아를 검증하는 인물이었고,[6] 북한에서 다산은 공상적 사회주의자로서 사회주의로의 이행을 정당화하는 증거였다.[7] 다산의 생명력은 20세기 후반에도 왕성하다. 그에 대한 후학들의 연구 열의는 식을 줄 모르고, '다산'을 이름에 내건 학회, 재단, 학술상, 출판 등 학계의 인기 역시 압도적이다. 21세기에 들어서는 지방 자치기관이 주도하는 사업이 더해졌다.

정약용이 상징하듯 실학과 실학자들의 사회적 영향력은 일제강점기와 현대에 대중화되었고 진보의 동력을 제공했다는 특징을 갖는다. 이 같은 실학의 역할을 포착하는 유용한 틀로 필자는 개념사Conceptual History[8]에서 제시한 '역사적 기본개념'에 주목했다. 개념사의 주창자인 코젤렉Koselleck(1923~2006)에 의하면 역사적 기본개념은 근대 전환기에 전통적 의미와 기능이 변하여 새로운 정치·사회적 의미와 기능, 구체적으로 '민주화, 시간화, 이데올로기화, 정치화' 현상을 겪는 개념들이다.

1

자생自生 개념

한국의 근현대에 활발하게 운동했던 기본개념들은 물론 많다. 그런데 필자는 왜 실학에 특별히 주목했는가. 그것이 한국의 개념사 연구자들이 주목했던 개념들과 다른 특징을 지녔기 때문이었다.

한국의 근현대를 관통하는 지향은 '민족국가 수립과 근대화'였다. 이 목표를 상징하는 개념 다수는 서양 근대의 이념이나 정치·사회 운동에서 중시한 것들이었다. 이를테면 민주, 계몽, 혁명, 문명, 문화, 자유, 민권/인권, 개인, 과학, 근대 등을 떠올릴 수 있다. 그런데 이들 중 다수는 서양 개념의 번역어였다. '혁명'처럼 기존의 한자 용어를 빌렸든, '민권' 같은 신조어든, 번역어들은 서양의 본래 면목을 의식하지 않을 수 없었다. 동아시아의 근대를 추동한 기본개념들은 대부분 '외재한 거울'이었던 셈이다.

그러나 실학은 다르다. 실학과 실학자는 동양의 역사와 지식 세계에서 기원했고 지속했다. 실학의 정신으로 소개되는 실사구시, 이용후생이나 실학과 연동했던 개물성무開物成務 등은 동양의 고전, 경전에서 기원했다. 실학은 자생自生한 개념이었으니, 근대 이후 실학의 여정은 동양에서 기원한 기본개념의 여정이었다. 따라서 실학을 살필 때 우리는 서양 근대를 접할 때 느끼는 원천적인 '허기짐'에서 벗어날 수 있다. '허기짐'에서의 탈출은 '우리 안의 근대'를 확인하려는 강렬한 욕구와 짝을 이룬다. 실학과 관련한 근대인의 언급에서 우리는 자부와 희망을 심심치 않게 발견할 수 있다. 1939년에 임화가 쓴 〈자주의 정신과 개화사상〉이다.

> 자주의 길은 곧 개화의 길로 전개되는 것으로……문화가 또한 그러한 운동 과정을 더듬는 것이다. 내지內地의 국학이 양학洋學의 출발점이 된 사실이라든가 조선의 실학이 학문적인 자주주의임과 동시에 개방주의였든 점이 모두 이러한 문화 과정의 표현이다.[9]

자주가 개화의 기원이 되고 국학이 서양학의 출발점이 될 수 있음은 역사적으로 실학이 이미 학문에서 자주와 개방을 보증했기에 가능했다. 이 논리는 1960~70년대에 실학을 '우리 안의 근대'로 설정하여 근대화를 향해 매진하는 동력으로 썼던 과정에서도 재현된다.

21세기 실학의 여정은 20세기 실학의 경험과 다르면서도 같다. 21세기 일군의 학자들은 실학을 계승하여 탈근대적 사유를 주장한다. 실학과 탈근대의 연결은 실학과 근대를 연결하였던 20세기와는 전혀 다른 방향이다. 하지만 '우리 안의 기준'이란 특징은 여전하거나, '서양 보편에 대응하는 동양의 보편' 혹은 '서양 보편을 넘어서는 동양의 보편'으로 오히려 발전하는 형편이다. 동양 보편에 대한 찬반이야 있겠지만 실학의 미래가 지속하리라는 전망에는 이견이 없을 듯하다.

의미장場과 이미지

실학은 일반 개념으로 볼 때도 흥미롭다. 앞서 실학을 해석할 때 맥락에 대한 섬세한 독해가 필요하다고 강조했는데, 이를 위해선 개념과 연관 어휘들의 관계를 주의 깊게 살피는 작업이 필수적이다. 이처럼 어휘의 의미 파악에서 맥락을 중시하는 이론이 언어학의 '의미장意味場semantic field 이론'이다. 그 이론에서 어휘의 의미는 문맥에 따라 상대적으로 정해진다고 본다.

의미장은 개념의 의미뿐만 아니라 개념의 작용을 파악하는 데에도 유효하다. 개념을 중심으로 짜인 의미장은 은유적 이미지까지 형성하며, 말하고자 하는 핵심을 효율적으로 전달하기도 한다.[10] 진실과 현실, 실천과 실용의 의미를 두루 지닌 실학의 경우에도 긍정과 부정의 연관어들이 선명하며, 특정한 이미지를 형성한다. 그것은 실학의 운동성이 특출한 근현대는 물론이고 조선 시대에서도 마찬가지였다.《중종실록》의 기사를 예로 들어보자.

> 신이 유생 시절에 보건대 사람의 성품이 두루 능할 수가 없으므로 혹자는 실학實學에 가깝고 혹자는 사장詞章에 가까운 까닭에 그 성품이 사장에 능한 자가 사장에 힘쓰고, 실학에 가까운 자가 실학에 힘씁니다. 단지 실학에만 힘쓰고 사장을 공부하지 않은 자는 사리에 밝지 못하여 마침내 기질이 없는 사람이 되어 다만 가르치는 직

임을 맡을 따름입니다. 사장에 능한 자는 발휘하는 일이 많기에 사리에 두루 통하므로 국가에 임용되는 경우 또한 그 사람들이 많았습니다. 지금은 경학經學이나 사장이나 모두 힘쓰지 않아 어찌 지금 같은 때가 또 있겠습니까? 언제나 시와 문장만을 숭상하는 일을 불가하다고 여겼던 까닭은 그 말류의 폐단이 혹 경박하고 사치해질까 염려해서입니다. ……우리나라는 사대事大하는 나라이니 실학만을 숭상할 수 없는 형편인데 사장에 능한 자가 한 사람도 없으니 무슨 일을 조처한 연후에야 가할지 모르겠습니다.[11]

중종 대 권세가이자 문장가였던 김안로가 유생들의 공부 풍조를 비판하며 아뢴 말이다. 여기서 실학은 단순 지칭을 넘어 여러 의미와 연관했다. 실학의 동의어는 경학經學이고, 연관하는 말들은 '(사리에) 밝지 못함[不能通暢]', '기질 없는 사람[無氣之人]', '가르치는 일[訓誨之職]' 등이다. 반면 실학에 대칭하는 개념은 사장詞章 또는 시와 문장이고, 이와 연관하는 말들은 '발휘하는 일[發揮之事]', '사리에 밝음[該通於事理]', '국가의 임용', '경박과 사치[浮靡]', 사대事大 등이다.

실학과 사장은 연관어들을 거느리며 특정한 이미지를 형성했다. 실학을 전공한 인재는 "사리에 어둡고 소질이 없어 훈장이나 하고", 사장을 전공한 인재는 "자칫 경박하고 사치스러울 수 있지만 사리에 밝아 국가에 쓰임이 많고 외교에도 능하다"는 식이다.

한편 개념의 의미망에 대한 고려는 연구 방법에 있어서도 중요한 진전을 이루게 했다. 개념과 연관어들의 공기共起관계, 즉 긴밀함의 정도를 정량화할 수 있고 그에 따라 통계와 시각화가 가능하기 때문이다. 이에 대해선 1장 4절 2항을 참고할 수 있다.

3.
실학 담론의 형성

내재적 발전론과 실학의 담론화

한국을 비롯한 중국과 일본은 19세기 중후반 이후 서양 문명을 수용하는 한편 서양에 견줄 수 있는 '동양의 자생적 근대성'을 발굴하기 위해 노력했다. 20세기 초에 식민지를 겪었던 한국은 근대 위에 독립의 열망을 포개었으므로 근대성의 검증 단위는 민족으로 공고해졌다. 한국에서 두 요구를 충족시키는 작업은 1960년대에 이른바 '식민사관'을 극복하고 '발전하는 민족사'를 정립하면서 본격화했다. 그 핵심은 조선 후기 사회의 모든 부문에서 근대를 지향하는 요소들을 부각하여, 중세에서 근대로의 이행 동력을 내부에서 확보하는 것이었다.

조선 후기를 한국사의 보편 발전을 보증하는 역사로 정형화한 설명은 지금도 국사 교육의 근간이고, 그 구조에서 실학이 불가결한 요소임은 잘 알려진 바이다. 역사 인식이란 틀에서 작동하는 실학은 어의語義나 개념이 갖는 기능과는 또 다른, 담론 혹은 패러다임으로 부를 만한 특징이다.

실학을 역사 담론으로 정초定礎하는 작업은 실학 연구의 방향을 확장하는 중요한 전환이기도 했다. 1950년대까지 실학자에 대한 연구 저술이 증가하고 실학의 배경, 개념, 실학자의 계보화 등 여러 방면에서 성과가 쌓이며 실학은 학술 개념으로 확고해졌다. 그럼에도 불구하고 연구들은 대체로 실학자 혹은 그들이 남긴 저술을 개별적으로 천착하는 데 그치고 있었다. 김용섭은 1962년에 발표한 연구에서 그 허점을 지적했다.

(이제까지 실학 연구의 특색은) 요컨대 실학자 개개인의 사상 내용

김용섭(1931~2020)
실학과 조선 후기 내재적 발전의
조응을 주장했다.

을 실증적으로 연구하는 것이었다.······개념 문제를 제외한다면 그
것은 모두 개인의 사상체계를 구명究明해가는 가운데서 단편적으로
언급된 데 불과한 것이었다.[12]

이후 김용섭을 비롯한 사회경제 분야의 연구자들은 조선 후기에 이
루어진 농업생산력의 증대, 상품화폐경제의 발전, 자본주의적 생산관
계의 출현 등을 실증했다. 동시에 정치·사상·법·문화 등의 부문에서
사회경제의 변화에 조응하는 작용·반작용을 총체적으로 포착했다. 이
들 연구를 기반으로 근대로의 이행을 구조적이고 전면적으로 체계화하
는 이른바 '내재적 발전론'이 형성되었다. 1960년대 이후 한국사 연구
를 선도한 '내재적 발전론'은 역사 인식에서도 획기적인 진전을 이루
었다. 과학적이고 보편적인 역사발전이 동아시아에서도 작용한다는 확
인을 통해 '서양에 대한 동양의 낙후'를 무효화할 수 있기 때문이었다.
　근대성을 증빙하는 작업은 딱히 한국만의 현상도 아니었지만 성리
학을 반성하고 개혁을 지향한 유학자 그룹을 새로운 사상운동으로 부
각하고 '실학'으로 호명한 것은 한국의 현상이었다. 일제강점기에 민
족 정체성의 아이콘이었던 실학은 1960년대 이후에는 역사발전 담론
과 결합하여 식민사관 극복의 상징이 되었다.
　1960년대 이후 실학과 발전 담론이 결합하며 실학의 위상이 기존과
질적으로 달라졌음을 강조한 이태훈의 연구는 그 점에서 주목할 만하
다.[13] 그는 1960년대에 활발한 실학 연구가 일제강점기에서 자연스레

기인했다고 보았던 종래의 시각을 비판하며, 실학을 현대의 담론, 정확하게는 1960년대의 지식-권력의 연계에서 파생한 일종의 '근대 담론'이라고 강조했다. 이른바 '자본주의 맹아론'과 실학은 1950년대까지 서로 관련이 없었으나 1960년대 식민사관의 청산이 근대성 검출을 매개로 활발해지면서, '민족적인 실학'과 '자본주의의 맹아'가 결합하였고, 실학은 연구 차원을 벗어나 담론으로 접어들었다는 것이다.[14]

그의 연구는 1960년대 이후 실학의 성격 변화와 관련해서 숙고할 문제를 던진다. 또 식민의 극복과 발전하는 역사상을 수립하려는 공통의 목표를 지닌 학學-정政의 연계와 이에 호응한 대중의 열망까지 드러냈다는 점에서도 의미가 깊다.

내재적 발전론의 딜레마

내재적 발전론에 호응해 학계 전반에서 쌓아 올린 실증적 성과는 방대하다. 지금의 중고등학교 교과서를 비롯한 각종 통사의 기본 골격이므로 영향력도 건재하다. '내재하는 요인'을 중심으로 역사를 보겠다는 취지 또한 상수常數라 할 정도로 옳다. 그러나 발전의 기준에 대한 문제 제기와, 발전에 합당한 장면을 선택적으로 추출하는 경향에 대한 비판을 피할 수는 없었다. 예컨대 발전론의 토대를 이루는 이른바 '자본주의 맹아론'에 대해서는 일부 현상을 자의적으로 부각했다는 비판, 서양 이외 지역에서 자신들의 역사 경험에서 비롯한 근대성을 차단한다는 비판, 민족주의와 근대주의에 매몰되어 전체주의적·일원주의적 성향을 보인다는 비판 등이 제기되었다.[15]

정리하면 내재적 발전론은 민족국가 건설과 보편 발전 검증이라는 목적의식에 좌우되어 한국사의 특정 부면을 자의적으로 부각했으며, '내부의 요소를 중시한다'고 했지만 '서양 근대'라는 외부 기준에 암암리에 묶여 있다는 한계를 가진 패러다임이라는 것이다.

한편 애초에 의도한 바대로 한국사의 발전 양상도 매끄럽게 정리되지 않았다. 특정 시기의 발전 양상을 강조할수록 발전을 좌절시킨 외부의 힘 또한 강해졌기 때문이다. 조선 후기의 내재적 발전을 강조할수록 19세기 서양의 충격이 덩달아 부각되는 식이다. 풍선 효과처럼 말이다.

내재적 발전론이 '자의성의 과잉'이라는 비판에 대한 답은 간단하다. 이는 치열한 실증과 상호 검증으로 풀어야 하고 실제로 그렇게 해결되고 있다. 껄끄러운 과제는 목적의식에 대한 것이다. 모든 역사학은 일정한 목적의식을 지니고 있으므로 사실 이 문제는 목적의식의 부재不在를 주문하는 게 아니라, '어떤 목적의식을 지녀야 하는가'에 대한 물음으로 바뀌어야 한다. 발전론의 지향은 정당했는가, 지금도 유효한가이다. 이 점을 생각해보자.

근대의 생산자인 유럽의 몇몇 열강을 제외한, 세계사의 구성원 다수는 유럽의 근대에 압도되었던 경험이 있다. 20세기에 서양 모델이 보편 가치로 막강해질수록 다른 경로를 모색하는 시선은 허락되지 않

1

았다. 우리의 경우 문제가 더욱 꼬인 것은 우리가 본격적으로 경험한 근대는 일제에 의한 근대, 이른바 '식민지 근대'였기 때문이다.

해방 후 역사학계에서의 식민주의 청산은 일차적으로 '일제에 의한', 다시 말해 일제의 왜곡에 대한 교정이었다. 그것은 정당했고 또 가능해 보였다. 왜곡을 바로잡고 정당하게 복원해야 할 장면들은 서양의 근대 기준에 견줄 만한 것들이었고 조선 후기에 그 정도의 자산은 넉넉했다. '성장하는 시장경제와 자본주의의 맹아', '잘 작동한 관료제와 견제와 합의의 정치 구조', '신분제의 동요와 봉건적 사회 질서의 이완', '학문과 예술의 성과와 서민문화의 발흥' 등이 그것이었다. 과거의 발전이 증명될수록 현실에서 조국 근대화의 동력이 증강되었다. 학계에서 식민사관이 효과적으로 청산될수록, 우리 안의 서양 근대가 드러났다.

결과는 한 골짜기 건너고 나서 더 깊은 골짜기에 빠진 형국이었다. 정체성은 극복되었지만 서양 근대에 대한 우리의 충실성은 강화되었다. '내재'에 대한 강조가 또 다른 '외재'를 부르는 딜레마에 빠진 것이다. 이는 근본적으로 '우리도 있었다' 식의 '거울 이미지'를 벗어나지 못했기 때문이다. 거울은 근대 자체에 대한 성찰과 비판을 거쳐야만 비로소 사라진다. 오리엔탈리즘에 대한 비판이 20세기 후반에 세계적으로 유행한 이후, 서양 근대에 대한 비판은 지금은 상식이다. 탈근대 담론이 학계에 뿌리내린 지 한 세대 정도가 지난 지금, 내재적 발전론에 대한 성찰도 축적되었다. 서구 기준으로의 편향 극복과 세계사의

다원적 발전 긍정, 지역사의 고려 등이 그것이다.[16]

필자는 '내부 맥락' 혹은 '내재적 시선'을 견지하며 근대에 대한 성찰을 지속하는 관점이 중요하다고 생각한다. 굳이 전략을 잡자면 세계사의 구성원 모두가 자신이 겪은 시공간의 맥락에서의 변화를 실증적으로 구조화하고, 이를 통해 근대의 개념을 다양하게 재구성하는 방식이랄까. 그 와중에 필자는 개념의 역사를 두고 비슷한 경로를 겪었던 개념사와 만나게 되었다.

개념사의 시사점

개념사는 서유럽을 모델로 삼았던 독일의 근대사를 비판적으로 성찰하는 데서 출발했다. 주요 뼈대는 유럽의 전통적 세계관과 상징체계를 바꾼 개념들을 대상으로 그들의 정의定義를 추구하기보다는, 유동流動했던 의미 그리고 의미와 실재 사이의 긴장을 탐구하거나 해석하는 것이었다.[17] 그리고 현재 개념사 연구는 중심이었던 이른바 '선진 서구'에서 기원한 개념들을 수용한 주변 곧 유럽의 변방·동아시아·남아메리카 등에서 오히려 활발하다.

개념사에 대한 주변부 지역에서의 호응에 대해 문제 제기나 호기심이 없을 수 없다. 문제 제기의 골자는 개념사의 이론이 유럽 특히 독일에서 기원했으므로 그 방법론을 비非서구에 적용하는 것이 얼마나 유

효하겠는가이다. 그 물음은 개념사의 문제의식이 본래 수용자의 능동
성에 대한 해명이었다는 데서 해소된다. 개념사가 유럽에서 형성된 개
념들의 기원을 밝히기도 했지만, 독일과 같은 유럽의 주변부에서 이들
개념이 선택·재창조되는 과정을 규명하고 그들이 이룩한 주체적인 근
대성을 다양한 층위에서 조명했기 때문이다.

21세기에 세계사의 다중심성을 긍정하고 비교사가 활발해지는 흐
름에서 개념사는 한 국가, 한 문명권을 벗어나 번역과 교류 과정에서
생겨나는 개념들의 구체적 발화와 변용을 중시하지 않을 수 없다. 따
라서 주변부 지역에서의 개념사에 대한 호응 역시 자연스럽다. 그것은
개념사의 본래 취지가 진화한 것이다.

출발부터 근대성 규명과 씨름했던 개념사의 문제의식과 확산을 잠
시 소개했다. 개념사는 동아시아 특히 한국에서도 호응을 얻고 진화를
거듭했다. 그런데 필자가 보기에 한국에서 개념사의 전개 과정이 내재

라인하르트 코젤렉Reinhart Koselleck(1923~2006)
독일의 역사학자. 개념사의 주창자이다.

적 발전론의 경로와 흡사했다.

개념사는 1990년대부터 한국 학계에서 주목했다. 초기 연구들은, 서양과의 접촉이 전면화한 19세기 중후반부터 20세기 전반기를 대상으로 근대 형성에 영향을 미친 서구 개념들의 전파와 수용 과정에 주로 집중했다. 물론 이 과정을 일방적인 수용의 역사로 다루지 않았다. 대략의 기조는 '한국을 비롯한 동아시아 국가들의 역사 경험, 문화, 가치 등이 능동적으로 작용했고, 따라서 일방 수용이 아니라 개념의 충돌이었다'[18]는 식이었다.

문제는 이 같은 서술이 여전히 '유럽 대 동아시아', '보편·진보 대 특수·정체'라는 이분법에 머물러 있고, 동아시아의 서양 따라잡기의 성공은 동아시아의 특수성 때문이라는 결론으로 귀결한다는 점이었다. 유럽의 발전을 단선單線으로 파악하고, 그 선에서 일시 뒤처졌던 동아시아의 성공적 모방을 강조하는 것은 내재적 발전론의 전개와 흡사했다. 서구식 근대의 맹아를 찾아 한국사의 발전 도식을 완성하는 내재적 발전론이나, 서구 개념의 성공적 수용을 통해 근대 질서의 정착을 기획하는 한국의 초기 개념사 연구 모두 서양 근대를 강조하는 패러다임을 극복하지 못했다. 개념사 또한 서양 근대에 얽매이지 않고 수용과 충격을 넘어서야 한다.

해결의 실마리는 어디서 찾을 것인가? 필자는 '내부 시선에서 바라보기'라는 전제는 여전히 유효하다고 보았다. 미국 학계의 중국사관을 근본적으로 반성한 폴 코헨의 정의를 따르자면 '내부 시선에서 바라보기'는 그 사회 자체의 언어와 사물을 보는 시각, 경험에 의지하여 그들 자신의 문맥에서 역사를 파악하자는 제안이다.[19] 흥미롭게도 이 정의는 '과거의 현재'(과거 행위자들이 당연한 현실이라고 생각했던 것)와 '현재의 과거'(우리가 재구성한 당시의 현실) 사이의 긴장을 포착하자는 개념사의 방법론과 상통한다. 내부 시선을 강조하거나 개념사의 방법론을 중시한다면 우리는 시時·공空을 거슬러, 경험하는 당사자의 시선으로 이동해 그들의 입장과 맥락을 섬세하게 파악해야 한다.

이제까지 필자는 내재적 발전론과 개념사의 문제의식과 곤혹스런 지점들을 간략하게 살폈다. 결론은 이렇다. 서양식 근대성에 조응하면서도 내부이자 당사자의 시선을 견지할 수 있고 궁극적으로 근대성 자체를 비판적으로 볼 수 있어야 딜레마를 해결할 수 있다. 그 지점들을 두루 건드리며 시사점을 제공하는 개념이 있을까? 내부에서 자생한 개념으로서 전근대와 근대를 관통하며 사용되었고, 서양을 의식하면서 끊임없이 의미를 재구성했던 '실학'이라는 개념은 매력적인 소재이지 않을까.

4.
논쟁과 새로운 접근

실학을 둘러싼 논쟁

실학은 매 시대의 요구에 따라 의미를 달리했고 지금은 조선 후기라는 특정한 시간대를 해석하는 담론으로까지 진화했다. 하지만 그 이면에서 벌어진 논쟁 또한 끊이지 않았다. 넓게 보면 '실實'을 둘러싼 개념 논쟁, '진실한 공부인 실학'이 '현실에서 과연 무엇인가?' 식의 의미 투쟁, 실학의 정의를 두고 벌어진 근현대의 학문 논쟁을 모두 포함할 수 있겠다. 개념이나 의미 투쟁은 실학 개념의 역사이므로 이 책의 2장 이후에서 보도록 하고, 여기서는 현대의 역사 용어 실학을 둘러싼 논쟁에 한정해서 살펴보겠다.

현대에서 실학에 대한 학문상의 논쟁은 20세기 중반부터 본격화되었다. 지금도 실체를 정의하고 응용하는 연구와, 개념의 불명료함 또는 허구임을 지적하는 연구가 병행하고 있다. 실학과 실학자의 실체를 옹호하고 정의하는 입장에서는 '설정되어 있거나' 혹은 '설정되어야 할 실학'을 전제하고 연구 대상을 맞춘다. 심하게는 16세기 중반 이후 특별하거나 개혁적인 논의를 전개한 학자들까지 실학자로 호명하기도 한다. 이 과정에서 당대에 발화되었던 실학의 실제 용례들은 소홀히 다뤄졌다. 20세기 초까지 실학을 가장 많이 언급했던 학자들은 19세기 말~20세기 초의 유학자 곽종석郭鍾錫과 전우田愚였다. 반면 실학의 완성자로 평가받는 정약용은 실학이란 용어를 거의 사용하지 않았다. 보수적 유학자의 왕성한 실학 사용과, '실학 완성자'의 빈곤한 실학 사용은 아이러니할 정도이다. 이와 관련해서 실학자로 정의된 이들이 자신의 정체성을 표현한 유학자, 이理학자, 진유眞儒, 동유東儒 등에 대한 연구도 최근에 시작된 형편이다.[20] 실학 연구에서 이 같은 맹점들은 현대의 실학 연구에서 과거의 발화發話 여부와 발화의 맥락을 거의 고려하지 않았기에 빚어졌다.

유학자의 실학 발화나 실학자의 성리학 발화 등 현대의 실학 인식과 상충하는 괴리감은 실증이 진행될수록 깊어지는 문제이다. 필자의 경험을 들어보겠다. 필자는 한국실학학회가 주최한 '2004 동계학술대회'에 토론자로 참여한 적이 있었다. 당시 주제는 '18세기 전후의 광주廣州와 경기京畿 실학實學'이었다. 학술대회 기조 발표의 일부이다.

순암順菴에게는 도학道學과 실학實學 논리가 내재적인 연계 없이 무매개적으로 도학 논의의 우세 속에 병존한다.……조선 후기에는 순암 유형의 사상가가, 현재 실학사상가로 판명된 사람보다 월등히 많을 수도 있다. 이런 사상가를 어느 한쪽으로 몰아서 규정하려고 하면 사상의 다른 한쪽을 희생시키거나 그 사상 전체의 모습이 일그러지고 만다. 이런 일이 반복되면 마침내는 사상사가 왜곡된다. 더욱 우려스러운 것은 실학의 정체성이 무너진다는 점이다. 그야말로 실사구시적으로 접근하여 있는 그대로 규정해서 도학과 실학 외의 제3의 갈래를 인정할 필요가 있다.

실학자로 평가받는 순암 안정복安鼎福에 대한 연구가 진행될수록 도학과 접맥하는 지점들을 확인하는 데 대한 곤혹과 우려가 전반적으로 배어 있다. 우려의 정점은 '실학의 정체성'마저 무너지는 데 있다. 실사구시에 입각한 연구를 제시했지만 결과는 '실사구시 해보니 안정복은 도학자였더라' 식의 이율배반에 도달할 가능성이 컸다.

결국 이 문제는, 당대의 학술 지형을 더 자세하게 보고 도학과 실학 외의 제3의 길을 찾자는 식으로는 해결되지 않는다. 실학의 정체성을 지키겠다는 의지 자체에 얽매이지 않아야 길이 열린다. 당대 의미와 현대 규정 사이에 빚어진 불일치에서 기인한 문제이므로 그 자체에 대한 해명이 필요한 것이다.

한편 실학의 허구성을 지적하는 반대쪽 입장은 어떠한가. 실학을 옹호하는 그룹이 당대의 실학 발화를 놓쳤다면, 이 그룹에서는 역사의 실상을 놓치기 일쑤였다. 예를 들어보자. 지금은 거의 사어死語가 되었지만 18세기 영조 대에서 20세기 초반까지 시체時體라는 말이 사용되었다. 요즘말로 '유행' 정도의 의미이다. 그런데 유행이란 말은 과거에는 '천리天理의 유행' 식으로 다른 의미로 사용되었다. 이런 점들을 고려하지 않고 현대의 연구자가 과거의 유행이란 말과 20세기 초부터 fashion의 번역어로 쓰인 유행을 비교해서, "과거엔 유행이란 말이 지금과 달랐고, 우리가 아는 유행은 20세기 초부터 쓰였다" 하고는 "근대 초에 비로소 유행이 탄생했다"라고 결론 내리면 어떻겠는가. 그 설명에서는 과거에 쓰인 시체라는 말은 물론이고, 시체로 표현되었던 과거의 유행 현상 자체까지 사라지게 된다.

흡사한 사례는 또 있다. 16세기 프랑스에서 '무신론'은 현대의 '무정부주의자'나 '공산주의자' 같은 비주류, 반골에 대한 욕설이었다. 그렇다면 무신론적 사고, 즉 소박한 유물적 관념은 없었던가. 카를로 긴즈부르그에 의하면 현대의 무신론과 흡사한 사유는 당시의 일개 농민의 사례를 들자면 '치즈와 구더기' 같은 소박하고 은유적인 표현 속에 등장해 있었다.[21] 무신론이란 말의 현재와 과거 의미가 달랐다고 해서, 과거에 '무신론적 사고'를 했던 이들의 실상마저 부정되어서는 곤란하다.

실학의 경우도 위 두 사례와 유사하다. 과거의 실학 용어의 의미 혹은 실학자들이 스스로 생각한 정체성이, 근현대에 정의한 실학과 달랐다 해서 '근현대에 우리가 정리한 실학이 과거에 없었다'고 단정할 수는 없다. 현대의 '실학'은 '과거의 실학적 현상'을 연구한 결과물이기 때문이다.

첨언하면 이 문제는, 역사적 실상과 현대에 재정의된 용어·개념과의 일치와 괴리라는 풀기 어려운 인식론에 닿아 있다. 현재의 학자들은 과거를 분석하고 조합하며 용어·개념 등으로 재정의한다. 그 과정에서 과거의 실상과 현재의 재현 사이의 불일치는 불가피하다. 필자는 여기서 이른바 '통약 불가능성incommensurability'을 떠올린다. 이 말은 보통 과학이나 언어철학에서 공통 기준의 부재로 인한 비교의 근본적 불일치를 지칭하는 데 사용된다. 그렇지만 역사의 실상과 역사 용어 사이에도 적용될 수 있다고 본다. 그나마 인정과 대화가 통약通約의 가능성을 확대하듯, 과거와 현재를 매개하는 용어·개념 등의 섬세한 의미를 고려해야 역사 해석에 대한 '열린 동의'가 가능할 듯하다.

이 책의 접근 방법

실학에 대한 방대한 연구는 이 책에 직접적인 기여를 했다. 하지만 대부분 학술사 중심의 서술이었다. 실학자의 학문에 대한 정리 및 분류, 계보화 위주였으므로, 실학에 대한 정의와 기준의 타당성 등을 묻는 반론을 불러일으켰다. 이 책은 그 관점을 벗어난다. 실학의 정의를 내리거나, 실학자의 정체성을 실증하거나, 그들의 계보를 검증하는 작업 등은 이 책의 출발도, 목적도 아니다. 때문에 이 책에서는 실학자들을 '실학자'로 먼저 범주화하고 그들의 학문적 성과를 소개하거나 평가하지 않는다. 다만 부분적으로 서술되기는 했는데 그것은 실학 개념의 활용 양상이나 후대 해석의 근거를 밝히는 과정과 관련해서이다.

실학처럼 과거의 용어가 현대의 역사 용어로 재정의된 부류는 용어의 의미 변화에 대한 설명이 불가피하다. 이를 생략한 채 실학을 설명하면 '과거에 실학을 모토로 집단을 이룬 학자들'이란 고정적인 이미지가 생겨나 마침내 '실학은 으레 존재했을 것'이라는 선입견으로 굳어질 수 있다. 결국 실학의 의미가 변하는 계기적인 지점들을 보아야한다. 실학에 대한 많은 선행 연구와 이 책의 가장 큰 차이가 바로 그 점이다. 이 책은 실학의 시기별 쓰임, 변화하는 용법, 지속과 단절의 맥락 등에 중점을 두었다. 개념의 형성이나 변화가 일어난 시점에서의 의미 변화를 밝히는 데 집중했다는 의미이다. 굳이 인물을 중심으로 본다면 어떤 의미에서건 실학을 말한 사람들을 찾아 그 의미를 연대순으로 정리하는 작업이라 할 것이다.

이 책의 연구 방법은 개념사에서 자극받았다. 개념사는 '정의된 개념'을 전제하지 않는다. 유동하는 개념에 대한 분석과 해석, 심지어 '개념의 역사는 없고 단지 그것이 사용된 방식의 역사만이 존재'하는 지점이 출발선이다.[22] 이 책에서도 실학을 형성 중의 용어이자 운동하는 개념으로 바라보았다. 앞서 소개했듯 일반 용어이자 역사 용어로서의 실학, 진화하는 개념이자 운동 개념으로서의 실학, 특정한 역사상을 구축하는 담론으로서의 실학을 조명하는 과정이다. 단순히 말하면 이 책은 '실학 개념의 형성사'라고도 할 수 있겠다. 그간의 실학 연구에서 유사한 문제의식을 찾자면 실학의 역사적 맥락을 보아야 한다는 지적이나, 과거의 구성적 언명과 현재의 끊임없는 개념 재구성 사이를 동시에 고려해야 한다는 지적 등일 것이다.[23]

과거와 현재 사이의 의미를 정교하게 연결하기 위해 이 책은 당대의 맥락과 현재의 개념 사이에서 빚어지는 까다로운 길항을 의식했다. 작업은 대략 세 가지로 정리된다. 첫째, 현재와 달랐던 과거의 '실학' 용례를 현재의 여러 용례와 대조하는 작업. 둘째, 비록 실학이란 말과 연관이 없었지만 현재의 실학 개념과 동일하거나 유사한 의미를 가졌던 과거의 용어, 개념, 이론 심지어 은유 등을 찾아내는 작업. 셋째, 과거 용어가 언제 어떻게 현재의 개념으로 변화했는지 밝히는 작업이다.

한편 개념으로서 실학이 가진 뚜렷한 의미장은 흥미로운 연구 방법을 가능케 했다. 의미장에 속한 어휘들을 통계화한 자료를 통해 우리는 개념을 둘러싼 인식의 사회화 정도를 가늠할 수 있기 때문이다. 게다가 이 방법은 최근 전산화의 진전에 힘입어 크게 진보하고 있다. 전산 처리된 방대한 분량의 용례들을 코퍼스Corpus(말뭉치)로 처리하여 단어 사이의 공기共起 연관 값을 추출할 수 있기 때문이다. 거기에 시간 축이 더해지면 개념의 사회적 변화가 거시적으로 계량화된다.

코퍼스를 통한 분석은 개인이 파악하기 힘들었던 언어의 거시 구조

예컨대 당대 언어의 추이, 심성과 언설言說의 구조, 의도적 발화와 심지어 의도하지 않았던 습관적 발화 따위를 알려주기도 한다. 이 책에서도 조선의 《조선왕조실록》·《승정원일기》·《일성록》 및 《한국문집총간》, 근대의 신문과 잡지, 1950~1990년대 《동아일보》, 2000~2010년대 신문 4종(《동아일보》·《조선일보》·《중앙일보》·《한겨레》)의 코퍼스를 통해 초보적인 분석 결과를 제시했다. 물론 통계가 맥락 그리고 맥락 너머의 현실을 얼마나 드러내는지에 대해서는 항상 논란일 것이다. 이 책의 작업으로 새로운 지표를 제시했다는 점에서 일말의 자부심을 갖지만 실험적 차원이기에 갈 길은 멀다는 점 또한 밝힌다.

마지막으로 이 책에서 사용한 실학의 표기에 대해 언급하고자 한다. 크게 보면 실학은 근대 이전과 근대 이후, 대체로 1930년대를 기점으로 크게 구분된다. 용어에서 근현대 개념으로 전화하는 시점이다. 이 변화를 실학에 대한 표기에서 이를테면 〈실학과 '실학'〉 식으로 구분해봐야 한다는 제안을 종종 들었고 실제로 그런 연구들도 있다. 게다가 그 지적은 이 책의 취지와 부합하는 측면도 있다.

그러나 이 책의 기본 입장은 실학이 그때그때 다르게 발화하는 속성을 장기 시간을 두고 검토한다는 것이다. 비록 1930년대 이후 '한국적 실학'으로의 변화가 중요한 결절점이긴 하지만, 이전에도 실학은 변화한 경험이 있었고 앞으로 변할 수 있다는 전망도 가능하다. 큰 변화였든 작은 변화였든 변화임은 동일하다. 따라서 〈실학과 '실학'〉 두 방식만으로 구분하는 것은 곤란하다고 생각했다. 예컨대 21세기에

'동양의 유교 혹은 지혜를 계승하여, 근대 실학에서 다시 의미를 개변한 신新실학'이 주창된다 해서 그 때의 실학을 〈"실학"〉으로 표기할 수는 없기 때문이다. 마침내 필자는 실학 용례를 전형화하여 〈실학 1, 실학 2, 실학 3, 실학 4〉 식으로 정의하는 시도는 이 책의 취지와 맞지 않는다고 판단했다. 그래서 대체로 실학으로 쓰고, 다만 개념이자 담론으로서의 실학 등을 뚜렷이 드러낼 경우는 '실학'으로 쓰기로 했다.

거짓말

2 실학의 고전적 의미

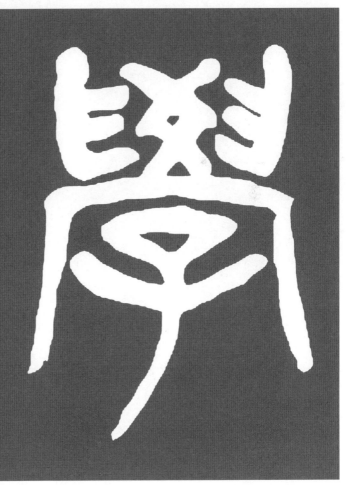

1.
실實의 의미

넉넉함〔富〕에서 참〔眞〕까지

실학을 구성하는 두 글자에서 '학學'의 의미는 고정적이고, 주로 '실
實'의 의미가 정체성을 좌우한다. 실이라는 글자의 뜻을 캐면 실학에
담긴 의미의 기원을 얼추 이해할 수 있다.

　2세기 초에 저술되어 최초의 자전字典으로 평가되는《설문해자說文
解字》는 '실實' 자에 대해 '부유하다〔富〕. 면宀이 의미이고 관貫도 의미이
다. 貫은 재물〔貨貝〕을 뜻한다'라고 설명했다. 집〔宀〕에 있는 꾸러미〔貫〕에
서 기원하여 부유함과 재물을 뜻하게 되었다는 설명이다.《설문해자
주》에는 '관貫은 화물貨物. 화물을 집에 충만하게 갖춤'으로 설명하고

'초목의 열매'라고 부연했다.

집안에 갖추어 놓은 넉넉한 재화라는 의미는 고대부터 이미 여러 갈래로 의미가 분화했다. 한·중·일을 대표하는 한자 사전인 《한한대사전漢韓大辭典》, 《한어대사전漢語大詞典》, 《대한화사전大漢和辭典》을 참고해 '실'의 대표 의미를 제시하면 다음과 같다. 다만 '과연, 정말로'라는 뜻의 부사, 어조사, 이것[是] 등은 생략한다.

우선 집안에 갖춘 물품은 일정한 테두리 안의 물건이므로 '내용·내용물'이라고 할 수 있다. 《주역周易》에는 "여자가 광주리를 이는데 내용[實]이 없다"[1]고 했다. 명사인 '내용'이 술어가 되면 '내용을 채운다'는 뜻의 충만[滿]이 된다. 《노자老子》에는 "성인의 다스림은 마음을 비우고, 배를 채운다[實]"[2]라고 했다.

한국인에게 실의 뜻으로 대표적인 '열매' 역시 내용에서 기원했다. 열매로 쓰일 경우에는 꽃[華]과 대비되어, 내용·내면의 실實과, 형식·외면의 화華로 구분된다. 훗날의 예이지만 원나라의 성리학자 오징吳澄은 진지眞知·역행力行의 실학은 내학內學으로, 사장詞章·기송記誦은 화학華學으로, 정사政事·공업功業은 외학外學으로 구분하기도 했

《설문해자說文解字》의 '實'에 대한 설명.

다.[3] 열매의 경우에 술어가 되면 '여물다', '익다'의 의미가 된다.

실의 의미에서 중요한 확장은 개별과 일반, 현상과 본질 등의 구체와 추상 관계를 지칭할 때 이루어졌다. '집에 놓인 재화'에서 알 수 있듯 실은 구체적이고 개별적인 물체를 가리켰다. 그러나 어느 때부터인가 물체·현상들의 존재 일반 혹은 보편적 존재를 가리키는 실제實際·실질實質이 되었다. 《맹자孟子》에는 "하夏의 공법貢法, 은殷의 조법助法, 주周의 철법徹法이 모두 실제[實]로는 10분의 1의 조세이다"[4]라고 했다. 시대마다 구체적인 법의 명칭은 다르지만 법의 일반적 실상은 같다는 뜻이다.

개별과 일반의 관계에서 명·실名實의 관계로 나아가면 언어 개념과 실재 현상이란 난관에 도달한다. 제자백가 중에 말과 사물의 관계를 집요하게 추적한 명가名家가 있을 정도로 명·실은 고대부터 주목된 철학 개념이었다. 명·실에 관한 제자諸子의 다양한 용례는 명분의 중시, 명·실의 통합, 실질의 강조 모두 가능했다. 물론 후자로 갈수록 본체로서의 실질을 강조하는 경향이 짙었다. 《장자莊子》에서 "이름은 실질의 손님일 따름[名者, 實之賓也]"[5]이라는 말이 대표적이다. 《장자》에서는 이름과 문채文彩는 외형이고, 본질로서의 실질에 종속되었음을 종종 피력하곤 했다.[6] 그리고 드물게 '실'은 항상적인 도道와 연관되기도 했다.

(진인眞人인 관윤關尹과 노담老聃은) 불변의 도리[常無有]를 세우고, 태일太一로 주재를 삼고, 유약柔弱과 겸하謙下로 외표外表를 삼고, 마

음을 비워 만물을 해치지 않음을 (내면의) 진실[實]로 삼았다.[7]

한편 실제·실질이라는 객체에 관계한 인간의 주체적 활동과 관련한 의미들도 생겨났다. 《회남자淮南子》에는 "사람들은 거짓말로 여기지만 내가 장차 사례를 들어 증명할[實] 것이다"[8]라고 했으니 확인, 실증의 의미이다. 《춘추春秋 좌전左傳》에서 "그 말을 실천한다면[實] 반드시 진晉나라를 맡을 것이다"[9]라고 했으니 실천, 실행의 의미이다. 《장자》에는 "속마음이 맑고 진실하여[實] 정情으로 돌아가는 것이 음악이다"[10]라고 했으니 성실, 진실의 의미이다.

여기서 질문이 있을 법하다. 앞서 1장 1절에서는 실의 복잡한 점이 현실과 진리에 두 다리를 걸친 속성이라고 보았다. 그러나 위의 용법에서 진리와 관련한 용례는 빈약하다. 도교 경전에 항상적인 도道와 관련한 용례가 나오지만 드물다. 도교에서 자연의 무위나 항상성은 도道 혹은 진眞으로 주로 사용되었다. 현실 너머의 근원 혹은 현상 이면의 본체 자체를 나타내는 추상 차원의 실實은, 도교를 감안하더라도 문턱에 도달했을 뿐 아직은 미흡하다.

필자는 실이 진리 일반으로 의미를 확장하는 데에는 불교에서 사용한 실實의 의미를 주목해야 한다고 본다.[11] 중관-반야학을 연 구마라집鳩摩羅什(344?~413?)은 dharmatā, tathātā, Bhūta 등의 산스크리트어를 대체로 제법실상諸法實相으로 번역했다. 제법실상은 존재 일반의 참다운 모습 정도로 번역할 수 있다. 《대품반야경》의 주석서인 《대지도론大智度論》에 본체로서의 실–비실을 포괄하는 제법실상에 대한 정리가 잘 드러나 있다.

일체의 실實과 일체의 비실非實 및 일체의 실이면서 또한 비실, 일체의 비실이면서 비불실非不實이 제법諸法의 실상實相이다.[12]

구마라집의 제자 승조 또한 반야般若를 설명하면서 "차 있지만[實] 실체적 존재가 아니며[而不有], 비어 있지만 전혀 없는 것도 아니며[虛而不無] 존재하나 언어적 사변으로는 접근할 수 없는 것[存而不可論]"이라고 했다.[13] 또 구마라집은 산스크리트어 원전 Satyasiddhi–śāstra를《성실론成實論》으로 번역하기도 했고, 지금은 전하지 않지만《실상론實相論》 2권도 지었다고 한다.

대체로 구마라집–승조로 이어지는 중관–반야학 계통에서 실은 실체적 존재이면서 존재하는 현상 너머의 진리의 본체였다. 필자는 불교에 대해서는 일천하여 실상實相을 일례로 들었지만 그 외에도 dravya, satya 등이 실성實性, 실지實智 등으로 번역된 것도 흥미롭다. 구마라집을 정점으로 한 이른바 불경의 구역舊譯 시대에, 현실이지만 현실 너머의 진리를 표현하기 위해 실이 포괄적으로 사용된 것이 아닌가 한다.

이제 실의 의미를 정리해본다. 부유함, 물품에서 시작해 서술적이거나 추상적 차원으로 의미가 확장되고, 다시 현실에 대한 주체의 개입과 작용 그리고 현실 너머의 추상적 진리까지 고려하면 다음과 같은 의미로 진전되었다고 할 수 있다.

```
물품, 넉넉함→ 내용물, 열매→ 실제, 실용→ 진실, 본체, 진리
        ↘충만, 채움   ↘확인, 실증
                    ↘실행, 실천
                    ↘성실, 착실
```

실의 의미를 통해 우리는 실학이 실제의 학문, 실용의 학문, 실증하는 학문, 실천하는 학문, 성실한 학문, 참된 학문, 진리를 캐는 학문 등으로 쓰일 수 있음을 알 수 있다.

성리학에서 실實의 전유專有

도교와 불교에서 실實이 현상 자체 혹은 현상 너머의 진리로 쓰였다 해서, 그 용례가 성리학에서의 '실'의 의미에 영향을 끼쳤다는 직접적인 증거는 없다. 성리학자들은 불교를 두고 실의 반대에 있는 허무적멸虛無寂滅의 가르침이라고 지속적으로 비판했다. 때문에 주희朱熹가 이일분수理一分殊를 설명하기 위해 불교의 비유인 월인천강月印天江을 인용했다는 식의 유대감을 기대하기는 어렵다. 아무튼 불교에서 실이 실과 허를 포괄하였듯, 성리학자들은 실의 의미를 자신들의 방식으로

정리하기 시작했다.

송나라에서 주돈이周敦頤, 소옹邵雍, 장재張載, 정호程顥·정이程頤 형제를 비롯한 일군의 유학자들이 기존 유학에서 빈약했던 형이상形而上의 관념들을 세우며 새로운 유학 곧 성리학을 정립한 것은 잘 알려진 일이다. 그들이 제창한 태극太極, 천天, 도道, 이기理氣 등의 개념들은 초월적·절대적 위치이지만 현실에 직접 관여했다. 예컨대 성리학의 기본 테제인 성즉리性卽理는 '하늘의 이치인 천리가 인간 본성의 근원'이기에 진리와 현실의 연계가 선명하다.

천리—본성을 통해 형이상과 형이하를 자연스럽게 연결하는 성리학자들이 실實의 의미에 주목하는 것은 당연했다. 초월적이거나 근원적인 진리의 현재성과 실재성을 보증하기 위해서는 진실과 현실에 두루 걸친 실의 의미가 적절하기 때문이었다. 주희는 북송 성리학자들의 작업을 이어 도道, 즉 천리와 본성과 현실의 마음을 일관되게 정리했다.

주희朱熹(1130~1200)
성리학의 실학 개념을 정립했다.

소옹이 '성性은 도道의 형체이고 심心은 성의 울타리이다'라고 했는데 이 말이 매우 좋다. 도는 형체가 없고 성이 곧 도의 형체일 뿐이다. 그러나 만약 심이 없다면 성이 어디에 있겠는가? 모름지기 심이 있어야 성을 거두어들여 발동해서 나오게 한다. 대개 성 속에 있는 도리는 인의예지일 뿐이니 곧 실리實理이다. 우리 유자들은 성을 실實로 여기고 불교는 성을 공空으로 여긴다.[14]

천리가 인간의 본성에 구현되어 실재함을 보증하는 개념이 실리實理였다. '실'을 적극적으로 사용하면서 그들은 불교의 본성을 공空으로 보아 비판했다. 도와 리뿐만 아니라 천명과 본성 그리고 정의 관계도 대체로 이와 비슷하게 정리되었다.

하늘에 있으면 명命이 되고 사람에게 부여되면 본성性이 되고 일단 발동하면 정情이 된다. 이것은 맥락과 이치가 매우 실재적이어서 [實] 분명하게 알 수 있다.……성은 인의예지의 단서를 갖추고 있고 실재하므로 관찰하기 쉽다. 이 실리를 안다면 마음을 다하지 않음이 없다.[15]

실리는 오상의 윤리, 심의 관계에서도 적용되어 현실에서 작용하는 인의예지와 같은 구체성으로 확보되었다.[16] 실의 효과는 본체론과 관련한 영역에서만 유의미한 것이 아니었다. 성리학에서 근원 개념들이

2

현실에서의 마음[心]과 일상사[事]에 적용되는 전개에서 실이 함께하며 실천적 의미가 확연해졌다.

주희는 유학의 대표적 실천윤리라고 할 수 있는 충忠이 바로 실리實理이고 충의 발현을 서恕로 보았다.[17] 충, 서와 같은 실천윤리는 마음과 일상에서의 실현이 중요하다. 충으로 채워진 마음이 실심實心이다. 실심은 진실하고 거짓이 없으며 매사에 이 마음에 기초해야 충, 서가 가능했다.[18]

실심은 마음 안에서 충신忠信이 쌓이는 것이고 그것이 말과 행동에서 드러나면 바로 실사實事가 되었다.[19] 실사는 성인의 구체적 가르침을 잘 드러내는 말이기도 했다. 주희는, 《논어》에서 공자가 심心과 같은 추상적인 개념을 말하지 않고 오로지 실사로서 가르쳤다고 보았다.[20] '성인의 가르침은 격물치지格物致知에서 쇄소응대灑掃應對와 같은 일상까지 모두 실지에 의거했다'고도 했다.[21]

성리학의 존재론과 실천 방면의 개념들이 실과 결합하여 생겨난 실리實理-실심實心-실사實事의 의미 연관을 통해 주희는 초월적 개념의 현실성, 추상적 윤리의 구체성 그리고 가르침에서 실천성을 확보할 수 있었다.

실의 의미를 충분하고도 효율적으로 사용하며 성리학은 불교나 도교의 사유를 허虛나 공空에 기반한 것으로 비판했다. 주희는 불교의 견성見性은 허견虛見이고 유학에서 본성은 인의예지이자 실사라고 했다.[22] 실을 사용한 개념들의 연관을 따로 구축하며, 이미 실을 적극적으로 사용하였던 불교·도교를 허무虛無와 적멸寂滅의 영역으로 밀어낸 것이다. 실의 의미에 대한 성리학의 전유專有라 할 만하다.

2.
실학의 어원과
고전적 용례

실학의 등장

현전하는 동아시아 문헌에서 실학은 한漢나라의 사상가 왕충王充(27~97?)이 지은 《논형論衡》에 처음 등장했다.

> 한비자는 유학자를 비난하며 "유익함이 없고 손해만 있다"고 말했다. 대체로 속된 유학자는 품행에 절조가 없고 행동거지에 예를 중시하지 않는다. 유학자로 이름을 삼지만 속되게 행동하고[以儒名而俗行] 성실을 빙자해 학문하지만 거짓으로 유세하며[以實學而僞說] 관직을 탐하고 영화를 바라므로 존귀하다 할 것도 없다.[23]

유학자를 비난한 한비자에 대한 왕충의 응답이다. 그는 한비자의 비판은 겉만 번지르르한 속유俗儒에게나 해당한다고 하며, 이어지는 글에서 고결한 품행을 지닌 유학자들을 들어 진정한 유가를 옹호했다.

이 글에서 실학은 '성실을 빙자해[以實] 학문하다[學]'로 해석되므로 엄밀하게 보면 아직 용어는 아니다. 그럼에도 불구하고 '성실한 공부[實學]'와 '거짓 유세[僞說]'의 대비는 즉각적으로 들어온다. 바로 앞 구절의 '명예를 추구하는 유학자[儒名]'와 속행俗行의 대비도 마찬가지이다. 이 글에서 명예를 중시하고 진실하게 공부하는 유학자의 이미지와 그 반대에 속학과 허위의 이미지가 선명하게 대비되고 있음을 알 수 있다.

한편 왕충이 실을 사실에 대한 실증과 그에 기반한 합리적 사고로 사용하고 있음은 주목할 만하다. 《논형》의 저술 동기는 '뭇 서책이 실實을 잃고 허망한 말이 진미眞美를 이기는 풍조'를 교정하기 위해서였다.[24] 각 편의 이름도 흥미롭다. 16장 〈서허書虛〉에서 24장 〈도허道虛〉까지 서적, 이변, 감응, 화복, 용, 뇌성, 도술의 허구를 밝혔다.[25] 또 78장과 79장은 〈실지實知〉와 〈지실知實〉로서 지식의 근원을 밝혔다.

대체로 왕충에게 실이란 허망을 물리치고 사실에 입각해 시비를 밝히는 것이었다. 그를 두고 귀납적이라는 평가가 붙는 이유이다. 한나라의 유학에서 실증을 위한 훈고학이 강조되거나, 한왕漢王 유덕劉德이 유명한 '실사구시實事求是'를 표방한 일도 이와 관련 있다고 생각된다.

당나라에 접어들면 실학이 비로소 용어로 굳어진 사례가 등장한다. 763년에 당나라의 예부시랑 양관楊綰(718~777)이 과거[貢擧]의 정비를 요청하는 상소를 올렸다. 양관은 경의經義로 뽑는 과거에서는 경서의 의미와 대책을 물어 3등급으로 뽑고, 첩괄帖括·도거道擧 등 요행을 바라는 제도를 없애고, 잘못된 천거를 솎아내자고 요청했다. 그 효과를 다음과 같이 예상했다.

> 바라건대 몇 년 사이에 인륜이 크게 변하고 실학實學으로 귀결하여 마땅히 큰 법도를 알게 됩니다. 집에 있는 자들은 반드시 덕업을 닦고, 벼슬에 나아가는 자들은 모두 염치를 알게 되어 부경浮競이 저절로 사라지고 돈후한 풍토가 스스로 일어날 것이니 사람을 가르치는 근본이 실로 여기에 있습니다.[26]

경학으로 인재를 뽑는 명경과 진사에서 요행을 막거나 천거 비리를 없애면 모두 실학에 힘쓰게 된다는 것이 글의 요지이다. 여기서 실학은 진실한 학문이란 추상을 벗어나 과거와 인재 등용, 경서에 대한 신실한 공부 그리고 사회의 기풍을 바꾸는 효과 등으로 구체화된 의미를 획득했다. 그렇지만 이 시기까지는 위의 용례들과 함께, 유우석劉禹錫이 처사 엄비嚴毖를 실학이 있는 자로 천거하는 것[27] 정도의 사례만 있을 따름이어서 사용 자체가 빈약했다.

송대宋代 실학 용례의 증가

송대에 접어들자 과거 제도를 비롯한 여러 영역에서 실학의 용례가 증가했다. 과거 제도의 개선과 관련한 논의가 시발이었다.

11세기 장방평張方平(1007~1091)은, 당나라의 양관이 명경과 진사의 개혁을 청했으나 폐단이 도로 생겨나 "등용이 남발되어 취재取材가 정밀하지 못하여 실학한 이들이 누락되고 하재下材가 등용된다"고 지적했다.[28] 이후에도 지적들이 이어졌다. "대필代筆로 인해 실학한 선비들이 탈락하는 폐해, 경의經義가 상투적으로 치러져 연고자가 이득을 보고 선비들은 실학에 힘쓰지 않는 풍토" 등이다.[29] 이때의 실학은 과거 중에서도 경의經義 공부, 즉 경학을 의미했다. 12세기 홍매洪邁는 과거에서 경학을 중시해야 한다는 당시 사람들의 주장을 인용했다.

> 지금 의론하는 자들이 대개 과거의 경의經義와 시부詩賦에 대해 말하길 '시부는 부화浮華하여 뿌리가 없고 실학한 이를 오게 할 수 없다'고 한다. 까닭에 그들은 항상 경학을 우대하고 시부를 배척한다.[30]

다만 홍매는 이들의 주장에 반대하며 과목을 정밀하게 하고, 경의와 시부를 나누지 말고, 천거로 과거를 보완하자고 말했다. 그는 경학을 우위에 두는 입장은 아니었다.

과거제의 개선은 교육의 개편과도 밀접했다. 교육에서 실학한 인재를 수용하자고 강조한 대표적인 인물은 정이程頤였다. 그가 학제 개편을 논한 글이다.

(학생의 숫자를 축소하여 재사齋舍를 넉넉히 하고) 조정에서 통유通儒를 선발하여 교도敎導하는 관리로 삼아, 이익으로 꾀지 않고 실학하는 선비를 오게 한다면 학생의 숫자가 줄더라도 인재는 많아질 것입니다.[31]

이후 남송의 팽구년彭龜年(1142~1206)은 선비들이 부허浮虛한 문장에 힘쓰는 폐단을 고치는 일은 성균관에서 시작되어야 하므로 빼어나고 실학이 있는 자를 뽑자고 했다.[32] 주희의 학제 논의 또한 학교에서 실학하는 선비를 뽑고 과거에서 실학한 인재를 채용해야 한다는 점에서[33] 두 사람과 다르지 않았다.

실학이 교육과 인재 등용의 유력한 방도가 되면서 바르게 학문하는 풍토와도 관련되었다. 주희가 "요즘 사람들은 실학이 없어서 이것이 좋다는 말을 들으면 이것에 기울고 저것이 좋다는 말을 들으면 저것에 기운다"[34]라고 한 것처럼 실학의 부재는 경박한 세태의 만연이었다. 또 실학은 교육과 인재 등용의 주요한 정책 주제이기도 했다. 남송의 관료 정원봉程元鳳의 8조항의 상소에는 실학이 주제로 잡히기도 했다.[35]

실학이 교육, 과거, 학풍, 정책 등으로 구체화됨에 따라 실학과 연관하는 용어, 분류도 생겨났다. 오징吳澄은 허사광許士廣이란 선비를 두고 "궁경의 실학, 수신의 실행, 경세의 실용인 삼실三實을 갖췄다"고 평가했다.[36] 앞서 보았듯 오징은 실학은 내학, 문장은 화학華學, 정사·공업을 외학이라고도 했다.[37]

정초鄭樵의 경우는 이색적이다. 그는, 의리파와 문장파의 상호 대립을 비판하며 양쪽 모두가 실학이 아니라고 주장했다.[38] 그가 생각하는 실학은 바로 도보圖譜의 학문으로서 도보를 중심으로 전해지는 전장, 문물, 법도, 기강, 박물학이었다.[39] 정초가 실학을 고대 이래 실전된 도보지학으로 규정한 것은 경학–성리학으로 굳어지는 양상과는 다른 갈래였다는 점에서 이채롭다.

마지막으로 송대 이후에 실학이 인재 등용과 관련해 관용화되면서 '재주와 학문이 빼어난 인재'라는 뜻의 '진재실학眞才實學'이 등장했다는 점을 지적한다. 진재실학은 특히 원대 이후의 소설에서 종종 보이는데[40] 구어 또는 일상어에서 쓰인 실학 표현을 보여준다. 진재실학은 한국에서는 고려 말에 처음 등장했고, 조선 후기에도 종종 쓰였다.

성리학과 실학

중국 송나라에서 실학 용례가 증가한 것은 성리학자들이 '실'의 의미를 새삼 강조하고 경학 공부에 능한 인재를 채용해야 한다는 주장에서 기인했다. 성리학자들은 두 의미를 결합하여 실학을 진실하고 바른 학문이라고 못 박았다. 최초의 학자는 정이程頤였다.

> 정이[正叔] 선생이 말씀하셨다. "경학 공부가 실학實學이다. 《논어》의) '초목에 비유하면 종류에 따라 구별한다[譬諸草木, 區以別矣]'는 것이다.……예컨대 《중용》 한 권은 지극한 이치에서 바로 일상적인 이치까지 미루어 나간다. (《중용》의) '국가에 9개의 규범이 있다[國家有九經]'는 글이나 역대 성인의 자취를 담은 글은 실학이 아닌 게 없다.……학문에서 경학 공부가 가장 좋으나 스스로 깨닫지 않는다면 오경五經에 통달했다 한들 또한 헛된 말일 뿐이다."[41]

정이는 경학이 실학이라고 단언했다. 이어지는 부분은 함축적이다. "초목에 비유하면 종류에 따라 구별한다"는 것은 《논어》 〈자장子張〉 편에 나온다. 정리하면 군자의 학문은 일용말단의 공부나 근본을 추구하는 공부에 경중과 선후가 없고 사람과 처지에 따라 차이가 있을 따름이라는 뜻이다. '국가의 9개의 규범'은 대체로 군주의 업무로서, 수신修身에서 시작해 천하의 일을 슬기롭게 처리하는 것 등을 말한다.[42]

정이는 《중용》에 대해서도 실학이라고 했다.

> 정이 선생께서 말씀하셨다.……이 편은 공자의 문하에서 전수한 심법心法이다.……처음에는 일리一理를 말하고 중간에는 흩어져 만사

萬事가 되었다가 끝에는 다시 합하여 일리가 되었다. 풀어놓으면 상하사방[六合]에 가득 차고 거두면 은밀한 곳에 감추어진다. 그 맛이 무궁하니 모두 실학實學이다.[43]

대략 간추리면 '《중용》은 유학의 종지이고, 광대한 곳과 은미한 곳에 두루 통하는 이치를 꿰는 진실한 학문'이라는 뜻이다.

대체로 정이는 실학을 경전에 대한 공부, 일상에서 배우고 고원한 도리를 선후 구별 없이 배워나가는 공부, 사회를 위해 수신하고 국내외 정책까지 두루 통달하는 군주의 공부, 성인을 배우는 공부, 스스로 깨달아 진지하게 실천해야 하는 공부 등으로 사용했다. 앞 항에서 보았듯 정이는 실학을 학제와 교육과 관련해서도 언급했으니 그야말로 실학을 두루 사용했다고 할 수 있다.

정이가 《중용》을 실학이라고 한 말을 주희는 《중용장구中庸章句》 제1장에 인용했다. 또한 주희는 《대학》에서도 실학을 언급했다.

별도로 일종의 그윽하여 황홀하고 까다롭고 꽉 막힌 논리를 만들어 힘써 배우는 자들로 하여금 막연하게 문자와 언어의 밖에서 마음을 잡도록 힘쓰며 말하길 '도道라는 것은 반드시 이처럼 한 후에라야 얻을 수 있다'고 말한다면 이는 요즈음 불교의 '편벽되고 방탕하고 못되고 도피한 말[詖淫邪遁]'보다 더 심하다. 이것으로 옛사람의 명덕明德과 신민新民의 실학實學을 어지럽히고자 하니 이 또한 잘못이다.[44]

주희가 《중용》과 《대학》을 《예기》에서 독립시켜 성리학의 핵심 경전으로 삼았음은 잘 알려진 바이다. 두 저서에 나란히 등장한 실학 또한 널리 알려졌다.

실학이 유학의 종지를 계승한 성리학을 지칭하게 되자 그 반대편에 선 노장老莊과 불교의 허무, 적멸 같은 대립 개념 또한 명료해졌다. 《대학》에서의 주희의 언급은 불교가 유학을 어지럽힌다는 비판이었다. 훗날 조선의 정도전鄭道傳이 《불씨잡변佛氏雜辨》에서 불교를 비판할 때에도 이 대목이 인용되었다.

한편 《중용》에서의 정이의 언급에 대해 원나라의 허형許衡은 "실학은 착실하고 유용한 학문으로 허무적멸虛無寂滅의 가르침과는 다르다"라고 풀이했다.[45] 주희와 그를 계승한 이들은 실학을 통해 '실과 허'의 대립 구도를 뚜렷하게 만들고 상대를 비판하는 실천적 성격을 부여했다고 할 수 있다.

실학이 '바른 실천의 학문'이 되자 공자·맹자의 뜻을 계승한다는 계보화 작업이 뒤따랐다. 주희는 성인들의 종지를 계승하는 "성문聖門 실학의 근본과 차례를 모르고 노불老佛의 학설에 빠지는 것을 병으로 여겼다."[46] 주희가 실학을 성리학으로 정의하고 사회에 영향력을 미치는 성격까지 부여하자 그의 후학들은 성문의 실학이 갖는 계통성을 분명히 했다.

주희의 제자 진순陳淳은 실학에 대해 별다른 설명을 하지는 않았지만, 그의 문집인 《북계대전집北溪大全集》에서 검색되는 11차례의 실학 용례는 모두 '성문실학聖門實學' 아니면 '성현실학聖賢實學'이었다. 실학은 성인의 학문을 계승했다는 정통성이 굳어졌음을 보여준다. 계보화는 오징에게서 뚜렷했다. 그는 주돈이周敦頤 등을 모신 십현사당十賢祠堂에 대한 기문에서 맹자 이후 끊긴 도리를 계승한 허형許衡, 사마광司馬光을 따라 천하의 공통된 도리를 행하고, 주희를 비롯한 정호와 정이, 장재, 주돈이, 소옹을 배워 천하의 도리를 세우는 것이 바로 실학이라고 했다.[47]

양명학과 실학

양명학은 육구연陸九淵(1139~1192) 이래 심즉리心卽理를 종지로 삼았다. 이理라는 절대적 도리가 개인에게 고유한 것으로 구비되어 있다고 보는 것이 성리학과의 근본 차이이다. 이론상의 차이를 여기서 자세히 논할 바는 아니다. 다만 심즉리에 기반했으므로 일상에서 성실하게 체험하는 자세를 중시하였고 따라서 실과 실학에 대해 성리학보다 더 강조했다. 육구연은 학문하는 방법에 대해 현실에 기반하여 착실하게 진행하라고 조언했다.

도는 가까이 있는데 멀리서 구하고, 일은 쉬운 데 있는데 어려운 데
서 찾으려 한다. 가깝고 쉬운 것부터 한 걸음 한 걸음 착실하게 나

아가라. 허망한 견해를 숭상하지 말고 고원한 곳에 빠지지 말라.[48]

일상에서 깨닫고 착실한 태도를 모두 충족하는 고리로서 실實이 강
조되지 않을 수 없다. 육구연은 자신의 평생의 학문이 바로 실에 있다
하며, 실을 깨달으면 모든 헛된 이론을 부술 수 있다고 단언했다.[49]

육구연의 지향은 주희와 같은 측면도 있고 다른 측면도 있다. 주희처
럼 그 역시 당대 학문을 비판하며 진실한 학문을 제창했다. 헛된 말에
빠지지 말고 진실하게 공부해야 하며, 입에 발린 학문을 하면 성인의 후
예가 될 수 없었다. 그러기 위해서는 일상에서 착실하게 실사에 매달려
생각해야 했다.[50] 그러나 잘 알려져 있듯 육구연은 주희의 이론과 공부
방법을 비판했다. 일상에서의 실천을 통한 스스로의 깨달음 곧 자득自得
을 중시하였던 그는, 외재하는 사물에 대한 부단한 공부를 강조한 주희
의 공부법이 현실과 동떨어지거나 번다할 수 있다고 경계했다.

옛사람들은 스스로 깨달았기에 실實이 있었습니다. 이치를 말하면
곧 실리였고, 일을 말하면 실사였으며, 실덕을 닦았고 실행에 힘썼
습니다. 내가 주희[晦翁]에게 준 편지[51]에 이렇게 썼습니다. "옛사람
은 질실質實하여 교묘한 지식을 숭상하지 않았고 말글이 번다하지
않고 사실을 먼저 드러내어, 알면 안다 하고 모르면 모른다 했습니
다. 이른바 '선지先知가 후지後知를 깨닫게 하고, 선각先覺이 후각後
覺을 깨닫게 한다'는 것은 사실로서 사실을 깨닫게 하는 것입니다.

때문에 말이 곧 사실이고 사실이 곧 말이 되니 이른바 '말은 행동을 돌아보고 행동은 말을 돌아본다'는 것이지요."[52]

육구연은 절대 관념을 설정하지 않았으므로 이理는 바로 실리를 의미했다. 질실에 기초하므로 추상 관념의 설정에 대해서는 교묘한 지식[智巧]으로 말과 행동을 분리시킬 수 있었다고 비판했다. 주희가 태극, 황극皇極과 같은 절대 원리를 설정한 것도 하나의 실을 나눈 것에 불과하다고 보았다.[53] 육구연의 논리에서는 태극, 천리, 이기 등의 관념 영역이 줄어들고, 실리·실사·실덕·실행·실심·실학의 의미망이 더 강조되었다.

왕양명王陽明(1472~1528)은 육상산보다 더 절실하게 실을 강조했다. 그는 천하의 어지러움은 허문이 승하고 실행이 쇠퇴한 데 있다고 보고, 실질에 힘쓰는 마음을 "마치 굶주린 사람이 먹을 것을 구하고 목마른 이가 마실 것을 구하듯 하라"고 했다.[54] 이를 얻는 방법은 구체적이었다. 일상에서 몸소 궁구하고 실지에서 공부하는 것이다. 이 방법은 적절한 순서와 단계가 있으므로 한순간에 깨닫는 불교의 돈오와 반대되었고, 실질을 중시하므로 도가와도 달랐다.[55]

이론적으로도 정연해졌다. 양명학의 핵심 개념으로 잘 알려진 양지良知는 곧 실리이며 실리는 곧 성실이다. 《대학》에서의 격물치지格物致知 역시 실제의 일에서 성의를 다하는 데 있었다.[56] 대체로 실리-성실-양지-성의가 하나로 꿰어졌다 할 수 있다. 이를 깨우치거나 적용

2

하는 일들이 격물格物이자 실학이었다.

내가 언제 그대에게 공문서를 관리하고 소송을 관장하는 일을 떠나 허공에 매달려 강학하라고 가르쳤던가? 그대에게는 이미 소송을 판결하는 일이 주어져 있으니 소송을 판결하는 일에서부터 학문을 해야만 비로소 진정한 격물이다.……공문서를 관리하고 소송을 관장하는 일들은 실학 아닌 것이 없다. 만약 사물을 떠나 학문을 한다면 도리어 공허한 데 집착하는 것이다.[57]

왕양명이 보기에 역대의 학설이나 공부들 예컨대 훈고학, 기송학, 사장학, 불가, 도가, 성리학이 끝내 깨뜨릴 수 없었던 것은 공리功利를 추구하는 마음이었는데, 이를 없애는 것은 양지를 깨달아 결연하게 분발하는 것이었다.[58] 그 경지에서 행하는 실용적인 일이나 일상의 업무

왕양명王陽明(1472~1528)
현실에서 실천하는 실학을 강조했다.

가 모두 실학이었다.

가령 나에게 과연 공리功利의 마음이 없다면 경제[錢穀], 군사[兵甲], 나무하고 물 긷는 일상의 일[搬柴運水] 어디서 종사한들 실학이 아니겠으며 무엇을 한들 천리가 아니겠는가.……가령 나에게 공리의 마음이 있으면 비록 매일 도덕과 인의를 말해도 역시 공리의 일일 따름이니.[59]

양명학에서 실학은 성리학과 문제의식이나 의미 전개가 같다. 허학, 허문에 반대하며 제기되었고 실리–실심–실사–실천으로 전개되었다. 그러나 양명학은 주자학의 형이상의 개념들과 그 개념에서 파생하는 사변적 경향을 또한 경계했으므로 실학과 일상·사물·사업과의 관련은 더 깊어졌다.

3.
외연을 확장하는 표어들

실학이란 용어와 직접 연관은 없지만 실학과 결합하여 실학의 정신 혹은 실학의 지향을 나타내는 표어들도 있다. 대표적인 것이 이용후생, 개물성무, 실사구시, 경세치용이다. 이 말들의 기원은 경전, 역사서 등으로 다양했고 대체로 실질, 실용, 실천, 실증 등을 강조하는 의미를 지니고 있었다. 실 또는 실학이 실질, 실용 등을 의미하거나, 중세에 경학 또는 성리학을 지칭하거나, 근대 이후 재조명되었듯 이 말들 또한 경전, 고전에서 출발해 중세와 근대에 의미 변화를 겪었다.

주목할 변화 시점은 17세기 이후이다. 당시 사회가 전문화하고 물질에 대한 강조가 점차 중시되자 이 용어들은 실학과 연관해 사용되었고 실학의 외연을 확장했다. 그리고 19세기 중반 이후에 서양의 발전과 동양의 낙후가 비교되자, 고대 동양의 진면목을 상징하는 표어로서 재조명되었다. 고대 동양의 성군聖君은 원래 이용후생을 중시하여 산업과 경제에 힘썼으나 중세에 쇠락했다는 식의 논리였다. 이 절에서는 이 표어들의 의미 변화와 그것들이 실학과 결합할 수 있었던 근거를 살핀다.

이용후생

실학의 정신을 나타내는 대표적 표어가 이용후생利用厚生이다. 이 말은 《서경書經》에서 나왔다.

> 우禹가 말했다. "아! 임금이시여, 잘 생각하소서. 덕은 오로지 선정善政일 뿐이고, 정치는 양민養民에 있습니다. 수·화·금·목·토·곡水火金木土穀이 잘 닦이고 정덕正德·이용利用·후생厚生이 조화하여 구공九功이 펴지게 됩니다."[60]

어진 신하인 우가 성군聖君인 순舜에게 아뢴 글이다. 군주의 덕은 정치를 잘하는 데 있고, 정치는 민생을 잘 챙기는 데 있다. '수·화·금·목·토·곡'은 육부六府로서 재용財用의 근원이다. 정덕, 이용, 후생은 삼사三事로서 바르고 안정된 삶의 조건이다. 육부와 삼사를 아울러 구공九功이라고 부른다. 대체로 군주의 선정과 양민이란, 육부라는 재용을 풍부히 하고 삼사로 도덕이 높아지고 물질이 만족해지는 삶을 이루어, 구공이 실현됨을 말한 것이다.

주희가 쓰고 채침蔡沈이 편찬하여 널리 읽혔던《서경집전書經集傳》에는 삼사를 다음과 같이 풀이했다.

> 정덕은 어버이는 사랑하고 자식은 효도하며 형은 우애하고 아우는 공경하며 남편은 의롭고 아내는 순종함이니 백성의 덕을 바로잡는 것이다. 이용은 공인工人은 집기를 만들고 상인은 재화를 소통하는 것이니 백성들의 쓰임을 이롭게 하는 것이다. 후생은 비단옷을 입고 고기를 먹으며 굶주리지 않고 춥지 않게 하는 것이니 백성들의 삶을 풍요롭게 하는 것이다.[61]

군주의 바른 정치는 백성의 도덕심을 높이고 물질적인 환경을 풍성하게 만들고 생활을 윤택하게 하라는 것이다.

《서경》에서 삼사의 조화를 강조했듯 정덕, 이용, 후생은 선후나 가치의 경중을 따지는 문제가 아니었다. 다만 육부와 삼사는 "육부가 이미 닦여 민생을 이루어졌지만 가르침이 없을 수 없다"고 하여 선후를 나누었다.[62]

한편 정덕, 이용, 후생은《춘추좌전》에서도 삼사로 소개되었다.[63] 그런데 〈성공成公 16년〉 조에서는 뉘앙스가 조금 다르게 서술되었다.

민생이 후해지고[民生厚] 덕이 바르게 되고[德正] 쓰임이 이로워지고
[用利] 일이 절도에 맞는다[事節].[64]

여기서 후생, 정덕, 이용, 절사節事는 나열로도 볼 수 있지만 '후생
하여 정덕하고, 이용하여 절사節事한다' 식의 조건으로도 해석할 수 있
다. 순서의 문제가 될 수도 있는 것이다. 소식蘇軾은 이 구절에 기초하
여 《서경》의 정덕, 이용, 후생을 선후의 조건으로 해설했다.

《춘추전》에 이르기를 '민생이 후해지고 덕이 바르게 되고 쓰임이
이로워지고 일이 절도에 맞는다' 하였다. 정덕이란 것은 《관자管子》
에서 말한 '창고가 충실해야 예절을 알고, 의식이 만족스러워야 영
욕을 안다'[65]는 것이다. 이용은 기물을 이익 되게 하는 것이고 후생
은 때맞추어 적게 거두는 것이다. 백성들이 삶에 의지하는 것이 두
터움이라는 것인데 그들의 삶이 박하게 된다면 윗사람을 범하는 일
을 어렵지 않게 여긴다. 이용후생한 이후라야 백성의 덕이 바르게
된다. 정덕을 먼저 말한 것은 덕이 바르지 않으면 (《논어》에서 말한)
'곡식이 쌓여 있다 한들 먹을 수 없다'[66]라는 의미이다.[67]

생업이 있어야 예의를 알게 된다는 말은 자고로 많다. 그중 《맹자》

의 '유항산有恒産, 유항심有恒心'과 위 인용문의 《관자》의 글이 유명하다. 소식은 《관자》를 끌어와 《춘추전》의 정덕·이용·후생에 대해 정덕의 전제가 이용후생이라고 했다. 그렇다면 《서경》 등에서 삼사의 첫머리에 정덕을 쓴 이유는 무엇인가. "곡식이 쌓여 있다 한들 먹을 수 없다"는 것은 공자가 정명正名을 말하자 제나라의 경공景公이 그에 찬성하며 한 말이다. 그러니까 삼사의 첫머리에 정덕을 쓴 것은 명분에서 으뜸이기 때문이다. 간단히 말해 소식은 일의 선후는 이용후생에서 정덕으로 나아가고, 명분에서는 정덕이 이용후생에 앞선다는 것이다.

이를 종합하면 정덕, 이용, 후생은 애초 선후 혹은 명분이 분명하지 않고 삼사로 통칭되었다. 그러나 정덕은 도덕 방면이고 이용과 후생은 물질 방면이므로, 선후와 명분을 따질 여지가 없지 않았다. 대표적으로 소식은 일에서의 선후와 명분에서의 선후를 갈랐다. 후대에도 명분을 중시하는 이들은 이용후생을 정덕에 종속하는 경향이 있었다. 조선에서도 정덕을 체體로, 이용후생을 용用으로 보는 사례가 있었다. 반대로 물질 기반을 중시하면 이용후생이 정덕에 선행되어야 한다는 주장도 가능했고, 이용후생을 정덕에서 독립시켜 쓸 수도 있었다. 그리고 독립된 '성인聖人의 이용후생'은 실학은 물론 경세, 실용, 기술, 문물 수용 등과 공명할 수 있었다.

개물성무

개물성무開物成務는 현대의 실학 개념에서 주로 인용되는 표어는 아니지만 경세經世와 실용을 중시하는 학자들이 실학과 관련해서 사용했다. 근대 전환기에는 이용후생, 실학 등과 함께 문물 수용의 전거로도 쓰였다. 개물성무는 《주역周易》〈계사상전繫辭上傳〉에 나온다.

> 공자께서 말씀하셨다. "역易이란 무엇인가? 역은 개물성무開物成務이다. 천하의 도道를 포괄하니[冒] 이와 같을 따름이다."[68]

《주역》은 고대에 임금이 점을 쳐서 신탁을 듣고 인간의 일들을 처리하는 데서 기원했다. 그러면 개물성무는 군주가 갖가지 사업을 도리에 맞게[開物] 진행하여 달성하는[成務] 일이다. 공자는 이를 천하의 도리에 맞추어 일을 수행하는 것으로 보편화했다. 《주역》에 대한 고주古註 역시 대체로 흡사하다. 진晉의 한강백韓康伯은 개물성무를 "만물에 담긴 뜻을 통通하고 천하의 일을 이루니 그 도는 가히 천하를 덮을 만하다"고 풀이했다.[69]

성리학에서는 《주역》을 천리에 따라 수시로 변화하는 도리로 보았으며, 개물성무는 《주역》의 그 같은 원리를 현실에 맞게 실행하는 것으로 보아 중시했다. 이른바 '의리역義理易'을 제창한 정이程頤의 《이천역전伊川易傳》〈서문〉이 대표적이다.

이 책은 광대하고 모두 갖추어져, 장차 성명性命의 이치를 따르고
유명幽明의 원인을 통달하고 사물의 실정을 다하여 개물성무의 도
道를 보여주었다.[70]

정이의 위 설명은 《근사록》에도 소개되었다. 《근사록》에서는 "개물開
物은 앎을 밝게 하는 것이고, 성무成務는 행실을 이루게 하는 것이다"[71]
라고 풀이했다. 군주와 개인 누구라도 보편 이치를 깨닫고 본성을 자각
하여 행동의 성취를 이루는 일이 곧 개물성무였다.

한편 정이는 불교와 도가가 신비한 조화를 깨닫고 현묘한 도리에 통
달했다고 하나 개물성무와 천하를 위하는 일에 합당하지 못하다고 비판
하기도 했다.[72] 그 점에서 개물성무는 경세학과 실용에 대한 강조로도
쓰일 수 있었다. 황종희黃宗羲는 명유明儒에 대한 평가에서 유학의 정신
은 개물성무로 보고 노불老佛, 양명학과 차이가 있음을 강조했다.[73] 개물
성무가 현실에서의 일 처리에 대한 강조로 쓰이면서 때론 형이상학에
치중하는 성리학에 대한 반성으로도 쓰였다. 황종희는 군주에 대해 "천
하로 하여금 이익을 받게 하며 천하로 하여금 해를 풀게 하여 천하 사람
들보다 천만 배가 수고로운 사람"이자 "일생 동안 천하를 위해 경영하
는 자"로 보았다.[74] 이 같은 논리는 조선에서도 마찬가지였다.

한편 개물성무는 19세기 중반 이후 새 용법의 장을 열었다. 서양과
동양이 문명 차원에서 대비되면서, 동양 성인들의 문명 개창이었던 개
물성무를 이어받아 새 문명을 만들자는 주장이었다. 당시 실학, 이용

후생 등도 같은 취지로 소환되어 서양에 상응하는 문명 건설의 근거가 되었다. 19세기 중국의 경세가 캉유웨이는 《대동서大同書》에서 "지혜로서 문물을 개창하고[智以開物成務] 이로움으로 백성을 인도하자[利用前民]"고 했다.[75] 한편 한국에서 개물성무는 《예기禮記》에 나오는 '화민성속化民成俗'과 결합하여 '개화開化'로 풀이되기도 했다.[76] 개화의 정당성을 얻기 위해 경전의 두 용어를 흥미롭게 조합한 사례이다. 하지만 이 정의가 일반화되지는 않았다.[77]

실사구시

실사구시實事求是는 17세기 이후 주목받은 말로서, 실학을 상징하는 가장 대표적인 표어이다. 《한서漢書》〈하간헌왕전河間獻王傳〉에 나온다.

> (하간헌왕 유덕劉德이) 학문을 닦고 옛것을 좋아하고 사실에서 바름을 구했다.[78]

이 글은 한나라 경제景帝의 아들인 하간헌왕 유덕의 학문에 대한 반고班固의 평가이다. 유덕은 고문으로 쓰인 선진先秦 시대의 책을 힘써 구했고 고사와 전례에 밝았으며 유학자로 자처하고 학자들과 교유했다. 엄밀히 말해 이때의 '사실'이란 옛 경전에 쓰인 전고典故이다.

그러나 황로학黃老學과 도참圖讖이 유행했던 당시에 유학의 고증 정신을 확인하는 기풍은 후대에 재평가될 소지가 다분했다. 안사고顔師古는 주석에서 "힘써 사실을 얻어 매번 바름을 구했다[務得事實, 每求眞是]"고 해설했다. '사실에 의거한 학문 정신'으로 일반화된 이 해설은 이후에도 그대로 인용되었다. 실사구시는 사실에 입각해 진리·바름을 추구하는 학문의 정신 혹은 학문의 태도를 뜻하는 말이 된 것이다.

그러나 실사구시는 상당 기간 동안 학자들에게 크게 주목받지 않았고 자주 인용되지도 않았다. 아마 경전에서 기원한 말이 아니어서 그런 듯하다. 단적인 사례로 《사고전서》를 검색하면 총 29건 정도만 검색될 뿐이다.

실사구시가 주목받는 계기는 명 말~청 초 시기를 기점으로 고증학이 제창되면서였다. 당시 황종희와 고염무顧炎武 등이 고증을 학문의 정신으로 삼고 기존에 유행했던 성리학과 양명학을 비판하여 후에 고증학의 비조로 평가된 것은 잘 알려져 있다. 그러나 황종희나 고염무도 실사구시라는 용어는 사용하지 않았다.

지금은 일반적으로 실사구시가 고증학의 정신이자 실학의 특징으로 정의된다. 그렇다면 실사구시는 언제부터 고증학의 핵심 정신으로 정리되었는가. 명 말~청 초 시기에 주목할 인물은 고염무 등과 교류한 주학령朱鶴齡(1606~1683)이다. 그는 엄밀한 고증과 한학의 장점으로 실사구시를 언급했다.[79] 하지만 일회적이었던 듯, 한동안 사용되지 않았다가 대진戴震(1724~1777) 이후에 빈번해졌다. 대진의 친구였던 전대흔

錢大昕(1728~1804)은 대진의 학문에 대해 "실사구시하였고, 한 학파에 머무르지 않았다[實事求是, 不主一家]"고 평했다. 능정감凌廷堪(1757~1809)도 그에 대한 저술에서 실사구시를 중요하게 인용했다.[80]

실사구시는 완원阮元(1764~1849)에 의해 고증학의 종지이자 방법론으로 주장되었다.

내가 경전을 설명하는 것은 고훈古訓을 미루고 밝혀 실사구시할 따름이다.[81]

완원의 주장은 경학과 문장, 훈고와 의리를 모두 중시하는 이른바 '한송漢宋 절충'의 입장으로 조선의 김정희에게 영향을 주었다.[82]

근대에 실사구시를 강조한 대표적인 인물은 량치차오梁啓超이다. 그는 1902년에 저술한 〈중국학술사상변천의 대세[中國學術思想變遷之大勢]〉에서 "청대 학자들은 실사구시를 학문의 목표로 삼았다"고 하며 고증학의 과학적 정신과 분업을 강조했다. 그는 1921년에 출판한 《청대학술개론淸代學術槪論》〈서문〉에서도 이 글을 그대로 인용했다.[83]

량치차오는 《청대학술개론》에서 대진, 기윤, 완원 등의 학문을 '실사구시實事求是 무징불신無徵不信'으로 평가했고, 청학에 대해 "실實을 제창하여 번성했고 실을 관철하지 못해 쇠퇴했다"고 보았다.[84] 특히 완원에 대해서는 실학으로 허학을 대체했다고도 했다.[85] 그는 실사구시와 실학을 같은 의미로 사용하고 크게 제창했다고 볼 수 있다. 이후 중국에서 실사구시는 마오쩌뚱과 덩샤오핑의 강조에서도 알 수 있듯 현대 중국의 정치 구호로도 활발하게 사용되었다.[86]

실사구시는 한국에서는 이이가 처음으로 사용하고 조선 후기 이후 주목되었다. 양득중, 김매순, 김정희, 김윤식 등이 관련한 저술을 했고, 근대 이후 실학과 결합하여 널리 인용되었다. 현대에도 실학을 대표하는 표어로 잘 알려져 있으며 종종 정치권에서 사용될 정도로 활용이 넓다.

경세치용

경세치용은 실학의 정신을 대표하는 표어 중의 하나이지만 이용후생, 개물성무, 실사구시처럼 경전이나 역사서에서 기원하지 않았다. 단적으로 한·중·일의 대표 한자 사전인 《한한대사전》, 《한어대사전》, 《대한화사전》에 표제어로 잡혀 있지 않다. 《사고전서》와 한국의 전근대 문헌에서도 찾을 수 없다. 19세기 이전에 형성된 한자어가 아닌 것이다.

한국에서 첫 사례는 20세기 초이다. 성호 학파를 계승한 허훈許薰(1836~1907)에 대해, 아들 허용이 작성한 〈가장家狀〉에 나온다. 이 글은 1907~1910년 사이에 저술된 것으로 추정된다. 허용은 부친이 역사, 각종 제도 및 학문을 섭렵하고 다양한 인물의 행적에도 관심을 기울였다며 모두 "경세치용의 학술이었다"고 평했다.[87] 이후 1930년 3월 16일 자 《조선일보》에도 1건이 나온다. 번역가인 양건식(일명 '양백화')이 중국의 학자이자 문인인 왕국유王國維(1877~1927)의 문학을 설명하면서 "경세치용의 책략은 문학과 상관없다"고 단순하게 인용한 정도이다.[88]

경세치용의 용례가 없다 해서 경세經世와 치용致用이 사용되지 않은 것은 아니다. 두 단어는 오래전부터 사용되었다. 경세가 '세상을 다스리거나 경륜한다'라는 의미로 쓰인 첫 사례는 《장자》이다.

《춘추》의 경세經世에 대한 선왕들의 기록은 성인이 시비를 따지지만 공과를 나누어 차별하지는 않는다.[89]

진晉대 이후는 자주 나온다. 예컨대 《포박자抱朴子》에는 "《서경》〈홍범〉을 읽으면 기자가 세상을 경륜하는 재주가 있었음을 알 수 있다"고 했다.[90] 성리학에서는 소옹의 저서 《황극경세서皇極經世書》의 제목대로 역리易理에 따라 움직이는 세상의 운행을 가리키는 말로도 포괄되었다.

경세가 사람들의 삶을 적절하게 운영하는 의미로 쓰일 때는 '제민濟民'과 주로 짝했다. 제민은 《서경》에 나오는 '억조창생을 구제하라'는 '이제조민以濟兆民'의 줄임말이다.[91] 경세제민의 줄임인 '경제'는 과거에도 널리 쓰였고, 지금은 economics의 번역어로 현대인에게도 익숙하다.[92]

한편 치용致用은 《주역》〈계사상繫辭上〉에 나온다.

2

물건을 구비하고 쓰임을 다하여[備物致用] 기물을 세우고 성취케 하여 천하를 이롭게 함에 성인聖人보다 더 큰 것이 없다.[93]

공영달孔穎達은 '비물치용備物致用'에 대해 "천하의 물건을 갖추고 천하에 사용하는 바를 불러온다"고 해석했다.[94] 치용은 성인聖人이 현실에 물질적인 조건을 응용하여 맞추는 일에서 출발했지만, 일반적으로 현실 문제를 해결하기 위한 실용적인 방법을 추구하는 뜻으로 널리 쓰였다. 전근대에는 경세, 제민, 경세제민, 경제, 치용 등이 모두 정치의 효과로 인민을 구제하거나 물질적 복리를 달성하는 의미로 쓰였음을 알 수 있다. 이 말들 가운데 경세와 치용이 근대의 어느 시기엔가 조합되어 유학의 사상과 학파를 설명하는 표어로 탄생한 것이다.

경세치용이 중국에서 근대 학술 사조로서 부상한 계기로는 량치차오를 주목해야 한다. 그는 《청대학술개론》에서 명 말~청 초의 황종희, 고염무 등을 '계몽파'로 규정하며 그들의 학문에 대해 '통경치용通經致用의 관념을 지니고 일의 성패와 경세의 책무를 즐겨 말했다'고 정의했다.[95] 통경치용은 경전에 능통하고 이를 현실에 적용하는 일이다. 역사와 경술經術을 중시하고 실용과 실천을 중시한 그들에 대해 량치차오는 경세와 치용을 수식어로 여러 차례 설명했다.[96] 그리고 경세치용 학파를 정의했다.

이른바 경세치용이란 학파는 근본 관념이 공자와 맹자에서 전해졌다. 역대에 많은 이가 제창했고, 청대의 계몽파와 청대 말의 금문학파가 더욱 그 범위를 확장했다. 이 학파가 내건 기치는 학문이란 모름지기 사회의 개량과 행복의 증진을 추구해야 한다는 것이니 요즘 말하는 국가 경제와 민생이 이것이다.[97]

요컨대 성인과 경전의 본뜻을 계승하여 현실 정책과 실용을 중시하는 학자들이다. 량치차오는 청대의 고증학파를 대표적인 일례로 들면서도 개혁과 복리를 추구하는 이들을 넓게 포괄하여 현대의 민생론자와 사회주의까지 포함시켰다.

이후 경세치용은 학술상의 특징 혹은 학파 자체로도 해석되었다. 비록 한자 자전에는 없지만, 유학·동양사상 분야의 사전에서는 '경세치용, 경세의 학풍, 경세치용 학파' 등이 항목으로 채택되었다. 예컨대 한국《유교대사전》의 '경세치용 학파', 중국《중국철학사전》[98]의 '경세지학', 중국《유학대사전》[99]의 '경세치용', 일본《중국사상문화사전》[100]의 '경세치용의 학' 등이다.

한국에서 경세치용은 20세기 초 량치차오의 저술이 왕성하게 소개되면서 지식인들이 접했을 법하다. 그러나 1950년대까지는 거의 사용되지 않았으므로 영향을 상세하게 따지기는 어렵다. 경세치용이 실학과 구체적으로 연결된 것은 1950년대 말 이후이다. 전해종, 한우근, 이우성 등이 실학 연구를 진행하며 그 핵심 정신으로 실사구시, 이용후생 등과 함께 경세치용을 내세우며 널리 알려졌다.

3 | 14~18세기 실학

1.
조선 시대 실학의 사용 빈도와
공기어共起語

실학은 한국에서는 14세기 초에 처음 선을 보였고 이후에도 여러 기록에서 적지 않게 등장했다. 장기간에 걸쳐 여러 쓰임새를 보였던 실학의 용례를 효과적으로 보기 위해 먼저 주요 문헌에서 검색되는 실학의 빈도 및 공기어를 살피고자 한다.

공기어는 연동하여 쓰인 단어, 간단히 말해 함께 쓰인 말들이다. 1장에서 소개했듯 코퍼스Corpus(말뭉치)로 처리된 데이터를 통해 우리는 단어들의 공기 정도를 수치로 나타낼 수 있다. 거기에 시간 축을 대입하면, 살피고자 하는 용어와 그와 관련한 말들 사이의 의미장場을 거시적으로 파악할 수 있다.

주요 문헌의 사용 빈도

《조선왕조실록》(이하 '실록')과 《한국문집총간》(이하 '문집')에서 실학이 사용된 기사를 검색하면 총 877건을 확인할 수 있다. 용례가 많다고는 할 수 없지만 그렇다고 무시할 만한 숫자도 아니다. 무엇보다 "사람들이 실학이라고 부른다"는 관용적 사례들도 종종 확인되기 때문에 일상에서 제법 사용되었다고 할 수 있다. 실록과 문집에서 확인되는 사례를 세기 단위로 구분하면 다음과 같다.

〈표 1〉 실록과 문집의 '실학' 빈도

시기		14세기	15세기	16세기	17세기	18세기	19세기	20세기
실록		0	19	35	7	9	10	3
문집	①	4	4	34	72	203	168	122
	②	0	7	0	14	42	80	44	–

* 조사 대상은 국사편찬위원회의 한국사데이터베이스, 한국고전번역원의 한국고전종합DB이고, 조사 기간은 2019년 8~12월이다.
* '眞實學問'처럼 실학과 같은 용어는 포함했다. 그러나 '其實學問之極功'처럼 '實'이 '정말로'라는 강조어·수식어 등으로 쓰인 경우는 제외했다.
* 문집의 '①'은 작성 시기를 세기 단위에서 확인할 수 있는 기사이다. '②'는 세기를 특정하기 어려운 기사이다.

〈표 1〉은 실학 사용의 추이를 대체적으로 보여준다. 실록에서 쉽게 드러나는 특징은 15~16세기의 비중이 높다는 점이다. 15~16세기가 54건, 17~20세기가 29건이다. 15~16세기의 실록과 문집을 비교해도 실록의 비중이 50퍼센트를 넘었다.

문집의 빈도는 실록과 반대이다. 세기 단위로 확인할 수 있는 '문집

①'에 속한 기사들은 14~16세기 42건, 17~20세기 565건이다. 뒤 시기가 약 13.5배 많다. 연대가 불분명한 '문집 ②'의 경우도 크게 다르지 않다. 물론 14~16세기 문집 기사의 총량과 17~20세기의 총량이 다르기 때문에 빈도의 조정은 필요하겠지만, 조정된다 해도 13배 이상의 차이를 크게 줄이지는 못할 듯하다.

조선 전기에 실록에서의 빈도가 높고 후기에 문집에서의 빈도가 높은 이유는, 실학의 용례를 일람했던 선행 연구들을 감안하면 대강을 짐작할 수 있다.[1] 15~16세기 실록의 용례는 대부분 과거의 명경과와 제술과의 운영, 성균관에서의 경학 교육과 관련되었다. 정책 논의가 실록에 주로 실린 것이다. 이때 실학은 대부분 '경학經學' 또는 과거를 대비한 암송 위주의 경학 공부인 '강경講經'이라는 의미가 대부분이었다.

실학이 경학, 강경으로 쓰이는 사례는 과거제가 운영되었던 19세기 후반까지 지속했다. 하지만 16세기 이후의 논의 양상은 조금 달라졌다. 과거 제도가 정착됨에 따라 제도 수립에 관한 논의보다는 과거 시행에서 불거지는 문제점을 지적하는 경우가 늘어났다. 문제점을 지적하는 한편으로 유학 본연의 공부를 지칭하는 용례 또한 크게 늘어났다. 유학 또는 성리학에 대한 본연의 공부, 군주의 성학聖學 등에 대한 지칭이다. 문집에서 16세기 이후에 실학 용례가 증가하는 것도 이 상황을 반영하는 것으로 보인다. 문집에서 실학은 대개 서序, 발跋, 잠箴, 명銘, 제문祭文, 행장, 연보 등에 쓰였다. 문체의 성격으로 짐작할 수 있듯이 진실한 학문을 다짐하거나, 타인의 학문을 상찬하거나, 성실하게 공부했던 이에 대한 수식 등으로 쓰였다. 경학이라는 구체성이 떨어진 반면 본연의 공부, 성실한 공부라는 범칭이 늘어난 것이다. 유학이 뿌리를 내림에 따라 유학에 전념하거나 유학자 사이의 교류가 증가한 양상을 대변한다고 볼 수 있다.

17세기 이후에는 실록과 문집 외에, 인조 대의 기록부터 남아 있는 《승정원일기》와 영조 대 후기부터 작성된 《일성록》이 있다. 《승정원일기》의 실록 기사는 150건, 《일성록》은 64건이다. 앞에서 살핀 실록·문집의 877건과 합하면 총 1,091건이다. 《승정원일기》와 《일성록》은 17세기 이후 실학 용례에 관한 추가적인 정보를 준다.

〈표 2〉 《승정원일기》와 《일성록》의 '실학' 빈도

시기	17세기	18세기	19세기	20세기
승정원일기	11	80	56	3
일성록	–	12	50	2

《승정원일기》의 경우 17세기에는 용례가 많지 않다. 그러나 18세기 이후는 크게 증가하였고 19세기에도 지속했다. 《일성록》은 정조 즉위년인 1776년 이후에 본격적으로 기록되었으므로 18세기는 대략 25년 정도이고, 그 시기의 12건은 적다고 할 수 없다. 19세기에도 그 추세는 이어진다.

이상에서 우리는 실록을 제외하고 문집·《승정원일기》·《일성록》에서 18세기에 실학이 증가하고, 19세기에 지속했음을 알 수 있다. 18세기의 증가와 19세기의 지속을 설명하는 이유는 기존 용례 외에도 새로운 용례가 더해지지 않았을까라는 가설을 떠올릴 수 있다.

실학의 시기별 공기어

실록·문집·《승정원일기》·《일성록》을 대상으로 세기별로 빈도를 보면 경학과 강경講經의 용례가 15세기에 다수이고 이후 지속했으며, 16세기 이후 유학·성리학을 지칭하는 용례가 추가되고 이후 지속했으며, 18세기 이후는 이 둘의 용법 외에도 새로운 용례가 더해지고 용례가 크게 증가했음을 알 수 있다. 이 분석에서 한발 더 나아가기 위해 각 용례에 쓰였던 실학의 공기어를 분석해보자. 조선 시대에서 실학의 연관어가 갖는 생생한 의미장의 효과는 이 책의 1장 2절 3항에서 소개했으므로 공기어 분석의 의미와 효과는 생략한다.

〈표 3〉 15세기에서 1.00 이상의 어휘 중에 무務, 학자學者, 유생儒生, 근본根本 등은 공부 일반과 관련한 어휘들이다. 반면 강경講經, 국가國家, 장場, 제술製述, 강講은 과거[국가, 장], 과거 중에서도 강경을 대비한 경학[강경, 제술, 강]과 관련된다. 15세기에 실학은 주로 과거, 강경과 관련해서 사용되었던 것이다.

16세기 또한 15세기와 크게 다르지 않다. 무務, 독讀, 유생儒生, 독지

<표 3> 15, 16, 17세기 실학 상위 공기어[2]

	15	16	17
2.00~이상	務	務, 讀, 儒生, 實學, 尙	讀, 尙, 製述
1.50~1.99	講經, 國家, 學者, 儒生	僥倖, 講經, 篤志, 詞章, 別試	經典, 科文, 大家, 文字, 懋, 擧子, 君子, 試, 章, 務
1.00~1.49	根本, 學生, 場, 製述, 實學, 講	課程, 心得, 事親, 躬行, 登第, 爲業, 文章, 徒事, 外任, 四書, 抄集, 情熟, 文, 抄, 儒者, 敎誨, 講	國人, 聖朝, 力學, 篤志, 浮華, 大志, 實心, 多讀, 有志, 世道, 聖上, 取人, 義理, 講, 聖賢

* <표 3>~<표 8>(<표 5> 제외)의 자료 정리는 필자, 공기어 가공은 최지명이 수행했다. 가공은 한자 사전에 기반하여 분절segment했다.
* 통계값은 t-score 이다. 기본적으로 1.00 이상의 구간을 0.5를 기준으로 구분했다. 통계값은 연속하므로 해석의 편의를 위해 자의적으로 나누었다. 일부 표에서는 3.00 이상을 설정하기도 했고, <표 7>에서는 0.99 이하도 소개했다. 0.99 이하는 통계적으로는 의미가 거의 없으나 새로운 어휘가 등장하는 것이 의미가 있다고 판단했기 때문이다.
* 공기어는 한문의 어미·연어 등 무의미한 단어를 제외했다. 공기어 중에 '실학實學'이 포함된 것은 '실학' 주변에 '실학' 용어가 다시 등장하고 있음을 보여준다. 공기어 관계로는 특정한 의미가 없다고 보기에 생략해도 무방하다.

篤志 등 공부 일반과 관련되었거나, 강경講經, 별시別試, 등제登第, 강강講 등 과거·강경과 관련한 어휘가 여전하다. 그러나 밑줄로 표시한 어휘들—요행僥倖, 사장詞章, 위업爲業, 문장文章, 도사徒事, 외임外任, 초집抄集 등에서 이전과 다른 분위기를 찾을 수 있다. 이들은 문장 중심의 과거[사장, 문장], 문장 출신의 관료[외임], 과거의 폐단에 대한 비판[요행, 위업, 도사, 초집] 등으로 계열화할 수 있다. 또 과정課程, 교회敎誨 등 교육과 관련한 어휘도 등장했다.

16세기의 실학이 대체로 과거-교육과 관련 있는 것은 15세기와 같다. 하지만 실학-강경과 대비되는 문장-제술 관련 내용이 증대하고, 과거 운영을 비판하는 부정적 의미장이 형성되었으며, 교육과도 빈번하게 연동했다. 정리하면 용례의 증가, 과거 운영을 둘러싼 의미의 분화, 고정된 이미지의 형성 등이 이전과 다른 특징이다.

17세기에서 공부 일반, 과거·교육과 관련한 긍정·부정의 의미장은 지속한다. 이에 대해서는 재론하지 않는다. 이 시기에 새로 떠오른 어휘는 군자君子, 성조聖朝, 대지大志, 실심實心, 세도世道, 성상聖上, 의리義理, 성현聖賢 등이다. 이 중 군자, 성조, 대지, 성상, 성현은 대개 군주의 학문인 성학聖學과 긴밀하다. 실심, 세도, 의리는 성리학 이념을 실현하려는 사림의 정신과 책임감과 관련해 있다. 16세기 중반 이후 성리학 이해가 깊어지며 성리학 이념을 실천하려는 사람들의 의지와 군주 성학을 강조하는 분위기를 전해준다.

〈표 4〉 18세기 실학 상위 공기어

3.00~이상	實, 懋, 務, 實心, 講, 事, 眞, 學, 勉
2.00~2.99	法言, 公, 外面, 科, 志, 擧業, 場屋, 浮華, 躬行, 實學, 工
1.50~1.99	科文, 心得, 實用, 用心, 文章, 術, 三代, 先正, 美目, 名實, 分黨, 克勵, 道術, 大志, 致力, 專心, 經書, 飮食, 無益, 崇獎, 用力, 聖賢, 政令, 小學, 義理
1.00~1.49	五經, 通儒, 成渾, 踐履, 實行, 近思, 有用, 有才, 實德, 實功, 宿德, 聖門, 性理, 體用, 實事, 本末, 堯舜, 讀書, 學者, 世道

18세기에는 공부 일반, 과거·교육과 관련한 긍정·부정의 의미장, 성리학과 군주의 성학과 관련한 어휘 외에 또 다른 공기어들이 부상했다. 사사事事, 공公, 공工, 실용實用, 삼대三代, 명실名實, 음식飮食, 무익無益, 천리踐履, 실행實行, 유용有用, 유재有才, 실덕實德, 실공實功, 실사實事, 요

순堯舜 등이다.

우선 실實이 들어 있는 어휘들, 즉 실용, 명실, 실행, 실덕, 실공, 실사 등이 주목된다. 이 어휘들은 이理와 같은 추상적이고 초월적 개념들의 현재성, 현장성이 강조되고 있음을 알려준다. 현실의 강조는 사事, 공公, 공工, 음식, 무익, 천리踐履, 유용, 유재 등 일상, 사물, 실용과 연관한 어휘들의 부상에서도 드러난다. 삼대와 요순은 고대 유학 또는 옛 성인의 경세 정신을 강조하는 분위기와 관련해 있다. 바야흐로 현실, 일상, 실천이 강조되는 경세론의 유행을 알려준다.

2.
14세기 후반~17세기
실학 용례

여말선초麗末鮮初의 실학

한국에서 실학의 첫 용례는 1314년(충숙왕 1) 이제현李齊賢의 언급이다. 당시 상왕으로 물러나 원나라에서 만권당을 세운 충선왕이 선비를 진흥할 방책을 이제현에게 물었다. 이제현의 대답이다.

이제 전하께서 진실로 학교를 넓히고 상서庠序를 일으키며 육예六藝를 높이고 오륜[五敎]를 밝혀 선왕의 도를 천명한다면 누가 진유眞儒를 배반하고 불자[釋子]를 따르겠으며 실학을 버리고 장구만 익히겠습니까?[3]

교육과 학문을 장려하면 선비들이 불교와 문장을 추종하지 않고 유학과 실학에 진력할 것이라는 내용이다. 그는 불교에 대해 진유眞儒를 대비하고, 문장에 빠지는 풍조에 대해 실학을 대비했다. 참고로 이제현은 '실재實齋'로 자호하기도 했다. 한편 1693년에 작성된 이제현의 〈연보〉에서 앞의 기사는 "백이정白頤正이 원나라에서 정주학程朱學을 배워 고려에 돌아오고 이제현이 제일 먼저 전수받았다"는 설명에서 시작했다.[4] 즉 후대에 이제현이 건의한 '진유와 실학'의 실체는 바로 정주학으로 간주되었던 것이다.

1398년에 저술된 것으로 추정되는 정도전鄭道傳의 《불씨잡변》에서 실학은 기이한 학설이나 불교 등에 반대하는 바른 학문의 의미가 뚜렷했다.

이것으로 옛사람의 명덕明德과 신민新民의 실학實學을 어지럽히고

이제현(1288~1367)
한국 문헌에서 확인되는 최초의 실학 발화자이다.

자 하니 이 또한 잘못이다"라는 주자의 말이 되풀이하여 변론하고 친절하게 밝혔으니 배우는 자는 이에 잠심潛心하여 자득해야 할 것이다.[5]

정도전은 주희가 《대학혹문大學或問》에서 기이하고 편벽된 학설로 경전의 뜻을 어지럽히는 것은 불교보다 피해가 더 크다는 취지의 글[6]을 통째로 인용해 성리학의 실학 용례를 선보였다.

그러나 구체적으로 유학을 지칭하지 않은 경우도 있었다. 1330년(충숙왕 17)에 안축安軸은 강릉도 존무사存撫使로 떠나면서 자신의 감회를 시로 썼다.

> 책을 읽어 도를 구했지만 끝내 성취 없었으니
> 태평시대 이 행차가 스스로 부끄럽네.
> 엉성하나마 재주 다해 실학實學을 다해야지
> 어찌 유난 떨며 허명을 훔칠까.[7]

여기서 실학은 튀는 행동으로 헛된 명예에 집착하지 않고 성실하게 덕행을 실천하는 행위로 사용되었다.

이색의 경우는 또 다르다. 그는 〈영호행英豪行〉이란 시에서 "진재실학眞才實學은 그림 속 떡이 아니니 식례食禮는 대갱大羹에서 나온다네"[8]라고 했다. 뛰어난 재주와 학문은 별다른 게 아니라 검소한 식례와 대갱에 있다는 뜻이다. 앞서 2장 2절 2항에서 보았듯 진재실학은 '뛰어난 재주를 지닌 인재' 정도로 중국에서 일상화된 용어이다. 이색이 아마 원나라의 구어[북경어]에 능했기에 사용한 게 아닌가 한다. 진재실학은 이 용례 외에는 발견되지 않다가 18세기 이후에 종종 등장한다. 아마 조선 후기에 중국의 백화문白話文에 익숙한 학자들이 늘어나고 인재 등용의 중요성이 강조되자 사용이 늘어난 게 아닌가 한다.

이상 14세기 실학의 용례는 4건에 불과하지만 경학, 성리학, 성실한 학문, 일상어였던 진재실학까지 다채롭게 사용되었다.

경학과 강경 공부

등장부터 고유어와 일상어로 사용된 실학은 15세기에도 그 기조를 유지했다. 김수온金守溫(1410~1481)이 정인지鄭麟趾에게 올린 시에는 "북송의 성리학자들이 공자를 계승하고 성리性理를 밝혔으므로 도불道佛의 진공眞空의 설은 정주程朱의 실학에 미치지 못한다"[9]고 했다. 불교, 도교에 대립하는 성리학으로서의 실학이다.

그러나 조선 초기에 빈번하게 등장하고 마침내 관용화된 용법은 과거에서 경서 공부에 능한 인재를 뽑는 일과 관련해서였다. 실록에서 첫 번째로 실학이 언급된 1407년(태종 7) 권근의 상서도 그와 관련한 용법이었다.

문과의 초장初場에서 의·의疑義를 파罷하고 강론講論을 시험하니 이
것은 사장詞章을 베껴 답습하는 폐단을 억제하고 경서經書를 궁리하
는 실학實學하는 선비를 얻자는 참으로 아름다운 법입니다. 그러나
이 법을 몇 차례 시행했는데 경학에 뛰어난 인재는 그사이에 나오
지 않고 글재주와 기풍이 도리어 좀스러워졌습니다.……지금부터
강론을 파하고 다시 의·의를 시험하되…….[10]

문과 초장의 경전 시험에서 경전의 어려운 대목이나 뜻을 제술하는
의·의를 할 것인가, 의미를 구술하는 강론, 즉 강경으로 할 것인가는
태조~세종 대에 논란거리였다. 태조 대에 강경으로 정했지만, 경학에
능한 즉 궁경실학窮經實學한 선비를 뽑기는커녕 문장력마저 저하되었
으므로 권근은 앞의 인용문에서 의·의를 주로 하고 강경으로 보충하
자고 건의한 것이다.

권근의 건의로 의·의가 시행되었지만 태종 후반에 다시 강경이 복
구되었다. 그러자 세종 초에는 강경 기피 사례가 속출하였고 마침내
강경 때문에 영민한 인재들이 무과로 달려가는 풍조까지 빚어졌다.[11]
그럼에도 실학한 인재를 포기할 수는 없었다. 경학은 공부의 근본이기
때문이었다. 1430년(세종 12) 황현의 상소에는 실학의 중요성과 현실에
서 빚어지는 어려움이 잘 정리되어 있다.

요·순 때에 인재가 성대하였던 것은 배운 바가 실實이 있었기 때문

이고, 한·당 대에 그만 못했던 것은 실이 없었기 때문입니다.……
배워도 실이 없으면 문예가 비록 교묘하더라도 성의誠意와 정심正心
에 무슨 도움이 될 것이며……문과 초장에서 강론을 폐지하고 의·
의로 시험을 보자 성균관에 들어오는 자들이 헛된 이름만을 사모하
고 실학實學을 힘쓰지 않으며……오늘의 학자들은 이름만을 위하고
실학을 힘쓰지 않아 문장에 능한 자는 조정에서 칭송을 받고 명색
이 경학하는 자는 마침내 교수로 늙어버립니다. 때문에 그 자제들
이 먼저 문사文辭에 마음을 두고 애당초 경학에 뜻을 주지 않을 뿐
더러, 간혹 부지런히 독서하는 자가 있으면 친구들에게 도리어 멸
시를 받는 지경입니다.[12]

실實은 요·순 이래 내려온 진실하고 바른 가르침이다. 성인의 정신
과 행적이 담긴 경전과 그 경전을 깊이 체화하는 경학이 실학이다. 공
부의 근본이자 본체라고 할 수 있다. '실학에 힘쓴다[務實]'는 관용적
표현이 다수인 것도 그 이유에서이다. 실학은 문장처럼 배우고[習] 능能
해지거나 공교工巧해지는 차원의 공부가 아니었다.

문제는 실학하는 인재를 제대로 평가하기 어렵다는 점이었다. 이상
적으로는 '언외言外의 이치를 묻고 능히 답하는'[13] 인재를 뽑아야 하지
만, 경전에 통달하여 스스로의 견해를 밝히는 수준에는 응시자는 물론
시험관도 도달하기 어려웠다. 현실적으로는 그저 경전을 외우는 인재
를 뽑을 뿐이었다.[14] 게다가 관료 사회에서는 문장에 능한 인재가 실무

를 주도하고 요직에 오르는 편이었으므로 의·의가 낮다며 우수한 인재들이 결국 문장 공부로 몰리곤 했다. 1456년(세조 2) 세조의 발언에도 곤혹감이 배어 있다.

사람이 마땅히 실학實學에 힘써야 함은 실학이 근본이기 때문이다. 국가에서는 사장詞章이 실제의 쓰임에 절실하기에 부득이 이것을 써서 사람을 취한다. 그러나 스스로 이루는 도리에 있어서는 실학을 버리고서는 불가하다. 오늘 너희들이 경서를 강론함에 통달한 사람이 없으니 또한 스스로 부끄럽다.……내가 때때로 (사서오경을) 친강親講하려 한다.[15]

경학의 관용화

강경을 통해서라도 실학하는 선비를 뽑아야 한다는 원칙론과 의·의를 위주로 하자는 현실론은 몇 차례의 번복을 거쳤고 그 와중에 실학은 경전, 경학, 강경 공부 등 맥락에 따라 조금씩 다른 의미와 연관어들을 갖게 되었다.

1장 1절 1항에서 소개한 1452년 단종 즉위년에 병조참판 이변이 사서四書와 경전을 실학으로 지칭한 사례[16]는 실학이 경전 자체로 쓰인 첫 용례였다. 이 용례는 16세기 중종 대 이후로 급증했다. 1510년(중종

5) 중종의 언급이다.

실학實學은 장구章句가 있어서 읽다가 중단할 수 없고 《사기》는 온
전한 전傳을 두루 읽어야 바야흐로 수말首末을 알게 되니 이전보다
갑절 더 진강하는 게 좋겠다.[17]

"실학을 읽는다"고 할 때는 대개 사서오경四書五經을 읽는 것이었다.
실학을 읽는다는 표현은 〈표 3〉의 공기어로 보면 '실학에 힘쓰는[務]'
표현 다음으로 많이 나왔다.

실학은 교육과 관련해서도 일정한 관계어들을 확보해나갔다. 조선
초기부터, 성균관에서 실학을 가르치는 교수, 박사, 대사성 등은 실학
에 능한 인재로 기용한다는 용례는 종종 있었다.[18] 중종 대에는 전례로
굳어졌다.

영사 장순손이 아뢰었다. "사장師長을 골라서 차정하는 것은 진실로
당연합니다. 조종조에서는 사장이 되는 자는 혹은 경술經述로써 혹
은 사장詞章으로써 아울러 골라 차정하여, 실학을 정공精攻한 자는
교회敎誨를 주재하고 사장을 잘하는 자는 제술을 맡아서 각기 그 능
한 바로써 가르치게 하였습니다.[19]

16세기 후반이 되면 '경서, 경학, 강경 공부'가 실학으로 굳어지게

되었다.

> 사람들이 "실학實學을 읽으면 작문을 못한다"고 말하는데 나는 그
> 말이 매우 이상하다.[20]

1576년(선조 9)에 선조가 경연에서 한 말이다. "사람들이 말한다[人
言]"는 표현에서 "실학을 읽는다[讀實學]"는 말이 일반적으로 사용되었
음을 알 수 있다. 17세기 초에는 더욱 흥미로운 용례가 있다.

> 이런 까닭에 경학으로 과거를 응시하는 자들은 입으로만 외울 따름
> 이어서……대부분이 의리도 모르고 문자도 모르고 끝내 용렬하고
> 비루하게 되는데 세상에서는 문리도 모르는 이런 자들을 '실학급제
> 實學及第'라고 일컫습니다.[21]

조익趙翼(1579~1655)의 차자이다. 외우기에 급급한 경학 공부를 비
판하고 있다. 강경에 합격했지만 실제 이해가 떨어지는 자들에 대해
세상에서 '실학급제'라고 비꼬는 표현이 널리 쓰였음을 알 수 있다. 실
학급제에 대한 비판은 이수광李睟光의 《지봉유설芝峯類說》에도 나온다.
"강경으로 뽑힌 이들이 실질이 없고 문장도 변변치 않으므로 세상에
서는 제도가 허술해졌다며 늘상 '실학급제가 빚어낸 일이다'라고 말
한다"[22]는 것이다.

실학 혹은 실학과 관련한 용어를 일상적으로 사용했음을 알려주는 표현은 이후에도 계속 나온다. 1659년(현종 1)의 기록이다.

향시는 더욱 심합니다. 응시자 가운데 '실학한다'는 이름만 있으면 【강경을 준비하는 이들에 대해 사람들은 '실학한다'고 말한다.】 제술이 형편없어도 방문해서 뽑고 있으니 더욱 한심합니다.[23]

경전인 실학을 읽고, 경학인 실학에 힘쓰며, 강경을 준비하는 이들에 대해 사람들이 "실학한다"고 말했다. 실학급제자를 속되게 부르는 흥미로운 표현들도 있었다. 1753년(영조 29)의 대화이다.

상(영조—필자)이 이르기를 "이번 18세에 급제한 자는 사람됨이 어떠한가?"
신회가 아뢰기를 "신이 불러 만나보니 그가 말하기를 '10세부터 경서를 공부했다' 합니다."
상이 이르기를 "이것이 이른바 '가랑이 실학[袴下實學]을 급제시켰다'는 것이다. 금번 방방放榜 때에 내가 기운이 좋아지면 불러 만나보겠다."[24]

또 경학으로 급제한 이들에 대해 영조는 '바지 실학[脚袴實學]'으로 부르기도 했고[25] 강경에 불통한 이는 '도령 실학[都令實學]'으로도 불렀다.[26] 영조가 말한 '가랑이 실학', '바지 실학', '도령 실학' 등의 정확한 의미를 지금 알기는 어렵다. 다만 어릴 때부터 경학에 전념하거나 강경으로 급제한 이들을 두고서 시속에서 부르는 속칭들이 제법 있었음은 확실하다.

'진실한 학문' 차지하기

실학 사용의 증가와 의미장의 확대는 실학을 둘러싼 복잡한 논의를 유발했다. 강경을 실학으로 여겨 제도를 마련했지만, 경전 암기에 치중하는 풍조로 인해 제술에 비중을 더 두자는 대안이 계속해서 제기되었다. 강경과 제술로 뽑힌 인재의 특징이나 관직의 경로 등을 더하면 문제는 더 복잡해졌다. 1장 2절 3항에서 소개한 사례처럼 "실학으로 뽑힌 이들은 사리에 밝지 못해 가르치는 일에나 종사하고, 반대로 사장으로 뽑힌 이들은 사리에 밝아 요직에 임용되지만 경박하고 사치스러웠다"[27]는 이미지가 형성되었다.

실학이 '진실한 학문'을 광의의 의미로 갖는다면 '학문이란 무엇인가' 식의 근본 취지에 대한 질문과, 이어지는 논쟁은 피할 수 없었다. 학문에 충실한 인재를 장려해야 하므로 강경을 중시했다. 그래서 강경이 곧 실학인 것이다. 그러나 합격을 위한 암기에만 급급하는 강경을 실학이라고 할 수 없다. 마침내 제대로 실학한 인재를 수용하자는 요구가 나오게 되었다. 1518년(중종 13) 중종의 언급이다.

상이 이르기를, "삼대三代의 학문은 다 인륜을 밝히는 것인데, 후세
에서는 구두口讀만 뗄 뿐이니 누가 인륜을 밝히는 것을 알겠는가?
학문을 하되 인륜을 밝히는 것을 알면 이것이 실학實學이다."[28]

이 발언은 중종이 조광조와 석강夕講에서 나눈 대화 중에 나왔다. 심
상한 듯하지만 당시 조광조 일파가 현량과賢良科를 추진했던 배경을 감
안해야 한다. 그들은 실학의 본래 취지를 상기시키며 현실에서 시행되
는 강경 위주의 경학=실학을 비판하고, 대안으로 현량과를 제시했다.
따라서 인용문에서 중종이 언급한 실학은 현량과의 취지에 동조하는
것이었다.

현량과는 1519년(중종 14)에 시행되었지만 이듬해에 기묘사화가 일
어났고 조광조 등은 숙청되었다. 기존의 강경=실학을 지지하는 측에
서 현량과를 비판하고 나서는 것은 당연한 수순이었다. 기묘사화를 주
도했던 남곤이 1520년에 한 발언이다.

오늘날의 유학자는 스스로 이치를 탐구한다며 책을 펼쳐 묵시默視
하고 입으로 외우는[口讀] 학습을 달갑게 여기지 않습니다. 고원한
의론에만 힘쓰고 실학實學을 일삼지 않기에 이렇습니다.[29]

이번에는 공·수가 역전되었다. 남곤은 이치를 탐구한다며 책을 묵독하는 자들이야말로 고원한 이론에만 힘쓴다고 비판하고, 그들의 잘못은 외우는 공부를 소홀히 해서라고 보았다. 이 같은 용례는 중종 후반기에도 이어졌다.

> **우의정 김극성**: 국가에서 실학을 가지고 사람을 뽑는 것은 경학을 소중히 여기기 때문입니다.
>
> **예조판서 이귀령**: 그 후에 이학理學이란 이름으로 과거 이외에도 출신할 길이 있으니 독서를 일삼지 않았습니다.
>
> **좌찬성 소세양**: 조종조 때에 출신하려면 반드시 과거 급제를 거쳤기 때문에 사람마다 학문에 힘썼는데, 기묘년 이후로는 성리학을 한다는 이름만 가지면 경학이나 사장에 힘쓰지 않아도 품관이 되기도 하고 당상관도 되기 때문에 배우지 않는 폐습이 이로 인해서 생겨났습니다.[30]

김극성의 언급에서 강경인 실학이 여전함을 알 수 있지만, 이귀령의 말처럼 이학理學을 통해 진출할 길이 열렸기 때문에 독서하지 않는 풍토가 생겼다. 소세양은 더 구체적으로 설명했다. 애초 관직의 출사는 강경과 제술이었으나 기묘년(중종 14) 이후에 강경과 제술 이외에 "성리학을 한다"고 칭해지면 출사가 가능했으므로 기존의 과거 공부가 흔들리게 되었다는 것이다.

이상 중종 대에는 강경=실학을 고수하며 기존의 과거 운영을 옹호하는 측과, 강경·사장을 한꺼번에 비판하며 성리학으로 진출해야 한다는 측의 대립을 알 수 있었다. 정계에서 실학은 주로 강경을 위한 경학으로 쓰였지만, 참된 학문이란 의미에서 성리학이 실학의 의미를 획득할 수도 있었다.

선조 대에 사림들이 점차 정치를 주도해나가자 실학에서 새로운 용례들이 선보였다.

대체로 임금으로서 큰 왕업을 일으킬 사람은 반드시 그 뜻을 원대하게 세우고 세속 논의에 구애 없이 삼대三代의 다스림과 공업을 기약하되 반드시 실학에 힘써 몸소 행하고 마음으로 체득하여 그 자신의 한 몸으로써 한 세상의 표준이 되어야 하는 것입니다.[31]

1581년(선조 14)에 호조판서 이이李珥의 말이다. 여기서 실학은 군주가 삼대의 이상을 실현하기 위해 익혀야 할 학문 곧 성학聖學이다. 한편 과거를 의식하지 않고 재야의 선비가 수행하는 학문이기도 했다. 조식曹植의 졸기이다.

(조식은) 일찍이 친구와 《성리대전性理大全》을 읽었다.……크게 마음을 잡아 발분하여 실학에 뜻을 두고 독실하게 공부하였으므로 과거 공부를 단념하고 버렸다.[32]

여기서 실학은 넓게 보면 유학, 경학, 성리학을 범칭하지만, 과거를 단념하고 재야에서 공부하는 성격이 강조되었으므로 강경의 실학과는 다르다.

군주의 성학聖學이자 재야 선비의 공부인 실학은 선조 대에 새로 등장했다. 《선조실록》과 《선조수정실록》의 여덟 차례 용례를 보면 실학의 동의어 또는 긍정 연관어는 성학聖學, 삼대三代, 실행·실득, 도학, 공맹정주학, 초야석사草野碩士 등이고, 부정 연관어는 기사지서記事之書, 속론 등이다. 실학은 군주와 사대부 일반이 지향해야 할 진실한 유학으로서의 성리학, 출세를 위한 과거와는 무관한 성리학이 되었다.

군주의 성학, 재야의 성리학 그와 연관한 의미들을 두루 구사하며 후대에 실학이 경세학으로 나아가도록 토대를 놓은 인물은 이이(1537~1584)였다. 그는 실학을 성誠-실리實理-실심實心에서 기원하는 것으로 사용했다. 이 논리는 주희를 비롯한 성리학자들과 다를 바 없었다. 그러나 그는 실학의 효과인 실공實功과 실효實效 또한 강조했다.[33] 앞서 인용한 선조와의 대화에서도 그는 군주의 실학을 언급한 후에 실효와 시무時務를 들어 경제사經濟司의 설치를 건의했다.[34] 성리학의 실학 개념의 폭을 넓혀 군주의 성학과 변통·경세를 하나의 논리로 체계화한 것이다.

이이의 실학 및 실학 관련 개념들은 현대 학계에서도 1970년대부터 주목하였고 21세기에 이르는 지금까지도 그를 실학 사상의 원조로 보는 연구가 면면하다. 그가 성리 이론에서 시무변통時務變通의 개혁을 아우르는 학문 체계를 세우고, 이를 실實 계열의 의미장으로 확보했다는 점 등이 근거이다. 하지만 근대의 학술 용어로 정립된 실학의 기원을 16세기 중반에 활동했던 그에게 소급하는 것은 과하다. 이이를 비롯한 16세기 중·후반의 학자들은 성리학적 가치를 정치를 비롯한 사회 전반에 뿌리내리는 데 힘썼기 때문이었다. 따라서 그가 성리학의 경세론과 시무변통론을 강조했고 그의 사상이 훗날 제도와 민생 개선을 중시한 학자들에게 정파를 막론하고 큰 영향을 미쳤다는 정도로 평가하거나, 성리학적 실학에서 경세론적 실학으로의 전환에 디딤돌 정도였다고 평가하는 것이 온당할 듯하다.

17세기 이념적 발화發話, 경세의식의 발아

17세기는 여러모로 흥미롭다. 기존의 실학 용례가 지속한 것은 물론, 그 의미가 변화·확장했기 때문이다. 기존 용례들을 정리하면 다음과 같다. 첫째, 16세기 이래 문집에서 실학 용례가 서서히 증가했다. 이는 성실하게 학문에 매진한 이들에 대한 일상적인 평가가 늘어났음을 알려준다. 둘째, 강경을 준비하는 이들에게 실학을 사용했다. 그들을 '실학한다'고 하거나 '실학 급제'로 부르는 관행이 굳어졌다. 셋째, 군주의 성학聖學을 실학으로 부르거나, 재야에서의 공부를 실학으로 부르는 경우도 있었다. 이들 의미와 같은 17세기의 실학 용례는 생략한다.

한편 17세기는 사상계가 큰 변화를 겪은 시기이기도 했다. 16세기 말 임진왜란, 17세기 초중반의 병자호란 및 명·청 교체로 인해 조야朝野를 막론한 대다수 유학자는 조선을 유일한 유교 문명국으로 설정하고 성리학의 정통성을 강조했다.[35] 바야흐로 성리학은 학문을 넘어 '주자주의朱子主義'라 할 만한 이념적 색채가 짙어지게 되었다. 이를 감안하면 실학을 성리학으로 사용하는 학자에게서 실학의 이념적 발화가 생겨남을 가설할 수 있다. 주자학에 대한 탈주자학적 성격을 추적하는 현대의 실학 연구로는 착목하기 힘든 지점이다.

17세기 상황에서 성리학의 경세적 성격을 강조한 이들도 있었다. 그들은 주자학 강화에 대체로 공감하면서도 실질과 실용을 중시하며 안민安民을 위한 제도 개혁에 집중했다.[36] 이이의 학통을 계승한 김장생-김집-송시열 등이 이이가 주장했던 대동법에 소극적이었던 반면, 김육金堉 등이 대동법을 적극적으로 추진했던 사실을 떠올릴 수 있다. 따라서 이이와 김육 등을 경세를 중시한 학풍으로 계보화할 수도 있다. 이런 점 때문에 현대의 연구자들은 17세기의 몇몇 학자에 주목하여 이들을 본격적인 실학자로 정의하고 많은 연구를 남겼다. 여기서 그 성과를 상술할 필요는 없고 다만 실제 그들이 말한 실實-실학의 발화 여부를 밝히고자 한다. 그들 일부는 실학을 호명하지 않았고, 호명했다 할지라도 지금과는 다른 맥락에서였기 때문이다.

먼저 이념적 지향이 강한 실학의 용례들을 살펴보자. 16세기 후반에 조선의 학자들이 성리학을 실학으로 활발히 사용했을 때에는 양명학이 수용된 시기이기도 했다. 앞서 2장 2절 4항에서 보았듯, 양명학에서 실–실학의 구체성과 실천은 성리학보다 적극적이었다. 그러나 조선의 성리학자들은 양명학에 비판적이었고, 치양지致良知와 같은 실천적 인식에도 동의하지 않았다.

윤근수尹根壽(1537~1616)는 명나라의 양명학자 육광조陸光祖에게 "성현을 비방한 왕양명의 말에 현혹되어 함부로 이설異說을 펴니 몸과 마음을 수양하는 실학에는 보탬이 되지 않고 성현에게 죄를 짓고 불교에 빠지는 것"[37]이라고 했다. 조선의 사대부가 가진 성리학=실학은 변화가 없었고 오히려 양명학을 이단으로 비판하는 데에 활용되었다.

조선의 성리학자들이 느끼는 암울한 시대상은 17세기 중반 명나라의 멸망으로 정점에 이르렀다. 송시열宋時烈(1607~1689)은 명나라가 멸망한 원인을 진단하고, 유교 문명의 역사에서 조선의 역할을 부여하여 어려움을 극복하고자 했다. 그 맥락에서 실학은 어떻게 사용되었는가.

명나라에 이르러서는 도술道術이 분열하여 거의 잡초가 되어버렸다. 오로지 우리 조선에서는 주자가 남긴 법도를 지켜 이른바 이단이란 자들이 있지 않았으나 불행하게도 근자에 주자의 학설을 공격하는 일이 방자해져 막을 수가 없게 되었다. 이것이 뜻있는 선비가 속을 끓이고 크게 탄식하는 일이다. 그러나 단지 한탄만 하고 스스로 자신의 실학을 수양하지 않으면 끝내 항복하여 포로가 되어버릴 터이다.[38]

송시열은 이단인 양명학의 흥기를 명나라 멸망의 한 원인으로 보았고 조선에서 주자학을 견지한 일을 큰 다행으로 여겼다. 그러나 조선에도 주자학적 질서가 균열하기 시작하였으므로 주자의 학문을 공고히하는 일은 더욱 중요해졌다. 그는 실학을 닦는 일은 개인 차원을 넘어 세상을 지탱하는 행위임을 강조했다. 실학은 주자학이지만 세도世道를 부지하는 실천임을 강조한 것이다.

송시열의 제자였지만 훗날 소론의 영수가 되어 송시열과 대립하였던 윤증尹拯(1629~1714) 또한 실학을 통해 시대에 부응하라는 주장을 개진했다. 그는 제자 박태보에게 "잡서를 보지 말고 실학에 힘쓰라"고 권하거나 "의술에 너무 빠져 실학에 방해가 되지 않도록 하라"고 권했다.[39] 훗날 박태보에 대한 묘표를 쓰면서 윤증은 "세도가 무너져 실학한 선비와 실재實才를 갖춘 사람을 볼 수 없다"고 한탄했다.[40] 세도가 무너지는 암울한 외부 상황은 엄중함을 요구하고 있었다.

> 오늘날 우리들이 함께 힘써야 할 것은 오직 우리의 실학을 깊이
> 연구하고 힘써 실행하여 한 가닥 맥을 부지해서 단절되지 않게 할
> 뿐입니다.[41]

윤증은 청나라가 중심이 된 세상에서 "실학에 전념하여 하나뿐인 유학의 정통성을 보전하자"는 책임을 명확히 했다.

유학을 지키고 세도를 책임지자는 주장을 공유하면서도 구체적 노

선에서 차이를 보이는 경향들도 있었다. 민생 개선을 위해 전반적인 제도 개혁을 주장한 이들이다. 대표적인 인물은 김육金堉(1580~1658)이다. 그는 중년 이후 관료로 승승장구하며 대동법을 비롯한 제도 개혁을 실현했고, 화폐·수레 사용 등 실용 정책을 추진했다. 때문에 1930년대 중반부터 정인보 등이 그의 학문을 실학으로 평가했다.[42] 하지만 그가 실학 혹은 그와 연관한 용어를 적극적으로 개진한 사례는 없다.

경세를 중시한 학자들 중에서 이이의 경우처럼 실-실학 용어를 적극적으로 개진한 이들은 이수광, 유형원, 조성기 등을 들 수 있다. 이수광李睟光(1563~1628)은 현실에서의 실천에 적극적인 관료 학자였다. 그가 명나라에 사신으로 왕래하며 접한 정보는 당시로서는 최신의 것들이었고, 이는 유서類書의 효시로 평가받는《지봉유설》에 반영되었다. 때문에 1920년대 후반부터 그의 서학 수용과 박학博學이 주목되었고[43] 1935년에 김태준이 "영·정조 연간의 실사구시 학풍의 대두는 하나는 국내의 사회경제적 요인이고, 하나는 이수광의《지봉유설》이래 여러 학자들의 천주교 수용"[44]이라고 정리한 이래 실학의 선구자로 평가되었다.

이수광의 학문 정신은 무실務實이라 해도 과언이 아니었다. 대표적 시무책으로 꼽히는〈조진무실차자條陳懋實箚子〉에서 그는 당대의 병폐를 부실不實로 진단하고, 성誠은 바로 실實이라 하고 실심-실정-실공-실효를 강조했다. 그리고 학문, 수기와 경천, 민생, 언론, 기강, 정치, 교육, 국방, 풍속, 법제에서 두루 무실務實을 강조했다.[45]

유형원柳馨遠(1622~1673)은 유명한《반계수록磻溪隨錄》을 저술하여 당시 으뜸가는 규모의 개혁안을 구상했다. 비록 재야의 선비로 삶을 마쳤지만 18세기에 정조를 비롯한 여러 정파의 학자들이 그를 경세 분야의 대표 학자로 재평가했다. 1930년에 최남선이 그에 대해 '조선의 실지實地를 연구하여······고래의 사실에 증거한 조선 경제의 개조책을 베푼 신新학풍의 앞잡이'[46]라고 평가했듯 역사 개념으로서 실학이 성립할 때부터 실학의 원조로서 평가받았다.

유형원의 학문은 《주례周禮》 등 고대 유학에서 제시한 이상적인 사회 체제를 전범삼아 조선을 전반적으로 개혁하는 데 목표를 두었다. 그 개혁의 효과는 "공사가 각각 분수를 알고 만사가 바르게 되어, 부화浮華한 문풍文風이 절검하고 실학實學하는 풍속으로 바뀌고 실용의 인재가 길러져 삼대三代가 성취되는 것"[47]이었다. 최근에는 그가 태극과 실리 등 성리 개념에도 깊은 관심을 가졌고 실심에 근거하여 실공實功과 실효實效를 강조했으므로 그는 성리학과 고대 유학의 경세론을 두루 융통하는 학문 체계를 구상했다고 평가되고 있다.[48] 하지만 그의 성리설 관련 저술이 전하지 않아 연구를 더 진척하기에는 어려움이 있다.

이수광, 유형원보다는 덜 알려졌지만 서울의 처사 조성기趙聖期 (1638~1689)도 주목할 만하다. 그는 성리설에서 이황과 이이의 장단점을 지적하며 두 견해를 절충하였다. 임영, 김창협·김창흡 형제 역시 비슷한 견해를 공유했으므로 유학사儒學史에서는 그들을 절충파로 분류하곤 한다. 한편 그는 실용적인 경세론에도 큰 관심을 갖고 있었다. 그의 공부는 "천하의 일과 만물의 이치를 궁구하여 치용致用하는 것으로 세상을 구하고 윤택하게 하며[救世濟物] 풍토를 바루어 후세에 미치는[範俗牖後] 공익功益"에 있었다. 때문에 "경세에 뜻을 품고 실사實事·실리를 깨우쳐 실심·실행하는 실학·실용의 인재에 대해 세상에서 조잡하고 사공事功과 호승好勝이라고 비웃는 풍토를 깊이 비판"하고 있었다.[49]

조성기의 경세적 입장은 김창협·김창흡을 통해 18세기 노론 학계의 일파인 낙론洛論에 영향을 주었고, 낙론에서 이른바 '북학파'가 형성되었으므로, 북학파의 기원과 관련해서 20세기 후반부터 주목받았다.[50] 다만 그는 역학曆學, 역사, 법제, 병학兵學, 재부財賦 등에 해박했지만 아쉽게도 그 방면의 저술을 남기지 못하고 병사했다.

한편 임진왜란 이후 흐트러진 사회 질서를 재건하기 위한 실천은 절박한 작업이었기에 지방의 지식인들 또한 실학과 실용을 강조하는 정서가 있었다. 예컨대 류성룡의 제자였던 이준李埈(1560~1635)은 임진왜란을 겪으며 사설 의료기관인 존애원存愛院 창설을 주도했고 둔전屯田을 설치하는 등 제민濟民에 힘썼다. 그의 실천에는 "실학으로 실용에 보탬이 되거나, 실학으로 세상에 도움 되는"[51] 일을 지향했던 자세가 바탕이 되었다.

3.
18세기
실, 실용의식의 부상

실實에 대한 강조

18세기 이후 실학 용례에서 경학, 진실한 유학 등의 의미는 줄어들지는 않았다. 여러 차례 말하지만 그 용법들은 유교적 사유가 꽤 잔존했던 20세기 초반까지 면면히 이어졌다. 예컨대 1729년(영조 5)에 헌납 박필기는 상소를 올려 군주의 실학을 정의했다.

> 이른바 실학이란 것은 성인을 배우는 데 뜻을 두어 성인의 글을 읽
> 고 성인의 말을 외우고……사물에 응하고 일에 대처함이 성실하
> 지 않은 것이 하나도 없고 진실하지 않은 것이 하나도 없어 평탄하

게 성인의 지위에 이르게 됩니다. 이것이 이른바 위기爲己의 실학
입니다.[52]

실학은 상식적으로 진실한 학문이었고 성인의 학문, 수신修身하는
위기爲己의 학문, 유학 또는 성리학이었다. 18세기에 이전과 달라진 양
상은 실천-실용과 관련한 의미가 확대된 점이었다. 16세기 후반부터
이이를 필두로 유형원, 김육, 이수광 등에서 보였던 이 경향은 18세기
에 양적으로 늘어났고 내용도 심화되었다.

먼저 양적인 측면을 알아보자. '실심實心, 실용實用, 실행實行, 유용有
用, 실공實功, 실사實事' 등 현실적인 속성을 지닌 용어들이 부상한 것은
앞서 〈표 4〉에서 확인한 바와 같다. 이 용어들의 시기별 추이를 실록에
서 검색하면 역시 18세기의 변화가 뚜렷하다. 실심, 실정, 실효, 실용
의 빈도를 실록에서 검색하면 〈표 5〉와 같다. 다만 실공은 빈도가 적
고, 실사는 여러 의미가 중첩되었으므로 검색에서 제외했다.

〈표 5〉의 연간 빈도를 보면 조선 전기 태조에서 명종 대까지는 빈도
가 매우 낮아 대부분 2.00 이하였다. 연간 빈도는 선조 대를 기점으로
올라갔다. 조선 후기는, 철종 대를 제외하면, 대부분 2.00 이상이었다.
17세기까지는 선조와 효종 대가 높다. 선조 대에 사림이 국왕에게 실
질을 강조하고 효종 대에 군대를 정비한 영향이었다. 연간 빈도가 압
도적인 구간은 영조~정조 대이다. 특히 정조 대의 실實 관련 어휘의빈
도는 전무후무하게 높았다. 19세기 이후는 고종 대가 6.77로 압도적

〈표 5〉

	태조	정종	태종	세종	문종	단종	세조	예종	성종	연산	중종	인종	명종	선조
실심				1	1					1	2			9
실정				1			1		1	1	5		1	1
실용			1	3	1	1	1		3		12	1	1	34
실효	5	1	8	15	1	1	1		7	3	25	1	8	67
총수	5	1	9	20	3	2	3	0	11	5	44	2	10	111
연간빈도	0.71	0.50	0.50	0.63	1.50	0.67	0.23	0.00	0.44	0.45	1.13	2.00	0.45	2.71

	광해	인조	효종	현종	숙종	경종	영조	정조	순조	헌종	철종	고종	순종
실심	1	8	5		17	1	44	54	33	7	5	104	1
실정		1	3	1	10	1	52	55	20	3	4	21	2
실용	9	14	9	11	7		15	26	6	1		18	2
실효	21	30	34	24	73	9	113	209	62	20	8	155	1
총수	31	53	51	36	107	11	224	344	121	31	17	298	6
연간빈도	2.07	1.96	5.10	2.40	2.33	2.75	4.31	14.33	3.46	2.07	1.21	6.77	2.00

* 조사 대상은 국사편찬위원회의 한국사데이터베이스이고, 조사 기간은 2022년 10월이다.
* 수정, 개수, 보궐정오 등의 중복은 생략했다.
* 연간 빈도는 총수를 재위 연도 횟수로 나눈 것이다.

이다.

이상의 용어들은 일정하게 짜인 의미망으로 연결되었다. 실리實理
가 현실에 구현된 실체가 실심이고, 실심의 적용이 실사實事와 실정實
政이며, 구체적인 효과가 실공·실효·실용 등인 것이다. 이 같은 용어
들의 쓰임을 몇 가지 실례로 알아보자.

1734년(영조 10) 전라도의 유학 위세봉이 호남의 폐단을 논하는 상
소를 올렸는데, 그는 '실입지實立志', '실경천實敬天', '실전학實典學',
'실근정實勤政', '실납간實納諫', '실파당實破黨', '실숭검實崇儉', '실애민
實愛民' 등의 실질을 강조했고 영조가 이를 칭찬했다.[53]

정제두鄭齊斗(1649~1736)가 사망하고 2년 후인 1738년(영조 14)에 문
인 박필일 등이 스승 정제두의 원우에 사액을 청했다. 영조가 이를 허
락하지 않자 박필일 등은 다시 상소를 올렸다. 박필일 등은 상소에서
정제두의 학문을 실학으로 칭하며 실학과 관련한 의미를 정연하게 서
술했다. 수사적인 표현이 다분하지만 당시의 실-실학 관련 용어의 의
미장을 잘 보여주기에 다소 길지만 인용했다.

엎드려 생각건대 본성[至性]을 궁구하고 순수한 행동을 돈독히 실천
하는 것이 실학이요, 덕 있는 이를 표창하여 가르침을 세우는 것이
실정實政입니다. 이에 신들은 감히 선정先正(정제두-필자)의 실학을
들어 성조聖朝의 실정을 찬양하였사오니……대개 성誠은 곧 마음
가운데의 실리實理를 명명한 것입니다. 하늘이 이 실리를 사람에게

3

부여하니 사람은 이를 얻어 심心으로 삼았습니다. 이것으로 치지致
知하면 진지眞知가 되옵고, 이것으로 역행力行하면 실행實行이 되니,
진지로써 실행을 하면 이것이 실학이 됩니다. 이 실학을 얻은 자가
적으나 오직 우리 선정신 정제두는 금옥金玉같이 바르고 윤택한 자
질로써 연못에 임해 얼음을 밟듯[臨淵履氷] 공부를 쌓았으며 일찍이
과거科擧를 버리고 잠심하고 정진하였으니……천지의 조화, 예악과
형정, 세상만사의 복잡함을 정밀하게 궁구하고 두루 통하지 않음이
없고, 육전六典·오례五禮와 조종의 법도까지 모두 연구하고 회통會
通하고 절충했으니 요컨대 정밀한 의리로 치용致用한 것들을 들어
쓸 수 있습니다. 선배들의 덕을 아는 논의가 모두 경세하고 왕을 보
좌하는 모습으로 선정에게 돌아갔으니……우리 전하께서 왕위에
오르신 뒤로 이름을 타진해 실정을 책임지우고, 법도를 주어 능한
이를 임명하고, 벼슬을 내릴 때에 실재實才를 구하고, 백성을 편하
게 하는 데는 실질적인 은혜에 힘쓰셔서 관리는 직책에 걸맞게 되
었고 백성들은 생업을 즐기게 되었는데 오직 선비를 높이고 도를
중시하는 명목에서는 때로 그 실상을 궁구하지 않으시고 한가지로
싸잡아 그만두라고 하시니……오늘에라도 밝게 명령을 내리시어
"정모鄭某 같은 실학은 내가 존숭하는 바이니 특별히 원우院宇를 세
우고 제사를 지내 학자의 표준으로 삼게 하라" 하시면 온 나라의 선
비가 성상께서 지니신 뜻을 훤하게 알게 되어 모두 무실務實하고 수
신修身할 것이니……속히 신들의 청을 허락하여 실학을 빛나게 하

시고 실정을 크게 베푸신다면 천만다행을 이기지 못하겠나이다.[54]

실리實理는 현실에서 실심의 성誠으로 구현되고 그 작용이 진지眞知
와 실행이다. 이를 궁구하여 체현한 것이 선비의 실학이다. 그는 과거
에 연연하지 않고 이치와 실용 전반에서 조예를 이루고, 군주는 그런
인재를 수용하고 때론 포장하여 이상적인 정치인 실정實政을 이룬다.

영조 대의 논의들은 성리학의 실−실학 논리와 내용은 차이가 없지
만, 실−실학을 고리로 삼아 논리를 전개하는 것은 새로운 측면이었
다. 그 같은 논리들은 정조 대에 가장 활발했다. 1780년(정조 4) 대사
간 이재학이 올린 상소에서는 실의 실행 여부가 시폐 해결의 핵심이
었다.

오늘날의 허다한 하자와 폐단을 이루 거론할 수 없습니다마는, 그
병든 근원을 찾으면 오로지 군신 상하가 '실實'이란 하나의 글자를
실행해나가지 않는 데에서 말미암은 것입니다. 성학聖學에는 성취
하는 실상이 없고, 세도世道에는 크게 변하는 실상이 없으며, 뭇 신
하에 대해서는 채찍질하여 격려하는 실상이 없고, 백성에 대해서는
감싸주고 보호하는 실상이 없으며, 인재는 거두어 쓰는 실상이 없
고, 언로는 환히 여는 실상이 없습니다.[55]

18세기의 실−실학 및 관련 용어들의 확장은 국왕부터 관료, 학자

전반에서 다양한 방식과 주제로 제기되고 있었다. 때문에 영조와 정조 연간은 근현대에 '실학의 시대'라는 표현으로도 불리곤 했다. 당시 실학 용어의 쓰임을 주제를 중심으로 살펴보자.

학문과 사회 풍토에 대한 반성

실實─실학에 대한 강조는 학파에 상관없이 왕성했다. 실학의 큰 줄기를 이루었다고 평가받았던 남인의 성호星湖 학파, 양명학 또는 박학으로 유명한 소론의 학파들, 실용을 강조한 국왕 정조 등이 그러했다. 가장 큰 학파를 이루었던 노론은 어땠을까.

18세기에 노론에서는 호락논쟁湖洛論爭으로 불리는 큰 성리학 논쟁이 전개되었고 이들은 호론湖論과 낙론洛論으로 분열했다. 논쟁이 가열되자 이를 비판하고 실심과 실학에 집중해야 한다는 학자들도 등장했다. 그들은 지나친 정치화를 경계하고 학문은 일용에서 출발해 경세를 중시해야 한다고 주장했다. 낙론의 그 같은 풍토에서 이른바 '북학파'로 불리는 일군의 학자들이 나오게 되었음은 잘 알려진 바이다.[56]

이렇게 보면 18세기 학술계의 주요 그룹에서는 호론 정도를 제외하면 다수가 실實─실학을 강조했음을 알 수 있다. 호론의 학자들은 송시열 이래의 주자주의朱子主義를 견지하고 엄격한 분별론을 고수했다. 불교와 도교 같은 전통적 이단 외에 양명학, 심지어 낙론에 대해서도 경계를 늦추지 않으며 정학正學 수호를 위한 책임을 표방했다.[57] 그들은 보수성과 전체성이 강하므로 실학과는 대척하는 지점에 있었을 것으로 여겨진다.

그런데 호론의 대표 학자인 한원진韓元震(1682~1751)에 대한 동문 윤봉구의 평가는, 실학 구도에 익숙한 현대인이 보기에 뜻밖일 수 있다.

공(한원진—필자)은 선정先正(권상하—필자)에게 학문을 배워 문로門路가 매우 올바랐다. 그의 학문은 거경궁리居敬窮理하고 실천수행하는 데 힘쓰는 것이었다. 차이에 상세하고 본말을 갖추었으니 가히 유용한 실학이었고 세상에 필요한 통유通儒였다.[58]

호론에서 고도古道와 경세를 중시한 것은, 이이의 후예였던 그들에게는 전혀 어색할 수가 없다. 권상하의 문인으로 한원진과 동문이었던 이기진이 세손(정조)에게 올린 글이다.

대저 옛사람들이 하늘에 응하는 도리는 한 가지 실實 자를 넘지 않았습니다. 비록 공구恐懼하는 마음이 있어도 실덕實德으로 채우지 않거나 수성修省하는 말이 있어도 실정實政으로 행하지 않으면 사람을 속이고 하늘을 속이지 않는 일이 드물 것이니 매우 두렵습니다. 원컨대 저하께서는 경전을 공부하신다면 입에만 올리지 말고 반드시 근사近思하고 절문切問하고 심신으로 체험하여 위기爲己의 실학

實學에 전념하소서.……백성에게 미치는 실혜實惠를 구하셔서 이처럼 나아가면 어디서나 무슨 일을 한들 실 아닌 것이 없을 것이니 하늘이 장차 재앙을 상서로 바꾸고 나라는 영구히 번창할 것입니다.[59]

이기진의 용법 또한 18세기에 일반적이었던 실에 대한 강조와 궤를 같이했다. 이렇게 보면 경세 지향의 학파부터 의리 지향의 학파에 이르기까지 많은 학자가 실–실학을 공유하는 지점을 형성했다고 할 만하다. 그처럼 넓어진 지평은 무엇일까.

애초 실학은 이단, 출세 지향의 문장, 암송하는 경학에 대한 비판 등으로 등장했고 16세기 후반부터는 세도世道와 성학聖學을 위한다는 성리학을 위한 실천이 강조되기도 했다. 18세기에는 그들 용법에 더해 과열된 성리 논쟁에 대한 비판, 명성과 이익에 급급한 학문 풍토 등에 대한 비판이 더해졌고 많은 이가 이에 공감한 것이다. 후대에 '실학자'로 명명된 이들이 비판의 선봉에 있었다. 홍대용의 언급이다.

천하에 영재가 적은 것이 아닙니다. 그러나 벼슬에 매이고 물욕에 막히고 안일에 취하니 여기서 능히 벗어나 고학古學에 종사하는 이가 적고, 사장詞章에 휩쓸리고 기송記誦을 자랑하고 훈고訓詁에 얽매이니 여기서 능히 묵묵히 실학에 힘쓰는 이가 적으며, 공리가 학술을 혼란시키고 노불老佛이 마음을 방탕케 하고 육왕陸王이 진실을 어지럽히니 여기서 능히 우뚝하여 정학正學을 세우는 이는 더욱 적

습니다.[60]

홍대용은 당대의 학문 풍토를 비판하며 고학古學, 실학實學, 정학正學을 대안으로 내세웠다. 고학·실학·정학은 각기 다른 풍토에 대한 대안으로 제시되었지만 학풍 전반에 대한 비판이란 취지에서 보면 진실한 학문으로 수렴된다는 점에서 하나의 범주로 봐도 무방하다.

홍대용이 1765~1766년의 연행 후에 당대의 학풍을 비판하는 자세를 견지하면서도, 현실을 긍정하고 수시변통을 강조하는 주장으로 도약했던 사실은 잘 알려져 있다. 그 성과는 만년의 걸작 〈의산문답醫山問答〉에서 허자虛子와 실옹實翁의 대화에 녹아들었다. 낡은 학문과 그에 기초한 세계관과, 진실한 학문과 그에 기초한 세계관 사이의 대립이 허와 실로써 정점을 찍은 것이다. 비록 실학이란 용어를 개념화하지는 않았지만, 그가 걸었던 사유의 여정과 마침내 도달한 허와 실의 상징성은 후대에 성립된 실학이란 개념의 함의를 풍성하게 했다고 판단한다. 여담이지만 홍대용은 한글로 작성한 《을병연행록》에서 문장, 경륜, 의리만을 추구하는 공부를 비판하며 "세 가지 학문이 다 진짓 공부를 이룸이 없다"[61]고 했다. 여기서 '진짓 공부'라는 표현은 언문으로 쓰인 실학의 용례가 아닐까 한다.

실實–실학은 학문 풍토에 대한 비판을 넘어 사회 풍토에 대한 비판에서도 빈번하게 사용되었다. 실을 국왕의 수신과 개혁의 고리로 삼은 몇몇 사례는 앞서도 예시했다. 한편 18~19세기는 서울과 지방의 격차라고 할 수 있는 이른바 '경향분기京鄕分岐' 현상이 점차 진행되었고 서울 명망가의 관직 독점과 지방 인재의 소외가 문제로 대두했다. 따라서 정파, 가문, 문벌 등의 명망을 업고 등용되는 이들을 허명이라 비판하고, 실질을 따져 실학을 갖춘 인재를 등용하자는 의견이 점차 늘어났다. 정조 대에 교리 홍인한 등이 올린 글이다.

이제부터 안의 묘당廟堂과 밖의 도백道伯에서 인재를 널리 찾아 각각 한두 사람을 추천하되 당파에 구애되거나 지벌地閥을 따지지 말고 오로지 실덕實德과 실재實才를 갖춘 사람을 신중하게 뽑아 천거하게 합니다. 그리고 조정에서도 대뜸 그들에게 직책을 제수하지 말고 먼저 일반인 그대로 불러 보고 진정한 재능과 실학實學이 있는지를 타진한 다음 안팎의 직책을 내려 고적考績의 의미에 부합하게 하여 반드시 명망과 실상이 서로 부합하고 이름과 행실이 허점이 없기를 기다린 후에야 나라의 일을 맡기고 높은 관직을 제수해도 불가할 것이 없습니다.[62]

고도古道 회복의 지향

명목에 사로잡힌 현실을 비판하며 실질의 효과를 강조하는 주장은 기성의 성리학계가 드리운 허명을 겨냥하고 있었다. 비판의 정당함은 유학의 근본 정신을 상기하는 데서 힘을 얻었다. 말하자면 과거를 소환하여 현재를 비판하고 이를 통해 개혁의 동력을 얻는 순서였는데, 그런 논리는 고금에서 흔히 볼 수 있었다. 예컨대 서양에서 'reformatio(개혁)'라는 개념은 15세기부터 유행했는데, 그 배경은 '현재가 몰락 또는 추락하고 있다'는 위기의식이었다. 위기의식은 가치 면에서 더욱 우월했던 과거로의 복귀를 통해 현재의 고난이 극복될 수 있다는 기대와 희망을 퍼지게 했던 것이다.[63]

사실 성리학조차도 당대의 유교에 대한 비판과 성인의 취지를 내세운 고도古道의 회복을 내세워 발흥했었다. 따라서 조선 후기에 고도古道의 회복 강조는 성리학의 폐단이 만연한 '현재'에 대한 비판이자, 성리학의 진정성을 회복하자는 주장이기도 했다. 1788년(정조 12)에 이만수가 정조에게 올린 대책문이다.

옛날 학자는 배움에 나이에 따른 성취가 있었지만 지금의 학자는 늙어도 성취가 없습니다. 옛날 학자는 어려서 크게 실행할 것을 배웠으나 지금의 학자는 세상을 잊음에 과감합니다.……학문하는 방법은 경세를 귀하게 여겼으나 지금은 처음 벼슬에 나가는 선비가 또한 은택을 사물에 미치게 하려는 뜻이 없습니다.……심지어 근년 이래 선비의 기풍이 날로 퇴폐해져……유학의 어려움이 또한 심해졌습니다. 우리 전하께서는 마땅히 실학實學과 정도正道에 간곡하게 애쓰시어……지금 세상의 배우는 자로 하여금 공맹孔孟을 배우고

정주程朱를 따르게 함에는 먼저 삼대三代의 학교의 제도보다 앞서는 것이 없습니다.[64]

정조 대에 실학을 말할 때 흔히 나오는 논리이다. 선비의 기풍을 고금을 따져 비교하고, 유학 그리고 성리학의 정신을 성취하기 위해서는 옛날의 공부, 구체적으로 삼대의 교육을 회복해야 한다. 그것이 실학이고 정도이다. 이 시기에 법고창신法古創新의 문학론이 풍미했던 사실 또한 이 같은 사고의 유행을 방증한다.

고도 회복의 기치가 높아짐에 따라 '일상을 개선하고 더 나아가 도리를 깨우치는' 이른바 하학이상달下學而上達이 성인의 본뜻이라는 주장이 강화되었고, 그 같은 실천을 상징하는 용어들의 사용도 빈번해졌다. 이용후생利用厚生, 개물성무開物成務, 실사구시實事求是가 대표적 사례이다. 이용후생 등의 고전적 의미는 앞서 2장 3절에서 이미 살폈다. 여기서는 당시 사용의 추이를 보도록 하겠다.

이 용어들의 쓰임이 18세기에 두드러졌음은 최근 연구에서 밝혀졌다.[65] 연구에 의하면 《한국문집총간》에서 이용후생이 물화物貨의 통화와 관련해 본격적으로 사용된 것은 이이명李頤命(1658~1722)이 처음이었다. 이용후생의 최다 사용자는 정약용(12회)이다. 이용후생은 18세기 이후 활성화된 용어로 봐도 무방하다.

개물성무는 고려의 이규보李奎報(1168~1241)가 처음 사용했다. 그러나 4회 이상의 발화자는 모두 이이(1537~1584) 이후이다. 다수의 발화자는 최다 횟수인 정약용(8회)를 비롯해 18세기 이후가 많고 19세기 후반에도 왕성했다. 실사구시는 이이가 첫 사례이고 이후 용례가 거의 없다가 양득중梁得中(1665~1742)이 12회로 가장 횟수가 많다. 나머지 발화자는 대개 19세기 이후다.[66]

이상에서 세 용어는 이이 혹은 조선 후기를 기점으로 점차 늘어나고, 18세기 이후에 왕성해졌다는 공통점을 지닌다. 발화자는 이용후생과 개물성무가 대개 겹치기도 했다. 한편 실−실학 관련 용어들 또한 18세기에 증가했음을 앞서 보았다. 그렇다면 두 경향이 조우하는 시점은 언제였을까. 1729년(영조 5)에 소론계 학자 양득중이 영조에게 실지實地의 공부와 실사구시를 권한 대화가 주목할 만하다.[67] 영조가 이날의 대화에 감명받아 실사구시를 벽에 걸어놓고, 수십 년 후에도 기억했음은 유명한 일화이다.[68]

양득중은 실사구시를 건의하고 8년이 지난 1737년에 영조에게 장문의 상소를 올려 개물성무, 이용후생, 실사구시 및 실−실학을 강조했다. 요약하면 다음과 같다.

대저 천위天位에 거하고 천직天職을 다스리며 천록天祿을 먹는 것은 삼황오제께서 개물성무開物成務하는 실사實事여서 저절로 생민生民의 이용후생利用厚生과 사리가 통하고 맥락이 이어집니다.……전하께서는 오직 실사구시實事求是에 힘쓰시며……천지간에 가득한 것이 다만 하나의 실리實理일 따름임을 알 것입니다. 이理는 곧 실리

요, 심心은 곧 실심實心이며, 학學은 곧 실학實學이고, 사事는 곧 실사
實事여서 그사이에 한 터럭만큼이라도 사사로운 거짓이 섞이지 않
으면 실심은 담연허명淡然虛明하고 실리는 결정정미潔靜精微하게 될
것입니다.[69]

상소에서 실사實事하는 개물성무와 생민하는 이용후생은 오직 실사
구시를 통해 이루어진다. 그리고 이것은 성리학에서 말하는 실리-실
심-실학-실사의 구현이었다. 중국에서는 실사구시가 18세기 중반 이
후 고증학의 정신으로 강조되었지만 조선에서는 이보다 앞서 고도古道
의 중시와 실천으로 제시되었고, 영조는 물론 헌종, 고종 등 국왕들이
실사구시를 군주의 덕목으로 강조했던 것은 흥미로운 장면이다.[70]

그러나 양득중의 사례는 일회적이었다. 그의 발언 이후 실사구시
가 풍미하지 않았고, 그의 학문을 지지하는 그룹이 형성되지도 않았
다. 내용에서도 마찬가지였다. 이용후생·실사구시 등과 실-실학의
조우가 있었지만 성리학 질서를 보완한다는 지향은 여전했고, 용어들
의 공기共起 관계도 높지 않았다. 이상의 한계점들이 극복되는 양상,
즉 학파의 정체성이 뚜렷해지고, 고도古道 회복의 목표가 성리학에 대
한 비판으로 날카로워지며, 이용후생-실사구시와 실용적 각론이 자
연스레 연결되기까지는 양득중보다 한두 세대 뒤인 이익李瀷
(1681~1763)과 그의 제자들, 박지원朴趾源과 그 주변 문인들의 등장을
기다려야 했다.

경세의식의 강화

일상으로의 전회, 성리학에 대한 반성과 경세학의 강조는 18세기 조선 학계의 특징이라 할 이념의 약화와 실질에 대한 강조를 잘 보여준다. 이익을 중심으로 형성된 이른바 성호 학파와, 홍대용·박지원(1737~1805)을 중심으로 형성된 이른바 북학파는 그 흐름의 중심이었다. 두 그룹은 후대 연구에서 본격적인 실학의 개화開花로 평가되었다. 먼서 성호 학파의 실−실학 관련 사용의 특징을 짚어본다.

성호 학파의 실−실학 사용에서는 경세적 지향이 뚜렷하다. 이익이 조카 이병휴에게 1754년에 보낸 편지이다.

> 사부詞賦가 불필요한 것이 당연하다.……너는 이미 실학을 하니 모름지기 사무事務에 마음을 두어야 할 것이요 헛된 논의에 빠져서는 안 될 것이다. 공자께서는 "삼백 편의 시를 외우지만 정사에 통달하지 못하고, 사신으로 나가 오로지 응대하지 못한다면 비록 많이 배웠다 한들 무엇에 쓰겠는가?"라고 하셨다. 요즘에 팔짱 끼고 눈을 껌벅이며 근본[本原]에 힘썼다 말하는 이들이 벙어리인 아양승啞羊僧과 무엇이 다르겠는가?[71]

이익이 《논어》〈자로子路〉 편에 나오는 공자의 말을 인용해 경세를 강조한 것은 양득중이 고도古道를 소환한 취지와 비슷하다. 그러나 양득중처럼 실심의 담연淡然과 실리의 정미함으로 귀결하지는 않았다. 앞의 인용문은 대체로 사부詞賦와 변려문에 대한 비판이므로 여기서 실학은 경학 공부이다. 그러나 두루뭉술한 경학 공부가 아니라 공자의 취지에 부합하는 '현실 사무에 힘쓰는 학문'으로 조정되었다. 고도古道 −실심−실학보다는 고도古道−실학實學−사무事務의 구도이다.

이 구도에서는 현실에서 성리에 대한 논설에 집중하는 공부와의 대립각이 선명해진다. 이익의 제자 안정복과 황덕길의 대화가 좋은 일례이다. 1785년에 황덕길은 안정복에게 편지를 보내 "학자의 일용공부는 치지致知가 가장 앞서고, 지知에서는 성정性情에 대한 분변이 가장 앞선다"며 이황 이래의 성리 논쟁에 대한 견해를 물었다. 안정복의 대답이다.

사단칠정설四端七情說이니 이기설理氣說이니 하는 것은 우리나라의
큰 논란입니다. 전후에 말한 분들이 가히 충동한우充棟汗牛할 지경

이익(1681~1763)
현실 사무에 힘쓰는 학문 정신을 강조하며
이른바 '성호 학파'를 형성했다.

이지만 지루하게 논쟁만 늘어졌습니다. 비록 성명性命의 근본을 논했어도 실제로 실학에는 보탬이 되지 못했으니 잠시 놓아두고, 하학下學에서 성공한 후라야 점차 상달上達할 수 있습니다.[72]

조선 학계의 큰 논쟁이었던 사단칠정, 이기설 등의 논쟁에 대해 선을 그었고 일용에서의 구체적인 실천과 지식의 축적을 강조했다.

이 흐름의 전체적인 귀결은 어떤 것인가. 이익의 학문의 대강은 형세 혹은 구조를 강조하며 내면의 심성보다는 외면의 구조 혹은 유교적 가치관과의 분리를 지향했다고 볼 수 있다. 물론 그에게서 유교의 의리 정신을 추출하고 시세의 어려움을 극복하려 했다는 반대의 주장 또한 가능할 수도 있다.[73]

하지만 이익의 학문이 지식 자체에 집중하여 박학으로 얻은 정보를 체계화하고 만년에 수학적 정리로 집중되었다고 보는 것이 최근의 연구성과이다.[74] 유교적 가치에 충실함과는 별개로 그가 권위적 언설에서 탈피해 지식의 명징함과 계열화에 힘쓰고 실용에 대한 지평을 열었음은 의문의 여지가 없다.

실용과 각론의 강조

박지원은 주옥 같은 소설과 산문에서 당대의 문학사조와 허위에 빠진 성리 담론을 비판했다. 걸작 《열하일기》에서 그가 이용후생을 전복한 일도 잘 알려져 있다. 그의 이용후생 용법의 특징은 이 책 4장 2절 2항에서 정약용과 비교하며 다루어보겠다.

박지원은 이용후생 외에도 실학과 개물성무를 함께 사용하며 학문의 실용성을 강조했다. 1799년(정조 23)에 편찬된 《과농소초課農小抄》의 〈제가총론諸家總論〉의 일부이다.

사士의 업을 숭상하고 있습니다만 농·공·상업의 일 또한 애초에 성인의 경험과 생각에서 나왔습니다.……후세에 농업, 공업, 상업이 제 업業을 잃은 것은 선비가 실학實學하지 못해서입니다.……(농업은) 모두 백성을 부유하게 하고 나라에 보탬이 되는 효능이 있었으니 이는 모두 농사의 실례[故實]이자 옛 성인의 개물성무開物成務의 유업遺業입니다.……태평한 세월이 오래 지속되자 점점 문文이 질質을 없애고 말末이 본本을 뒤엎어 선비들은 고상하게 성명性命을 담론하며 경제經濟를 등한시하고 화려한 문장을 헛되이 숭상하여 실정實政을 등한시했습니다.……지금 부화浮華하고 배움이 없는 선비가 게으르고 무지한 농민들을 인도하니 이는 술 취한 자가 장님을 인도하는 것과 무엇이 다르겠습니까? 이 까닭에 한漢나라의 2,000석 관직에는 반드시 효제孝悌와 역전力田으로 천거되는 관리가 있었고, 송宋나라 호안정胡安定의 학규學規에는 농전수리農田水利의 과정을 설치했습니다. 이는 다른 이유가 아니라 실학을 귀중하게 여겼

기 때문입니다.[75]

옛 성인의 모습은 사농공상의 동등한 가치와 개물성무의 실정實政으로 대표되었다. 그러나 선비가 명분론을 주도하며 우위에 서자, 본말이 전도되었고 허황한 성리 담론과 화려한 문장에만 치중하게 되었다. 그 결과 경제와 실정에 유능한 인재를 양성하고 기술 등 구체적 지식을 중시하던 모습은 사라졌다. 박지원이 실학이라 칭했던 유학의 본령은 실용을 중시하는 각론이었다. 그의 사유는 철학적으로는 후생론厚生論이라 부를 만한 전환이었다.[76]

박지원의 문인이었던 박제가(1750~1805)는 한층 과감한 주장을 전개했다. 그가 《북학의北學議》에서 교역과 통상의 확대, 기술의 수입 등을 강조한 것은 잘 알려진 일이다. 그는 교역과 기술 수입에서 이용후생을 명분으로 내세웠다. 1786년(정조 10) 정조에게 올린 이른바 〈병오소회丙午所懷〉에서 그는 국가의 가난을 해결하기 위해 중국, 일본, 유구, 안남, 서양 등과의 통상을 주장하고 서학을 수용하자는 파격을 선보였다.

서양 사람은 기하학에 밝고 이용후생에 정통합니다. 관상감 한 부서를 운영하는 비용이라면 그 사람들을 초빙해 머물게 할 수 있습니다. 그리고 나라의 인재들로 하여금 그들에게 천문과 천체의 운행, 각종 기구, 농잠, 의약, 기후 관측, 벽돌과 건축법, 광산과 유리 제조법, 화포, 관개, 수레, 선박 건조, 산림, 운행의 기술을 배우게

3

하십시오.……반대하는 사람은 구라파는 천주교라는 이교異教를 숭
상하고, 인종도 다르고, 해외의 여러 야만족과도 통한다고 합니다.
제 생각에 그들을 한 곳에 거처시키면 변란을 일으키지는 못할 것
입니다. 그들의 천주교는 불교와 유사하지만 후생의 도구는 불교에
는 없는 것입니다. 열 가지가 이득이고 하나를 금한다면 옳은 계책
이 될 것입니다.[77]

가장 민감한 서학 수용에서 그는 이용후생을 내세웠다. 서양 사람
이 이용후생에 정통하므로 천문학을 비롯한 다양한 실업, 실용의 학문
의 습득이 열 가지 이득을 가져올 수 있었다. 후생의 장점은 서학의 불
온성을 잠재우는 역할도 했다.

박제가의 논법, 즉 동양의 고도古道와 서양의 이용후생을 등치하고,
이에 기반해 서양의 문물을 수용할 수 있다는 논리는 동아시아에서 19
세기 후반에나 본격화된 것이었다. 당시로서는 너무나 앞선 그의 개혁
안은 물론 받아들여지지 않았다. 다만 우리는 이 파격적인 주장이 지
식인 사이에서 일정하게 공유되고, 국왕에게 건의될 수 있었던 정조
대의 분위기를 충분히 느낄 수 있다.

정조와 군주의 실학

국왕은 실학 용례의 역사에서 중요한 위치를 차지했다. 16세기 중반 이래 사림들이 군주의 성학聖學을 강조할 때 실학은 성학의 동의어였다. 위기 상황이나 제도 개혁이 논의될 때에도 국왕의 실학, 실정, 실효 등이 중시되었다. 18세기는 그 정점에 있었다. 영조 대에 증가하여 정조 대에 급증했던 실-실학 관련 어휘들이 단적인 일례였다. 정조 대의 특이한 현상은 정조의 실-실학에 대한 관심과 언급이 중요한 배경이었으므로 따로 검토할 필요가 있다.

1775년(영조 51) 김종정은 세손(정조)에게 실학에 힘쓸 것을 권했다.

(삼대三代의 정치가 후세에 어려운 것은) 단지 실지實志가 서지 않고 실학實學이 강講해지지 않으며 실정實政이 행해지지 않아서입니다.……대개 실지라는 것은 치도의 본체이고 실정은 치도의 용례입니다. 그 본체를 확충하고 그 실용을 행하는 것은 오직 실학을 강명하는 데에 있습니다. 그러한즉 삼대의 다스림을 복구하는 것은 이 학문을 버리고 무엇으로 하겠습니까.……저는 오로지 저하께서 전심으로 실학에 힘쓰셔서 요순우탕문무堯舜禹湯文武의 성왕들을 본받고 삼대의 사업을 스스로의 임무로 삼으시길 바랍니다.[78]

김종정은 실학을 통해 고대의 이상을 회복하기를 청했다. 대체적인 논지가 양득중의 상소를 떠올리게 한다. 김종정의 증조부인 김간金榦이 양득중과 함께 영조 초기의 소론 산림을 대표했던 인연도 배경으로 작용했을 법하다.

청년기에 실학에 공감했던 정조는 공허한 성리 담론을 적극적으로 비판하였고, 경학 공부의 목표 중의 하나는 실용 지식에 있었음을 강조했다. 1794년(정조 18)의 언급이다.

지금 사람들이 경학을 말하면서 다만 성리설을 담론하는 것을 경학으로 알고 모든 일이 경학이 아니고서는 헤아릴 수 없음을 알지 못한다. 예컨대 근일에 화성華城의 축성으로 말하면 무릇 일에 임해서 적절히 조처할 방도를 모르는 자는 모두 경학에 어두워 식견이 밝지 못해서이다.[79]

정조는, 학문은 일상에서 배워야 한다며 실지實地와 사공事功의 유용有用을 중시했다.[80] 그는 영토를 넓히는 부국강병에는 찬성하지 않았지만, 영토 안에서 재물을 풍부하게 하고 백성을 부유하게 하며 양병하여 침략을 대비하는 데에는 왕도나 패도를 따질 필요가 없다고도 했다.[81] 실지와 사공에 대한 강조는 사농공상士農工商 등 각 부문에서의 전문 지식에 대한 권장으로 전개되었다. 정조의 명으로《무예도보통지武藝圖譜通志》편찬에 참여했던 이덕무가 책이 마무리되자 책과 함께 올린 글이다.

조정은 실용 있는 정책을 강론하고 백성은 실용 있는 생업을 고수하고 학자는 실용 있는 책을 편찬하고 군사는 실용 있는 기예를 익히고 상인은 실용 있는 재화를 통용하고 공장工匠은 실용 있는 물품을 만들면, 어찌 나라 지키는 고심과 백성을 보호하는 걱정이 있겠습니까?[82]

정조의 학문관은 경학의 본뜻을 실지, 사공, 실용으로 보고 각론과 기술을 강조하는 것이었다.

국왕의 인식과 배려는 실용 기술에 대한 관심은 물론 후대에 실학자로 지목된 학자들이 길러지는 토양이었다. 때문에 그와 그의 시대는 '실학의 군주'와 '실학 시대' 같은 면모로도 해석되었다. 그러나 정조의 학문관은 국왕이라는 그의 위상을 대입하면 크게 조정된다. 문체반정文體反正을 알리는 실록의 기사에는 그가 생각하는 실학의 지향이 드러났다.

앞서 정미년(1787, 정조 11)에 이상황과 김조순이 예문관에서 함께 숙직하면서 당·송 시대의 각종 소설과 《평산냉연平山冷燕》(청 초의 소설─필자) 등의 책들을 보면서 한가롭게 시간을 보내고 있었다. 그런데 임금께서 우연히 입시해 있던 주서注書로 하여금 이상황이 무슨 일을 하고 있는지 보게 했다. 이상황이 마침 그 책들을 읽고 있었으므로 그것을 가져다 불태워버리도록 명하고, 두 사람에게 경전

에 전력하고 잡서를 보지 말도록 경계했다.……대개 그들이 젊고
재주가 있었으므로 그들로 하여금 실학에 힘쓰게 하여 그들의 뜻과
취향을 나타내게 함이었다.[83]

문체반정이 한창일 때 나온 이 기사에서 실학은 패관·소설·잡서에
대립하는 경전, 고문古文 등이며, 신조류를 반대하는 보수적 지향을 상
징한다. 이후 정조가 박지원의 《열하일기》를 지목하여 반성문을 지시
한 사건은 유명하다. 이용후생을 강조했던 두 사람은 각론에서는 경전
강조와 소품 강조로 갈라지고 있었다.

사실 정조는 실용 지식에는 개방적이었지만 사상과 이념에서는 원
칙론자였다. 성리학에 대한 그의 비판은, 성리 담론에 지나치게 경사
된 세태이기에 경세론을 부흥하여 균형을 되찾는 데 있었다. 궁극적으
로 성리학의 전체성을 지키려 한 것이다. 그의 실학 또한 원론인 경전

박지원(1737~1805)
실생활에 유용한 학문을 강조하며
이른바 '북학파'를 형성했다.

과 각론인 학문을 각각 힘써[84] 전체가 조화를 이루는 대중지정大中至正을 향해 있었다.

나의 20년 동안의 고심은 '혈구絜矩'(내 마음을 살펴 남을 헤아림-필자)
두 글자에 있었다. 오늘날의 사람들로 하여금 서로의 간격을 허물
고 기호嗜好를 조화하여 물아物我를 공평히 하고 호오好惡를 공정히
하여, 다 함께 대중지정大中至正의 경지로 들어가고자 했다.……나
의 마음이 곧 너희의 마음이고 너희의 마음이 곧 일국의 마음이고
일국의 마음이 곧 만고萬古의 마음이니, 실심實心으로 실학實學을 강
론하고 실학으로 실사實事를 실행하는 것이 곧 오늘날의 급선무이
니 내가 너희들에게서 도움받고자 하는 것이다.[85]

이상 정조의 실-실학 인식은 실용을 중시하며 지식과 기술을 강조
했지만 유교 질서의 대동大同으로 나아간다고 할 수 있다. 그 목표가
왕조 체제의 안정임은 물론이다. 근대적 시각에서 그를 계몽 군주로
비추기보다는 유교 이념의 완벽을 꾀한 군주로 보는 것이 타당하다.[86]
그러나 상황은 정조의 바람대로 흘러가지는 않았다. 실용과 성리설
의 일체를 꿈꿨던 정조의 의도와는 다르게, 그의 실용 긍정은 개성, 상
대성, 감성, 미시 세계 등 유교 체제에서 이탈해가는 구심력들의 토대
가 되었기 때문이었다.

4   19세기 전반기 실학의 전개

角大距地遠則緯角小故先求得初緯以次輪心距地
線比例得星距黃道線又以星距地心線比例得視緯
弦也

1.
19세기 전반기의
사상계와 실학

1800년 정조의 죽음과 순조 초반기의 급격한 정국 변화는 영조와 정조 시대로 이어졌던 탕평蕩平 정국을 일변시켰다. 1804년(순조 4) 순조의 친정과 벽파 정권의 몰락 그리고 안동 김문金門의 정계 장악이 노골화하며 이른바 세도정치가 장기화했고 중앙 정계에서의 급격한 정국 변동은 사라졌다. 하지만 1811년에 발발한 이른바 '홍경래 난'과 정부의 대처에서 보듯 국가 기구의 경화硬化와 고식적 대응은 두드러졌다.

사상계는 초반의 위축을 딛고 일정하게 활력을 회복했다. 고증학, 한학漢學의 유행과 청나라와의 문물 교류는 18세기를 넘는 수준으로 전개되었다. 심지어 천주교조차 일정하게 방기되는 양상이었다. 그 와중에 19세기 전반기의 새로운 특징들도 생겨났다. 내면·일상·전문 세계로의 침잠, 조선 중화에 대한 비판과 문화의 혼종성 강조, 보유補儒를 넘는 새로운 가치 추구 등이었다.[1] 단절과 지속, 새로운 양상이 뒤섞였던 이 시기의 특징은 실학의 사용에도 영향을 미쳤다.

위축, 고식, 지속

19세기 초 정순왕후의 수렴청정과 벽파 정권의 집권은 시파에 대한 숙청과 함께 이른바 신유박해辛酉迫害로 불리는 서학에 대한 탄압으로 이어졌다. 이익에서 정약용으로 이어졌던 남인계의 성호 학파는 탄압 대상이었으므로 큰 고통을 겪었다. 이용후생을 내세워 제한적 서학 수용을 주장했던 이른바 북학파 역시 쇠락했다. 사상계의 위축은 서학·서학 관련 정보 등이 삭제되는 사례에서 단적으로 드러난다.[2]

'실학' 관련 용어에서도 위축의 여파를 알 수 있다. 순조, 헌종, 철종 대의 실록에서 실학 빈도는 급격히 추락했다. 다만 순조 대는 그나마 홍석주, 서형수와 심상규, 김이영 등이 실심實心, 실사實事, 실정實政 등을 강조하기는 했다.[3] 그러나 모두 즉위 초반의 일이었고, 내용에서도 국왕의 수신-치국에 대한 의례적인 요청이었다. 경세를 위한 고투苦鬪가 빠져버린, 정조 시대의 잔영 같은 느낌이다.

실학 사용에서도 고식적인 분위기는 같았다. 노론 낙론을 대표하는 산림이었던 홍직필洪直弼(1776~1852)의 경우가 그러했다. 그는 낙론의 도통道統을 강조했고 낙론의 성리설을 지지하며 호론과 대립했다. 그러나 노론의 의리관에도 투철하여 명나라에 대한 의리를 고수하고 세도의 타락을 비판했다. 19세기 전반기에 대명 의리를 지킨다는 것은 구체적인 대안의 부재를 의미했다. 그는 "200년이 넘어버린 오랑캐 세상의 운수"라는 운명을 한탄할 뿐이었다. 그나마 가능성은 운세 변화에 대한 기대였는데 그때를 위해 준비해야 할 일이 실학의 연마였다.

> 서원을 세운 것은 강학을 위해서인데 글 읽는 소리가 끊어진 지가 오래되었다. 이 폐단이 생기게 된 이유는 흥망성쇠가 서로 인연하는 운세 때문이다. 흥함에 인연하여 바뀌고 왕성함에 인연하여 쇠락해지니 더하고 빠지는 이치가 그러한 것이다. 쇠락에서 흥해지고 쇠락에서 분발하는 일은 오로지 실심으로 실학을 강론하는 것뿐이다.[4]

홍직필이 바라본 운세는 국내외 사회 구조에서 비롯하는 거시 변화라고 할 만했다. 그는 유학적 질서가 균열하거나 고식화하는 풍조를 '말속末俗의 허부虛浮'로 여겼고 실심으로 실학해야 이를 해결할 수 있다고 보았다.[5] 19세기 전반기에 보수적인 유학자들의 세도 비판 논리에서 진실한 유학인 실학은 오히려 강조되고 있었다.

세태에 휩쓸리지 않는 진실한 유학은 지방 선비들의 발언에서도 왕성했다. 이는 18세기 중후반 이래 서울을 중심으로 빚어진 세태 변화와 공리 지향의 풍토에 대해 반감을 가진 지방 유학자층의 저변화에도 짝하는 현상이었다. 낙론 학자들과 교류했던 함경도의 유학자 이원배李元培(1745~1802)에 대한 제문祭文이다.

> 공(이원배—필자)은 유학의 도리가 희미해지고 적폐가 고질이 된 때에 분기하여 개연히 실학을 자신의 임무로 삼고……신독愼獨 두 글자를 종신토록 요긴한 좌우명으로 삼았으니 학문의 바름과 포부의 크기와 실천의 돈독함이 근세 학자에서 드물게 보는 바였다.[6]

지방 유학자들이 실학을 자임하고 나서는 현상은 유학의 영향력 안에서의 실학 사용이 20세기 초까지 지속하는 힘이었다. 예컨대 경주의 유학자 이수인 등은 1809년에 이제현 등을 배향한 구강서원龜岡書院의 사액을 청하면서, 이제현이 충선왕에게 "학교를 세워 실학을 권장하라"했던 고사를 그대로 인용했다.[7] 고려 말에 불교를 비판하며 등장했던 실학의 첫 용례는 오랜 시간이 지나도 되뇌어지고 있었다.

실학을 경학, 구체적으로 과거의 강경으로 사용하는 것도 여전했다. 중인 지식인으로 조선의 광범위한 개혁을 구상했던 최성환崔星煥은 유학의 실학과는 친연하지 않을 듯하다. 그러나 그가 1858년(철종 9)에 1차로 완성한 《고문비략顧問備略》에서 그는 실학을 경학 교육, 강경으로 사용했다.

학교를 설립하면 반드시 도덕이 높은 이를 선발하여 학관學官으로
삼고 실학實學하는 선비들을 오게 하여 밤낮으로 정학正學을 강명한
다.……과거에서 사부詞賦를 중시하고 실학을 경시하자 세상에서
경학을 숭상하지 않게 되었고 그 때문에 독서하고 도를 강구하는
선비가 없게 되었다.[8]

위 글의 취지를 실현한 사례도 있었다. 1891년(고종 28)에 평안감사 민
병석이 평안도 내에 '덕행과德行科'를 설치하였고 조정은 "실학을 숭상하
고 겉치레를 없애는[崇實學而祛浮華]" 취지라며 이를 허가하기도 했다.[9]

16세기 후반 이래 덕행으로 이름 높은 산림이 국왕에게 권하는 성
학聖學의 실학도 여전했다. 1874년에 영의정 이유원이 고종에게 올린
건의다.

제왕이 나라를 다스림을 구하는 요체는 오직 실학實學에 달려 있습
니다. 실학을 구하려면 반드시 덕망이 있는 산림의 도움을 받아야
합니다. 돌아보건대 지금 불러들여 묻는 것을 모두 부지런히 하였
지만 아직 전하께서 진실한 마음으로 불러들이는 것을 보지 못하였
습니다. 정성과 공경의 방도와 수신과 제가의 방도를 날마다 앞에
서 진술하는 자가 없습니다.[10]

친정親政한 고종에게 올린 이유원의 건의는 16세기 이래 산림과 국

왕의 관계에 대한 의례적 전통의 지속을 보여준다.

경학, 성리학 등으로 실학을 사용한 학자들은 18세기 이래 대두한 실용적이고 전문화한 학문은 실학과 대립적으로 여기는 경향이 강했다. 퇴계의 학맥을 계승한 유치호에 대한 평가이다.

일찍이 천문, 지리, 율력, 산수,《장자》,《이소離騷》, 반고와 사마천의 역사서에 박학했지만, 이내 '실학에는 무익하다'라고 말하고는 마침내 경전, 성리서, 주자와 퇴계의 글로 나아갔다.[11]

한학, 고증학과 실학

18세기 중후반부터 청과의 학술 교류는 활발해졌다. 당시 청에서 풍미한 고증학의 영향력도 커졌는데 특히 고염무의 저술이 많은 관심을 받았다. 고증학에서 영향 받아 한송절충漢宋折衷의 학문을 주장한 대표적인 학자는 성해응成海應(1760~1839)이었다.[12]

성해응은 한송절충을 주장하면서도 고염무의 절의를 높이 평가했고, 방대한 분량의《황명유민전皇明遺民傳》을 저술하는 등 대명 의리에도 투철했다. 따라서 그가 실학을 언급할 때에는 전통적인 유학, 경학의 의미는 물론, 지리와 명물서名物書 등을 지칭하는 경우도 있었다.

대저 경전에 밝으면 반드시 학문이 넓어지고, 학문이 넓어지면 반드시 말이 화평해지고 말이 화평하면 반드시 행동이 독실해진다. 대저 저들이 읽고 외우는 기교보다는 정미한 의리를 탐색하고, 강독을 일삼기보다는 실학으로 궁리하면, 기교는 줄고 의리가 밝아지며 일삼기는 간략해지고 학행은 돈독해진다.[13]

한나라의 유생들은 진한秦漢의 사건을 많이 언급하며 군주의 질문에 답했다.……그런즉 《대대례기大戴禮記》에 편집된 전적들이 반드시 공자와 그의 제자, 후학들의 기록이 아닐지라도 사리에 맞는 일[取材]은 옛 성현들이 남긴 것이 많으므로 모두 실학이고 후학이 미칠 바가 아니다.[14]

첫째 인용은 전통적인 유학 경학으로서의 실학이다. 둘째는 경학을 강조하는 듯하지만 포괄하는 범주가 달라졌다. 성리학에서 중시한 경전이나 고전 외에도 《대대례기》와 같은 한학漢學의 저술들을 긍정하고 실학에 포함시켰다. 그는 《관자》와 같은 권모술수의 책이라도 실학에 돈독하고 교육에 도움이 있다 하여 전해지게 되었다고 했다.[15] 유학 텍스트의 외연을 확장하고, 전문 분과의 저술을 포괄한 것이다. 유득공에 대해 저술한 애사哀辭에서는 "실학에 힘써 지리와 명물名物의 책을 많이 저술했다"고 평했다.[16]

한학 또는 고증학은, 의미가 폭넓은 실학보다는 고증학의 학문 취지를 직접적으로 상징하는 실사구시를 모토로 삼게 되었다. 실사구시는 영조 대에 양득중의 사용으로 알려진 바가 있었으나, 그의 경우는 성리학의 논리에 입각했었다. 그러나 1815년을 전후하여 한학에 대한 성과를 바탕으로 한 실사구시 담론이 전개되었다.[17] 당시 담론의 중심에는 김정희金正喜(1786~1856)의 〈실사구시설實事求是說〉이 있었다.[18]

김정희는 〈실사구시설〉에서 실사구시를 학문의 핵심으로 보아 선입견을 타파하고 사실에 입각하자고 주장했다. 그는 비록 실사구시를 실학으로 등치하지는 않았지만, 노장老莊과 불가를 실사구시에 반하는 사조로 보았고, 양명학을 공허하다고 비판했으며, 성리학이 지나치게 고원함을 숭상하여 실천을 등한시했음을 비판했다. 김정희가 당대 동아시아에서 지식과 국가 방략에 큰 영향을 미친 위원魏源(1794~1856)의 《해국도지海國圖志》 및 그의 실사구시의 학문 태도를 극찬한 것도 같은 맥락이다.[19] 대체로 학풍에 매이지 않고 실증에 입각한 경세의 지향을 강조한 것이다.

그러나 당시 학계에서는 한학에 대한 반발도 컸다. 대표적인 학자가 김매순金邁淳(1776~1840)이었다. 그가 한학을 반대하는 논지는 이미 연구된 바이다.[20] 그에게 실사구시는 한학을 반대하는 하나의 이유였다.

근래의 학자들이 입만 떼면 한유漢儒를 칭송한다. 그들이 주자에게 감정이 쌓인 것은 그가 고주古註에만 의존하지 않았다는 이유에서다. 그래서 책을 펼쳤을 때 가장 큰 의리로서 주자가 존중했던 것은

당최 머리를 내저으며 강론하지 않으니 마침내 그들의 학문은 송학
宋學도 아니고 한학漢學도 아닌 그저 개인적인 사견이 되어버린다.
실사구시가 과연 이런 것이겠는가?[21]

김매순과 함께 19세기 전반기 성리학의 거두로 평가받는 홍석주洪
奭周(1774~1842)는 다소 절충적인 입장이었다. 그 역시 〈실사구시설〉을
지었다.[22] 홍석주는 이 글에서 경전을 강하면서 고담준론에 빠져 실무
에 능하지 못하거나 일용에 충실하지 못한 성리학계의 풍토를 무실務
實하지 않다고 비판했다. 그렇지만 재화를 경영하는 일에 충실하자는
것은 아니었다. 결론에서 그는 이해利害의 실이 아니라 시비是非의 실
을 추구해야 한다고 제안했다. 비록 실용적 지식의 실을 부분적으로
긍정하지만, 도덕과 가치판단의 시분로 손쉽게 포괄시켰으므로, 그의
실사구시를 고증학의 그것으로 보기는 어렵다.
　사실 김정희의 〈실사구시설〉에 대한 학계의 평가 또한 홍석주의
〈실사구시설〉의 기조와 동일했다. 김정희에 대한 민노행의 평가이다.

한대漢代의 학자들도 실용과 시비에서 이처럼 (진리를) 찾았으니……
그런데 선을 좋아하고 악을 미워하는 실이 변하여 후한[東京] 때 명
절名節만을 숭상하게 된 것은 또한 기반이 있었을 것이다. 그렇지만
삼대三代의 학문이 모두 실로써 했었으니 실이란 도의이며 덕행이니
실이 바르게 되어야 명名도 바르게 되지 않음이 없는 것이다.[23]

민노행은 삼대의 학문, 실용 시비를 중시한 한대의 학문, 김정희의 논설을 모두 도의와 덕행에 기초했다고 하였다. 훗날 민규호 역시 김정희의 〈실사구시설〉은 성인의 본지에 맞았다고 하며 경학의 성과로 귀속시켰다.[24]

김정희의 경우와 그에 대한 김매순, 홍석주, 민노행·민규호의 직간접적인 판단은 고증학의 유행에 대한 조선 성리학계의 스펙트럼을 보여준다. 이들의 입장은 성리학의 가치를 인정한 기초에서 고증학을 비판하거나 절충, 유인하는 등으로 다양했다. 성리학계 측에서 보자면 반성과 자기 갱신, 외연의 확장 등으로 볼 수 있다. 물론 고증학의 충격에 대한 성리학의 반동 작용으로도 해석할 수도 있다.

고증학의 유행은 실학의 용례에서 보자면 실증, 실용의 영역이 강조된 것이었으므로 결과적으로 의미의 확장이 되었다. 때문에 한 저작에서도 실학이 여러 용례로도 사용될 수 있었다. 홍한주洪翰周(1798~1868)의 〈지수염필智水拈筆〉의 용례이다.

(과거에서) 다음 식년시를 기다려 칠서七書를 또 바꾸어 강경하게 한다면 과거에 응시하는 자가 반드시 노력하게 될 것이니 몇 년이 안 지나 당대의 실학하는 선비를 얻을 수 있을 것이다.[25]

옛날 박학한 사람은 꼭 시문으로만 세상에 이름을 내지는 않았다. 그러므로 각기 한 가지 서적에 온 힘을 쏟아서 후세에 전하는 것 또한 하나의 방도이다. 당나라 두우杜佑의 《통전通典》……(송나라) 마단림馬端臨의 《문헌통고文獻通考》……청나라 이후는 오로지 고증을 힘써서 스스로 하나의 학문이 되었다. 그러므로 저술한 바가 목록이 많아지고 더욱 박학하고 더욱 정밀하여 거의 손가락으로 이루 꼽을 수가 없다. 그러나 모두 《통전》과 《통고》가 경세, 실용을 위한 서적인 것만 못하니, 정말 당송 학자들의 실학을 쉽게 말할 수가 없다. 오직 청나라 초의 고염무만은 총명 박학하기가……다만 박학하다는 것으로만 그의 사람됨을 논할 수가 있겠는가.[26]

첫째 인용에서 실학은 경학하는 선비이다. 둘째 인용은 조금 복잡하다. 여기서 실학은 당송의 학문인데 그 성격은 시문과는 다르고, 한 분야에서 성과를 이루었으며, 경세와 실용을 위한 서적이다. 홍한주는 지나치게 박학하고 정밀한 고증학에도 비판적이다. 다만 고증학의 태두인 고염무의 학문과 절개는 긍정했다. 실학은 대체로 시대에 상관없이 전문성과 의리관을 갖춘 학문을 통칭했다.

양명학과 명물도수名物度數의 학문

소론 학계에서는 윤증 이래 무실務實을 강조하는 흐름이 있었고 이는 18세기 초에 양득중이 실사구시를 강조하는 바탕이 되었다. 비슷한 시기 정제두를 중심으로 양명학파가 형성되기도 했다. 한편 1755년(영조 31)의 이른바 '을해옥사乙亥獄事'*로 소론 정파가 정치 명분을 상실한 이후에는 실무와 명물도수名物度數에 집중하는 학풍도 생겨났다. 이들은 모두 실학을 여러 의미로 사용했다.

19세기에 윤증의 학맥을 전수한 강필효姜必孝(1764~1848)는 윤증의 입지立志와 무실務實을 학문의 심법으로 삼았다.[27] 그는 고인의 학문을 배움과 함께 양지良知와 양능良能에 기초한 심학 또한 강조했다. 내외를 두루 수양하고 힘쓰는 학문이 실학인 것이다.[28]

정제두를 중심으로 형성된 이른바 강화학파의 분위기 역시 비슷했다. 정제두는 유교遺敎에서 "양지良知의 학문이 진실하고……실학을 그만두지 말라"[29]고 했다. 그의 문인 이광신, 이광사 등도 무실務實, 실리實理, 실사實事를 중시하며 허위와 가식을 경계했다. 강화학파 계열에서 독특한 경지를 이룬 학자는 심대윤沈大允(1806~1872)이다.[30] 그의 백증조부는 정제두의 제자 심육이다. 심육의 동생이자 심대윤의 증조부인 심악이 을해옥사에 연루되어 그의 가문은 쇠락했다. 경기도에서 공방을 차리고 약방도 경영했던 심대윤은 당대의 폐해를 허학과 위행에 젖은 무형의 학문으로 보았다. 여기에는 천주학, 불교, 도교와 같은 이단은 물론, 허무에 젖은 성리학도 포함되었다.[31] 제반 사상에 대한 비판이 강해질수록 실제 사실에 기반하는 태도가 중요했다.

* 1755년(영조 31)에 영조를 비방한 이른바 '나주 괘서 사건'으로 빚어진 정치 사건. 이 여파로 소론 일부가 숙청되고 소론은 정치 명분을 상실하였다.

진晉나라 이래 허의虛義를 말하고 사실을 살피지 않았다. 사실을 도외시하고 허의를 담론하기 때문에 그 말이 날로 사실에서 멀어져 기준이 되지 않는다.……때문에 배움은 하늘을 알고 사람을 아는 데서 시작하여 사물의 이치로 넓어져야 하며, 공부는 사람과 사물의 정황에 다가가 사물의 기미에 통달해야 한다. 때문에 사실에 밝아지고 허위에 현혹되지 않을 것이니 이래야 가히 수신修身하고 치인治人할 수 있다.[32]

심대윤의 대표 저작인《복리전서福利全書》의 이름에서 알 수 있듯이 그는 이익利益을 전면적으로 긍정하는 파격을 보였다.

후대의 군자들이 모두 '나는 실에 힘쓴다'라고 말하면서 행동이 반대인 것은 허虛와 실實을 변별하지 못해서이다. 이利가 실實이고 불리不利가 허虛이다.……사람이 사는 것은 오직 이利와 명名뿐이다. 이利에는 공과 사의 구분이 있고, 명名에는 허와 실의 차이가 있으니 군자와 소인이 판가름난다. 이利는 실덕實德이요 이利가 되게 하는 것은 문덕文德이다.[33]

전통 지식에서 실─실학 혹은 실사구시를 언급할 때에는 실은 대체로 시비론에 기초하였고 고증과 실용을 표방하더라도 절충하는 정도였다. 그러나 심대윤은 과감하게 실이 곧 이익임을 말했다. 지식과 실재를 중시하는 그의 학문의 핵심에는 기氣와 이利를 긍정하는 자세가 있었으므로 성리학의 도덕 위주의 지향과는 달라지고 있었다. 그 점에서 그는 성리학과 다른 패러다임을 구상한 정약용, 최한기와 비견할 수 있고, 실리實利를 중시하는 실학에 상당히 근접했다고 볼 수 있다. 다만 그의 학문에 대한 연구는 최근에 비로소 착수된 실정인지라 앞으로 실학과 관련해서 천착할 여지가 많다.

소론 학계의 한편에는 명물도수名物度數를 가학家學으로 정립한 사례가 또한 주목된다. 영·정조 대에 실무 관료를 역임했던 서명응徐命膺(1716~1787)과 아들 서형수·서호수 형제, 그리고 손자 서유좌·서유구가 그들이다. 18세기 후반 이후 그들은 《보만재총서保晚齋叢書》, 《임원경제지林園經濟志》 등을 비롯한 방대한 총서 작업을 진행하였고, 수학·역법 등에서도 주목할 만한 성과를 냈다.

지식 자체에 집중했던 그들 학문의 특징은 성리학의 대안적 성격이 뚜렷하였고 따라서 후대 실학의 계보에서도 크게 주목받았다.[34] 다만 그들은 '실학'이란 용어는 거의 사용하지 않았고, 무실務實이나 실용 등을 주로 사용했다. 서호수(1736~1799)가 1790년에 연행했던 기록인 《연행기》의 한 대목이다.

대체로 현재 중국의 사대부들은 한갓 성률聲律과 서화로써 명예를 낚아 승진하려는 사다리를 삼을 뿐이다. 예악과 도수度數의 학문을 하찮게 보고 있기에 조금이라도 무실務實하려는 이들은 고염무나

4

주이존朱彝尊이 남긴 오라기를 줍는 데 불과하다.[35]

서호수의 경우는 예악과 명물도수가 한 묶음이었다. 그에 비해 아들 서유구徐有榘(1764~1845)는 농학과 같은 실용적인 전문학을 경학이나 경세학과 구분해 큰 의미를 부여했다.

내가 유독 농학에 골몰하여 늙어 기운이 다하는데도 그만두지 않는 것은 무엇 때문인가. 일찍이 경학과 육예[經藝]의 학문을 하였으나 말할 만한 것은 옛사람들이 이미 다했으니 재삼 반복한들 무슨 이익이 있겠는가. 일찍이 경세학을 공부했으나 처사가 이리저리 궁리한 것들이라 흙으로 끓인 국이요 종이로 만든 떡이니 공교한들 무슨 이익이 되겠는가. 이에 범승지氾勝之와 가사협賈思勰 등 농법[樹藝]의 학술에 전념했다. 망령되지만 오늘에 이르러 앉으면 말할 만하고 일어나면 조처할 수 있는 실용적인 것은 오직 이것이요, 천지가 길러주신 은혜에 조금이나마 보답하는 것도 여기에 있지 다른 것에 있지 않다.[36]

박학이나 전문 분과의 지식은 18세기부터 정파에 상관없이 성과가 축적되는 곳이기도 했다. 서명응 집안 말고도 이덕무(1741~1793)와 그의 손자 이규경李圭景(1788~1856)이 대표적이다. 그들의 성과는 이덕무의 《청장관전서》와 이규경의 《오주연문장전산고五洲衍文長箋散稿》에서 정점을 찍었다.《오주연문장전산고》에서 과거의 개혁과 관련해 청나라 학자 시황施璜의 〈숙강규약塾講規約〉의 '육예를 익힘[習六藝]'을 소개했는데 실학과 관련한 흥미로운 어휘가 등장했다.

지금 배우는 자들이 대개 이학理學을 담론하거나 문장 꾸미는 일에나 몰두하며 육예六藝와 실무는 버려두고 공부하지 않다가 현장에 가서는 망연자실하여 무슨 일이나 제대로 못하니……예악사어서수禮樂射御書數 및 천문, 군사, 재정, 토목치수 등의 분야를 반드시 정밀하게 연마하여 실질에 맞게 사업을 진행하면 그림자에서 헛수고로 말하지 않게 되니 이것이 모두 '경제의 실학實學'이다.[37]

전문 학문의 효과를 경제의 실학으로 명명한 점이 이채롭다. 그러나 이 글에 대한 이규경의 평가는 대체로 문장이나 명경明經 위주였던 과거가 변통하지 못함에 대한 비판에 초점을 맞추었고, 경제의 실학과 관련한 전문 분과를 깊이 천착하지는 않았다. 시황施璜의 '육예를 익힘[習六藝]'은《오주연문장전산고》에서 다시 인용되었는데[38] 여기에서도 이규경의 논지는 성명性命의 학문과 치평治平을 아우르고 학행병진學行竝進을 강조하는 것이었다. 결론적으로 이규경은 전문 과목의 독립이나 실학 의미의 혁신을 꾀하는 면모는 없었다.

마지막으로 수학과 천문학에서 성과를 거둔 남병철, 남병길 형제를 주목할 만하다. 남병철南秉哲(1817~1863)은 서양 역법에 대한 이른바

'중국 원류설'을 비판하며 서학의 성과를 인정하여 연구자들이 주목했다.[39] 그는 비록 청나라 고증학자들의 중국 원류설을 비판했지만, 그들의 실사구시 학문은 긍정했다. 특히 완원에 대해서는 "실용에 힘을 쏟고, 《주인전疇人傳》을 저술하여 역법과 산학이 비로소 유자의 실학임을 알게 했다"[40]고 높이 평가했다. 분과 학문에 속한 역법과 산학을 실학으로 직접 지칭하는 선례를 남겼다는 점에서 주목할 만하다.

2.
실학적 패러다임의 구축
─정약용과 최한기

정약용의 실實 인식과 다산학

20세기에 실학이 역사 개념이 되면서 정약용은 '실학의 집대성자'로 호명되었고 18세기를 대표한 실학자들인 이익, 홍대용, 박지원, 박제가 등의 학문을 아울렀다고 설명되었다. 21세기에도 그 인식틀은 여전하다.

한 세기 동안 정약용은 '한국 실학의 아이콘'이었다. 그러나 그의 문집에 '실학'이 언급된 사례는 1회에 불과하다. 초학자의 《시경》 공부에 대해 정보와 지식[名物數目]을 아는 일이 중요하고 그것이 실학에 도움된다고 한 언급이다.[41] 여기서 실학은 명물도수의 학문을 포괄하는 경학이다. 대체로 한송절충의 경학 공부 정도로 볼 수 있다. 성리학 등을 비롯한 당대의 학문 전반에 대한 정약용의 비판과 대안의 용어를 찾자면 속유俗儒에 대립하는 진유眞儒 정도이다.[42]

사실 정약용의 경우가 특별한 것은 아니었다. 북학론을 대표하고 개화파와의 가교를 놓은 인물로 평가받는 박제가 역시 비슷하다. 그가 실학을 언급한 것 또한 한 차례에 불과했다. 선배였던 김재행의 호 '양허당養虛堂'의 의미에 대한 글인데[43] 여기서 실학은 유학 일반을 지칭하는 정도이다. 박제가에게서는 속유에 대응하는 진유眞儒 같은 용어도 찾기 어렵다. 서자 출신으로 유학자로서의 정체성이 상대적으로 희박했기 때문이 아닌가 한다.

실학의 집대성자 정약용과 개화의 원류로 평가받는 박제가가 정작 '실학'을 거의 언급하지 않았음에도 후대 사람들은 그들을 '실학자'로 평가한다. 당대와 현재 사이에 존재하는 이 간극은 실학의 개념 형성 또는 실학자에 대한 정의를 위해서 짚어야 할 문제이다.

정약용이 기존의 유학 특히 성리학과 다른 체계의 학문을 세운 것은 분명하다. 그 학문 체계를 예컨대 '다산학茶山學'으로 부른다면 그냥 무난할 것이다. 하지만 현대에 그의 학문을 실학으로 부르게 되었다면, 우리는 그의 학문의 어떤 요소가 후대 실학의 내용이 되었는지에 초점을 맞추어야 한다.

정약용의 방대한 저술은 경학經學과 각론으로 크게 구분된다. 이 구성은 그가 유교 경전에 대한 전반적 재검토를 통해 각론의 의미를 부여하는 새로운 틀을 구상했음을 알려준다. 보유補儒를 넘어서는 유교의 전반적인 갱신 혹은 조정이 그의 학문의 최종 목표였다. 그러므로 실학과 같은 유학에 대한 대립 개념을 굳이 상정할 필요는 없었을 터이다.

정약용은 성리학의 중심 개념들과 대결하거나 개념을 조정하여 각론의 필요성을 확대했다. 성리학의 근본 주제인 본성에 대해서 그가 '성기호性嗜好'설을 제창한 것은 유명하다. 그는 본성론 일반에 그치지 않고 욕欲, 낙樂, 성性 등 연관하는 용어들까지 새로 정리하며 대안적 개념들의 체계화를 시도했다. 그 방대한 작업에서 속성의 이理, 개별자의 자립, 자주自主의 권(능), 영명지체靈明之體 등 서학에서 빌려온 개념까지 적극적으로 융합해 사용했다.[44]

정약용은 새로운 경학 해석에서 얻은 구체성을 표현하기 위해 실實에 대해서도 독특한 인식을 전개했다. 《맹자》〈이루離婁〉 편의 '仁之實事親, 義之實從兄'을 주제로 한 경연에서의 발언이 대표적이었다. 경연에서 정약용은, 주자가 실實을 화華의 상대 개념으로 본 것과 정조가 실實을 이理의 상대 개념으로 풀이한 것에 동의하지 않았다. 대신 "공자와 맹자는 인의를 말할 때 행사를 위주로 했고, 이理와 실實은 상대 개념이 될 수 없으므로 명名 또는 허虛의 상대 개념"이라고 주장했다.[45] 정약용의 견해는 정조뿐만 아니라 노·소론 학자들과도 크게 달랐다. 노·소론 학자들은 주자의 학설을 조술한 반면, 그는 효제孝悌는 실實이고 인의예지를 명名으로 보았다.[46]

우리들의 일생의 사업은 오직 궁리 한 가지 일만 있을 따름이니 궁
리를 어디에 쓰겠는가.……사친事親, 경장敬長, 충군忠君……등 실천
과 실용의 학문에 대해서는 많은 결함이 없을 수 없으니 지성知性이
나 지천知天이 고원한데 가까워 실이 없는 것이 아니겠는가. 선성先
聖의 학문은 결코 이와 같지 않을 것이다.[47]

정약용은 대체로 실實을 명名 또는 허虛의 대칭으로 보면서 '실천실
용의 학문[實踐實用之學]'을 위한 바탕으로 삼았다. 실을 중심으로 경서
에서의 도덕─일용─실용을 부각하고 실천을 강조하는 방향으로 전개
하였던 것이다.

실천과 관련해서는 법法과 관련한 용어들이 주목된다. 정약용은 성
왕聖王 치세의 특징으로 예법禮法의 통일을 강조했다. 그런데 후세에
예가 쇠퇴하자 법이라는 명칭이 나타나게 된 것이다. 애초 통일되어

정약용(1762~1836)
실학의 대표자, 실학의 집대성자로 추앙받고 있다.
※사진 출처: 강진군 다산기념관(김호석 작).

있었으므로 예법은 곧 만세법인 경법經法이었다. 그러나 자신의 시대는 예법이 시간이 흘러 변했으므로, 병용하거나 변개하지 않을 수 없었다. 그것이 바로 변법變法이었다.[48] 정약용은 경법과 변법을 적극적으로 사용했다.《한국문집총간》에서 '경법經法' 기사는 총 201건이 검색되는데 그중《여유당전서》가 20건으로 9.9퍼센트이고, '변법變法' 기사는 총 128건인데 그중《여유당전서》가 10건으로 7.8퍼센트이다. 두 용어의 사용 횟수는《여유당전서》가 가장 많다.

변법의 강조는 구체적인 물질의 개선으로 연결되었다. 정약용은 고대의 경세 정신을 부각하고 그와 연관된 기기의 사용을 강조했다.《한국문집총간》에서 '개물성무' 기사는 총 168건인데《여유당전서》가 8건으로 가장 많다.[49] 그는 개물성무를 순舜과 같은 성인이 천지를 두루 다스리는 원칙으로 중시했다.[50] 구체적으로는 기기의 제작[制器]을 통해 이용利用하는 일이었고, 물리物理, 수리數理, 물체, 백공의 일에 통달해야 가능한 것이었다.[51]

《여유당전서》에서의 개물성무의 절대 빈도나 활용 자체가 크다고 할 수도 있다. 하지만 개물성무를 중시하자 물질의 사용, 개선 등에 연관한 용어들이 여러 갈래로 확산될 수 있었다는 점이 중요하다. 개물성무는 직접적으로는 군주의 정기正己와 정물正物이었고 천하를 평탄하게 하는 방법이었다. 정약용은 통상적인 군주 수양론과 군주의 무위無爲 정치를 비판하며 군주의 유위有爲 정치와 정물의 독자성을 강조했다.[52]《한국문집총간》에서 '정물'로 검색되는 기사는 53건이고 그중

《여유당전서》가 8건으로 가장 많다. 다른 문집에서 1~3회 정도에 불과한 점을 감안하면 정약용의 사용은 크게 두드러진다.

또한 개물성무는 이용利用, 제기制器, 백공百工과도 연계되었다. 이용과 관련해서는 정약용의 '이용후생' 용법을 주목할 수 있다. 최근 연구에서도 《한국문집총간》에서 《여유당전서》의 이용후생 사용이 가장 많고, '개물성무'와 어휘 패턴에서 긴밀한 관계였음이 조명되었다.[53] 그의 이용후생 인식은 다음 항에서 박지원과 연관하여 살펴보겠다.

제기, 백공에서는 정약용의 사용이 가장 많을 뿐더러 비중 또한 높다. 《한국문집총간》에서 제기는 총 138건(기사명 2건, 본문 136건)인데, 《여유당전서》는 총 23건(기사명 2건, 본문 21건)으로 17퍼센트를 차지한다. 백공은 총 780건(기사명 13건, 본문 767건)인데, 《여유당전서》는 총 71건(기사명 11건, 본문 60건)으로 9퍼센트를 차지한다.

제기, 백공과 관련한 용어 사용에서도 정약용은 돋보였다. 기물器物은 《한국문집총간》 총 395건 중에 《여유당전서》가 29건(7.3퍼센트)이다. 재물財物은 총 262건에 《여유당전서》가 41건(15.6퍼센트), 기예技藝는 총 533건에 《여유당전서》가 18건(2.8퍼센트), 기능技能은 총 181건에 《여유당전서》가 7건(3.9퍼센트) 등으로 모두 용례가 최고이거나 상위권이다.

'개물성무-이용후생'을 정점으로 물物, 기器, 기技, 이利, 재財 등의 단어와 연계되어 파생하는 용어들은 물질의 개선과 복리 증진을 지향한 정약용의 대안적 구상을 잘 보여준다.

다산학에서 실학으로

18세기 중후반 성리학에서 비롯한 유학의 개념들에 대한 균열, 조정은 정약용만의 전유물은 아니었다. 대표 실학자로 꼽히는 이익, 박지원, 홍대용 등이 앞서 있었고, 그와 동시대였던 심대윤이나, 한 세대 뒤의 최한기도 그랬다. 하지만 정약용이 집중적으로 조명받는 이유는 무엇일까.

심대윤과 최한기는 당대에 잘 알려지지 않았고 1960년대 이후에나 조명받았기 때문이라는 이유가 있다. 하지만 박지원, 홍대용 등과 정약용의 차이는 무엇일까. 필자는 박지원과 정약용의 정덕·이용·후생 正德利用厚生 용법 검토를 통해 실마리를 찾아보려 한다. 두 사람의 용법 차이는 학문 지향의 차이뿐만 아니라 정약용의 학문이 '실학의 집대성'으로 평가될 수 있는 단서를 제공하기 때문이다.

박지원은 이용과 후생은 정덕에 기초해야 한다고 선후 관계를 명시했다.[54] 전형적인 성리학 식의 용례이다. 그러나 '정덕·이용·후생의 도구'라는 표현도 종종 사용했는데,[55] 이때는 이용후생과 도구의 구체성을 강조한 편이었다. 가장 잘 알려진 용례는 '이용 후에 후생하고, 후생 후에 정덕한다'는 순서를 바꿔버린 사례이다.[56] 겉으로 보면 첫째 유형과 모순되고 있다.

박지원의 정덕·이용·후생은 변화무쌍하게 사용되었는데 대체로 가치 차원에서 정덕이 최고의 위상임을 인정하고, 현실에서는 이용후생이 정덕의 선결 조건임을 인정하는 것이다. 앞서 2장 3절 1항에서 소개한 소동파의 용법과 큰 차이가 없다. 한편 박지원은 정덕·이용·후생을 대부분 함께 사용했다. 이용후생을 정덕과 상관없이 독자적으로 사용한 경우는 〈북학의서北學議序〉와 〈과농소초課農小抄〉 편제編題 등 두 차례였다.[57]

정약용의 이용후생 용례는 박지원과 달랐다. 그가 정덕·이용·후생을 함께 사용한 경우는 제법 있었는데 주로 《서경》을 고증할 때였다.[58] 그는 고증할 때 해석을 달리하거나 비틀지 않았고 고증에 충실했다. 대신 정약용은 이용후생을 독자적으로 사용하는 경우가 많았다.[59] '이용후생'이 점차 '정덕'을 떼버리고 주로 물질적 영역에서 독자 용어로 자리 잡는 경향을 보여준다.[60] 나아가 기술 도입과 보급을 책임지는 '이용감利用監'의 설치까지 주장했다.[61]

간단하게나마 박지원과 정약용의 같은 점과 다른 점을 살펴보았다. 당대의 전형적 용례를 탈피한 것은 두 사람의 공통점이었다. 그러나 박지원은 성리학 용례를 따르거나 전복하는 방식이었다. 그는 성리학과의 긴장을 포기하지 않았다. 파격적인 용례가 있었지만 그것을 통해 성리학의 근본 정신을 드러내고자 했다. 그가 북벌의 형식성을 질타하고 북학을 강조했지만, 귀결처가 북벌 정신의 복원에 있었던 점과 상통한다.

정약용은 경전 고증에 충실하거나, 실용을 위한 새로운 용어처럼 사용했다. 경학에 대한 저술을 거의 남기지 않은 박지원과 달리, 경학에서 대안적 사유를 위한 토대를 형성하고 그 위에 전문 영역을 배치했다. 따라서 그는 경학이든 전문 분과든 상관없이 학문의 구체성과 공리를 강조했다. 실용 학문, 문물 교류에 대한 통념적 패러다임을 바꾸는 수준인 것이다.

실학과 관련해 유의할 점은 박지원과 정약용을 포함한 많은 학자가 구축한 학문과 다층적인 개념의 발화에서, 후대 사람들이 어떤 점을 취사하고 재구축하는가이다. 《열하일기》는 기존 관행을 균열시키는 언설 때문에 당대에 오랑캐를 비호했다고 비판받았다. 그러나 근현대에는 정반대로 북학을 주장했다는 이유로 추숭되었다. 당대에나 후대에 박지원의 본의와는 다르게 편리하게 취사되는 것이다.

정약용의 경우는 어떤가. 그의 학문성과 역시 당대에 주목받고 있었다. 홍한주(1798~1868)가 전하는 당대의 평가다.

그(정약용—필자)가 죽던 날 내가 항해공沆瀣公(홍길주—필자)을 뵈니 공은 탄식하며 말했다. "열수洌水(정약용—필자)의 죽음은 수만 권의 서고가 무너진 것이다." 대개 열수는 재주와 학문이 남보다 빼어나 경사經史와 제자백가 외에도 천문지리와 의약잡방에까지 널리 통했다. 13경經에 모두 발명한 것이 있어 지은 책이 집에 가득했는데 《흠흠신서欽欽新書》와 《목민심서牧民心書》는 더욱 옥사를 맡고 백성을 다스리는 사람들에겐 유용한 글이다. 그를 추사秋史의 높은 재주와 실학[高才實學]에 견주어도 단지 나을 뿐만이 아니다. 비단 우리

나라 근세의 일인자일 뿐만 아니라 비록 중국에 놓아두더라도 기효
람紀曉嵐(청나라 학자 기윤紀昀─필자)과 완운대阮雲臺(청나라 학자 완원阮
元─필자)의 바로 아래에 있어도 남음이 있을 것이다.[62]

홍한주는 정약용이 경학과 여러 전문 분과에서 이룬 평가를 극찬했
다. 그와 견주어진 김정희, 기윤, 완원 등이 고증학으로 이름났고, 특
히 김정희를 '고재실학高才實學'이라 평가한 것도 눈길을 끈다. 고재실
학은 진재실학처럼 관용어이긴 하지만 실학은 고증학과 한층 친연해
진 표현이 되었다. 정약용의 학문성과를 한학으로도 여긴 것이다. 그
렇다면 대체로 경학, 박학, 고증학, 실용적 경세학 등으로 그의 성과를
칭찬했다고 볼 수 있다.

한편 정약용을 높이 평가한 홍길주, 홍한주가 노론 명문가 출신의
지식인이었다는 점도 눈여겨봐야 한다. 유형원의 《반계수록》이 정파
와 상관없이 읽히고 18세기에는 그를 경세학의 일인자로 꼽았던 것처
럼, 정약용은 고증학과 경세학의 일인자로 간주되고 있었고, 그의 학
문 역시 정파를 넘어 높게 평가받았다. 그는 당대에 이미 고증학과 경
세학의 일인자로 간주되고 있었다. 이미 당대에 여러 부면에서 평가될
수 있는 종합적 성격을 지녔다는 점이 중요하다. 훗날에도 여러 기준
에 따라 재평가될 가능성이 누구보다 컸던 것이다.

이상을 정리해보자. 경학에 토대한 정약용의 저술은 당대 조선의
학문적 유산과 고대 유학, 서학 등을 융통하면서 성리학적 사유 체

계를 전반적으로 대체하고 있었다. 다시 말해 경학에서의 성과를 통해 천리, 본성, 기질 등 성리학의 기본개념을 해체하고, 역사·사회 전반에 걸친 저술에서는 기성의 통념을 급진적으로 해석했다. 대신 사물의 속성인 이理, 만사를 주재하는 인격적인 천天, 영명하고 주재권을 가진 인간, 물物의 운동 등을 제시하며 유교적 패러다임을 새롭게 제시했다. 그것은 실리實理-실심實心-실학實學을 전개하며 성리학에서 구체성이나 실천성을 확보하는 전략과는 달랐다. 굳이 말한다면 '다산茶山의 유학'으로서 성리학·고대 유학과 서학을 융합한 유학이었다.

후대에서 본다면 정약용의 학문에서 고대의 유학, 성리학, 경세학, 박학과 고증학, 서학의 흔적을 모두 찾을 수 있다. 특히 서양의 근대적 사유와도 친연성을 가지는 개인의 영명, 자주 등의 개념들, 민권과 기기器機 사용의 긍정, 학문의 전문화 등도 모두 정약용의 학문에서 감지할 수 있다. 풍성한 잔칫상과 같은 그의 학문 세계는 어느 측면을 보는가에 따라서 이미 당대에도 다양하게 음미되었으니, 20세기에 그의 학문에서 원시유학, 경세학, 실용학, 근대성의 단초 등을 캐내어 이를 '실학'으로 집성하는 일은 충분히 가능했다.

최한기의 실학

최한기崔漢綺(1803~1877)는 19세기 중반에 서양의 과학과 새 지식을 과
감하게 수용하고, 독특한 기학氣學을 제창했다. 그가 사용한 미증유의
개념과 세계 차원의 문명 구상은 조선 사상계의 또 하나의 보고寶庫이
다. 그의 학문은 '운화運化하는 신기神氣'라는 형이상形而上의 물질 개념
에 기반하여 추측이라는 인식론과 기계·형률·지구·천문·격물 등 수
십 종의 분과로 구성되었다.[63]

　한국 학계는 대체로 최한기를 근대적 사유에 가장 근접한 지식인으
로 해석했다. 서구의 민주정에 대한 소개와 유교식 민주정에 입각한
세계 평화 구상을 들어 한국에서 민주주의 담론이 처음 등장한 시점을
1880년대가 아닌, 그의 시대인 1850년대로 소급해야 한다는 연구까지
있을 정도이다.[64] 반면 그에게 드리워진 근대의 외피를 벗겨내야 사상
의 진면모는 물론 한계와 가능성이 드러난다는 연구도 있다. 그가 동·
서의 상호주체성을 인정한 독창성과 '평등한 주체들이 서로 배워나가
는[東西取捨]' 낙관적 미래를 지향한 점은 긍정하지만, 정밀한 분석이
결여되고 보편에 집착했기에 냉엄한 현실을 몰각했다는 것이다. 따라
서 몽상의 여지가 크고 일원적이거나 전체성이 큰 '닫힌 사유'라는 평
가도 있다.[65]

　이 책에서는 최한기의 학문을 그의 실학 언급과 연관해서 살피려
한다. 다만 그의 학문 규모는 가히 패러다임을 바꾸는 수준이었으므로

한 세대 전에 비슷한 지향을 가졌던 정약용과 비교를 통하지 않을 수 없다. 정약용과 최한기가 다른 점으로 필자는 세 가지 특징에 주목한다. 첫째, 그는 당시 최신의 서학서들을 접하고 있었다. 예컨대 벤자민 홉슨Benjamin Hobson(1816~1873)의 《전체신론全體新論》(1851)을 보고 〈신기천험身機踐驗〉(1866)을 저술했고, 존 허셜John Herschel(1792~1871)의 《Outlines of Astronomy》(1851)의 번역서인 《담천談天》(1859)을 보고 〈성기운화星氣運化〉(1867)를 저술했다. 정약용은 접할 수 없었던 당시로서는 최신의 서양 지식과 정보였다. 둘째, 유교 개념과 서양 지식을 오가며 전무후무할 정도의 파격적인 용어, 개념들을 창안했다. 운화運化, 신기神氣, 추측推測, 공학共學, 인정人政, 기용器用, 신기身機, 섭력攝力 등등 그는 추상 개념에서 구체적인 정치, 제도, 과학 등에 걸쳐 신조어들을 선보였다. 셋째 당대의 학문을 허무학으로 비판하며 '실학문實學問', '성실학誠實學' 등을 사용했다.[66]

최한기(1803~1879)
성실학誠實學 등 새로운 개념을 선보이며
유학과 다른 세계관을 구상했다.

4

실학과 관련해서 본다면 우리는 최한기의 학문 체계 안에서 (성)실학의 의미를 확보하고, 그 개념이 확보한 지점이 근대의 실학 개념과 어떤 접점을 갖는지를 검토해야 한다. 최한기는, 운화의 실체인 신기神氣가 교법敎法을 통해 구현된다고 했다. 교법은 각 나라의 풍속이나 후대인들의 통달 여부에 따라 달라지는데 점차 '허虛를 버리고 실實에 나아가는[祛虛就實]' 것이었다.[67] 고등 종교 혹은 보편 사상이라 할 교법이 공간과 시간에 맞추어 실을 향해 향상된다는 점이 흥미롭다. 일종의 진보 사상인 셈인데 목표를 정했으므로 선후가 나뉘고 승패가 갈리지 않을 수 없었다.

> 마침내 이기고 지는 것은 풍속이나 예교에 있지 않다. 오직 실용에 힘쓰는 사람은 이기고 허문虛文을 숭상하는 사람은 지며, 남에게 취하여 이익을 얻는 사람은 이기고 남이 틀렸다 하며 고루하게 지키는 사람은 진다.……서양 나라들은 기계의 정교함과 무역의 이득 때문에 온 세계를 두루 다녔으니……이 까닭에 서교西敎가 천하에 만연한 것을 근심할 게 아니고, 그들에게 실용을 충분히 취하여 쓰지 못하는 것을 걱정해야 한다.[68]

인용문에는 실과 관련해 이제껏 보지 못한 의미장이 드러났다. 실을 먼저 선택한 이들이 이익을 얻고 우승하는 것이다. 이익을 긍정한다는 점에서 실은 실용과 동의어였고, 서양은 실용의 산물인 경험, 기술, 이익 추구에서 앞섰으므로 이를 받아들이자는 급진적인 주장을 뒷받침했다.

실-실용으로 이어지는 의미장에서의 실학은, 기존 유교 담론에서 실-실심-실학 담론과는 다른 장場을 열었다는 것을 의미했다. 실과 실학과의 관계는 다음과 같다.

① 실實로 실을 비교하면 경중·장단이 당장에 판명되어 절로 시비할 실마리가 없게 되나, 허虛로 허를 비교하면 각기 자기의 견해를 주장하여 시비를 정하기 어렵다.……만약 학문이 한결같이 실을 좇아 이루어진 것이라면 실학문實學問이 되고, 허를 따라 늘어놓은 것이라면 허학문虛學問이 된다. ② 허실이 갈라지는 것은 신기神氣를 터득하는 본원에 달려 있다. 대개 천기天氣의 운화運化를 따라 점차 신기에 거두어 모으고, 또 신기가 발용發用하는 곳에서 운화에 증험[驗試]하여 하나에 부합하면 열을 미루어 알고 이처럼 축적해나가면 이것이 실학문이 된다.[69]

인용문 ①에서 강조한 실학은 실·실상에서 출발해 사물을 논증하는 체계이다. 그것은 근대 과학의 모태가 된 실증의 정신이나 공리에 기반해 전개하는 수학과 멀리 떨어져 있지 않다. 이 사유를 끝까지 밀어붙여 실증을 주장했다면 최한기야말로 근대 실학 개념의 선구가 될 법했다. 다만 ②에서 보듯 그는 실-실학의 기반을 신기와 운화를 통한 검증에 두었다. 이는 경험에서 출발해 신기와 운화를 깨달아야 한다는 그의 논리 체계에서는 자연스러울 수 있어도, 그가 제시한 실實의 토대가 상호 검증이 어려운 추상으로 귀결한다는 한계 또한 보여준다.

②의 한계를 지녔다 해서 최한기의 실학 개념을 가볍게 넘겨버릴 수는 없다. 19세기 중반까지 접할 수 있었던 서양의 지식에 조응하는 조선 지식인의 마지막 페이지는 그가 장식했다. 실학 개념의 역사에서 본다면 그는 전근대 실학이 달려온 오랜 의미론의 종착지인 것이다. 그러므로 간략히 그의 실학 용례를 일람할 필요가 있다.

최한기는 자신의 학문을 집약하는 기학氣學의 실재성을 알리는 기표로 실實을 사용했다.

> 운화運化의 대도大道는 조금도 허虛가 없고 모두 실實인 것이다. 충만한 기氣를 모르는 자들이 옛날부터 그것은 공空이나 허虛로 논설했고, 후세에 선입견이 되자 이 때문에 허가 실인 것처럼 전해졌다.……나아가 온 나라가 허를 숭상하여 도리어 성실誠實을 비난하기에 이르렀다.……(사람이) 행하는 바는 모두 실기實氣를 이어받은 것인데 사람들이 스스로 모르는 것이다. 모르는 가운데서 허리虛理를 만들어내 만사를 처리하려 한다. 나의 허로 남의 실을 쓰려고 하니 서로 부합할 수 없고, 나의 허로 남의 허를 쓴다면 태허太虛가 아니겠는가.[70]

기氣는 실기實氣로 표현되었는데 그것은 운화의 실체이자 모든 행동의 기반이었다. 실기에 대한 학문이 실학이므로 실학은 기학氣學과 다를 바가 없었다. 기학이나 실학이 참된 학문이라면, 그 반대에는 허리虛理를 공부하는 허학虛學이 있다. 두 학문은 사회 운영에서도 크게 대립했다.

> 허를 숭상하는 나라에서는 실학한 사람들이 쓰이기 어렵다. 허를 실이라고 여기기 때문에 글로 꾸밈이 용인用人의 실에 간여하고, 허리虛理가 용인의 실적을 매몰시킨다.……만약 실을 모르면서 일을 하면 모두 해만 있게 되니, 무릇 세상의 크고 작은 일들은 허를 따르면 패하고 실을 따르면 이루어진다.[71]

실학과 허학의 효과는 인재 등용과 제반 업무의 수행 마침내는 국가의 성패를 가른다. 최한기는 당대의 문제에 대해 허와 실을 대입해 정리하는 수준까지 나아갔다.

최한기의 실-실학 개념은 독창적이지만 논리 틀에는 성리학의 잔영이 있다. 기氣-실기實氣는, 성리학에서 이理-실리實理를 통해 이理의 실재성을 강조하는 표현과 유사하다. 유형의 사물에서 시작해 신기神氣의 운화를 깨달아가는 과정 역시 유학에서 하학이상달下學而上達하는 공부와 다르지 않다. 그의 운화와 형질形質 개념이 성리학의 본연·기질의 층위에 대응한다는 지적처럼[72] 그의 학문은 성리학과 겹치는 사

4

유 틀을 갖고 있었다. 그가 실학을 성실학誠實學으로도 쓰는 이유이다.

예로부터 전해오는 학문에는 허무학虛無學과 성실학誠實學이 있
다.……사람이 세상을 살아가는 데는 자연 마땅히 행해야 할 인도人
道가 있으니 수신·제가에서 치국·평천하에 이르기까지 운화運化에
승순承順하는 것이 성실한 학문誠實之學]이다.……천하 사람이 모두
성실을 배우면 태평을 이룰 수 있다.[73]

성실학은 일단 기존의 학문이다. 인도, 수신·제가·치국·평천하, 태
평 등의 유교 개념이 더 두드러진다. '운화에 승순한다'는 방향을 제외
하면 성실학은 일용에서 배우는 성실한 유학과 크게 다르지 않다. 기
존 학문을 허무와 성실학으로 재편한 것에서 알 수 있듯, 최한기는 기
존 학문을 재조정하고 그 위에 자신이 구상한 운화학을 중첩시켰다.

모든 학문은 폐단이 없지 않다. 허무학의 폐단은 기준이 없는 지경
에 치달으니 그 폐단을 바로잡기 어렵다. 성실학의 폐단은 스스로
를 속박하는 지경에 깊어져 그 폐단을 풀기 어렵다. 운화학運化學의
폐단은 멀리 넘어가는 데에 있으나 그 폐단을 바로잡기는 지극히
쉽다. 이미 운화의 형질이 있기에 배운 바를 들어서 착오와 과불급
過不及을 살펴 조절함에 그 기준이 멀지 않아 도리에 따르기가 어렵
지 않기 때문이다.[74]

허무학, 성실학, 운화학은 위계를 형성했다. 흥미로운 점은 운화학이 비록 허무학이나 성실학보다 위상이 높고 폐단을 쉽게 바로잡을 수 있지만, 운화학조차 한계를 면할 수는 없다는 생각이다. 하위의 학문이 운화학으로 수렴되는 것을 부정하지는 않았지만 중요한 것은 학문의 위계가 아니라 실질에 부합하는지 여부였다. 성실학과 허무학만을 대상으로 할 때도 그렇다.

성실학 중에서도 그 마땅함을 얻지 못하면 혹 얕거나 고루한 학문이 되기도 하므로 이때는 마땅히 절차탁마하여 고쳐야 한다. 허무학 중에서도 혹 실實을 얻는다면 그 학문이 비록 허무하더라도 행동에 실사實事가 있으니 여기에서도 성실학이 가히 폐기될 수 없음을 알 수 있다.[75]

실질을 통해 운화를 깨닫고 차근차근 축적하는 일이 학문의 임무라면 성리학은 물론이고 여러 이단 사상에서도 보편의 단서를 찾는 일이 가능했다.

젊은 나이에 빠지는 외도外道는 대개 선불仙佛이 아니면 노장老莊이다. 밝고 트인 경지를 지나 허무에 들어갔다가도 능히 스스로 잘못을 깨달아 실학으로 되돌아오면 그 보익補益됨이 젊어서 실학만 익힌 사람보다 더 많다.[76]

최한기는 학문을 허무학, 성실학, 운화학으로 구분하기도 했지만 어느 학문이건 핵심은 실—실질을 깨달아 갖추는가의 여부였다. 결국 실학은 좁게 보면 성실학이지만, 넓게 보면 실질에 조응하고 실實을 축적하는 운화의 기학氣學 자체라고도 할 수 있다.

이상 최한기의 저술 중에서 실—실학과 관련한 언급을 중점적으로 보았다. 그의 방대한 학문 구성에서 실實은 운화運化의 실재성과 실용성을 나타내고, 개별자들의 기氣와 신기神氣의 운용을 연결하는 가교와도 같았다. 구조상 이理—실리實理—실심實心으로 연결되는 유학과 유사한 듯하면서도, 기氣와 물질 세계의 긍정을 통한 새로운 문명을 꿈꾼다는 점에서 유학적 세계관과의 단절이기도 하다. 이 점이 정약용과 달랐다. 최한기는 유학에 구조적으로는 대칭하였지만 내용을 바꾸어가면서, 유학에서 실—실학이 갖는 역할을 전변시켜 사용했다. 반면 정약용은 보유補儒적 지향에서 여러 학문들을 융합했기에 굳이 실—실학을 내세우지 않았다. 이는 최한기가 필요한 경우 새로운 조어를 만들어야 했던 사정과, 정약용이 굳이 필요를 느끼지 않았던 점과 유사하다.

다만 최한기의 경우 근대 실학 개념의 수립 과정에서 정약용과 너무나 다른 경로로 평가되었음을 감안해야 한다. 정약용은 실학 자체를 언급하지 않았지만 대표적 경세학자이자 근대 실학의 완성자로 일찍부터 주목받았다. 반면 최한기는 1960년대 이후에나 본격적으로 주목받았다. 그의 방대한 저술은 현재 일부분만 전해지고 있지만, 그 저술조차도 천착하는 작업이 여전히 더디다. 최한기가 사용한 흥미로운 실-실학의 의미 또한 최근에 조명되었고, 따라서 그의 실학 사용과 근대 실학과의 연계는 아직 여러 가능성을 남기고 있다고 할 수 있다.

마지막으로 두 가지 작업이 필요함을 지적한다. 먼저 심대윤, 정약용, 최한기 등 패러다임 차원에서 탈유학을 구상한 학자들이 등장했던 19세기 초중반의 사상계를 다각도로 조명해야 한다. 동시에 그들의 업적을 새로운 실학 의미가 등장하고, 근대의 실학 개념이 정립된 19세기 후반~20세기 전반기와 비교하여 정리해야 한다. 그 작업은 좁게는 실학의 기원을 밝히는 문제이고 넓게는 한국 근대 사상의 기원과 시발 始發을 규명하는 문제이기도 하다.

角大距地遠則緯角小故先求得初緯以次輪心距地

稱比例得星距黃道緯又以距地心稱比例得視緯

内也

5 근대 전환기 실학 용례와 개념의 충돌

國之淵藪造日...珍土王...村...不先事干戈於德澳爾國故今令波蘭太守俟其軍用於國內也又掠近
...往取皆往事於軍備之運輸以此推之則俄之其欲南下欲蔽而不可得噬呼自是夫下將失萬國
...滿於宇內也右見日本日日新聞

烟草耗

循環報載俄國呈役得羅堡都城信息云中俄於西疆分畫界址一事雖有成議而彼疆有...
恐援安協滋國南圖前狐便臣親往履勘業已形勢昭晰畫分公允從此永斷暢暢各守其地無或慊...
王農業　　俄國土地雖廣而人口甚鮮未能盡事墾荒故農業之盛不速歐洲各國者遠矣近日俄...
種類連年換土五換種於南北以試某土之宜某穀及某穀之宜於某方終得眼獲之特多而後此...
業大得進步今春農務省昨年報告近來一十年間俄國農業日進一日而其誌有三一則西...
國內農器製造局有二百零三處而一年間農器販資價值合計二百三十七萬四千七百八十冊...
又近回一年間販資價亦增至四百萬婁妻二則俄國歐部之地播種交換之法日盛一日所謂...
東等皆大增其額三則搾取牛乳之業亦日趨盛況現今國內有乾酪製造局凡二千餘處若使俄國...

國日盛　　英京時事新報云距今二十五年前該國有各種人民自樹一黨不與相合在當時傍觀...
人人相合而不相離則不知其消費幾何歲月无矣其後該國政府一心於是而醫其疲頹歸我一王...
自強今將與英國　　並視而齊驅推以知該國政府用心之苦而謀該國之至中今記該國之當日情況使...
　　一千八百七十七年該國歲出常浮於歲入其後五年歲入必過於歲出乃分其額均以為六十萬...
其多乙歲片入不足以贍養乃減兵省費蹟於貿是不務虛名且言其兵制則名錄軍籍者總處七十...
　　其弟後該國抄行徵兵之法令全國男子皆服兵役故東西子弟同其所居南北農商亦共農所...
六年以來令兵卒悉學習讀書昇三課以是而教化大行民心歸一也言其海軍則距今十年前海軍...
前該國海防之不可不備故終與右民一意振興盛製強艦而中有鐵甲艦四五則其便捷堅利說天下

1.
19세기 후반~20세기 초
실학 용례

19세기 중반까지 실학의 의미와 의미의 장場, 공기어共起語 등은 지속하거나 변했지만, 변화한 경우에도 극히 일부를 제외하면 대개 유학의 영향력 내에 있었다. 그러나 19세기 후반에 실학의 의미는 이제껏 보지 못한 새로운 양상을 띠게 되었다. 급격한 변화에는 배경이 있었다. 서양과 문명권 차원의 충돌, 수용이 있었으며 그 여파로 정치, 사회, 사상, 일상은 물론 그들의 구조를 형성하는 언어, 교육 등에서 신구의 대립과 혼용이 일어났기 때문이다.

실학에서도 새로운 의미가 급작스레 등장했고 색다른 국면이 빚어졌다. 19세기 시기의《조선왕조실록》을 비롯한 관찬 사서와《한국문집총간》의 실학 공기어에서도 그 일단을 확인할 수 있다.

<표 6〉 19세기 관찬 사서, 문집의 실학 상위 공기어

3.00~이상	實心, 行, 務, 懋, 實, 實學, 行實, 公, 篤, 眞,
2.00~2.99	崇, 實德, 先生, 事, 工, 讀書, 心山, 本, 林, 君子, 才, 勉, 用, 誠
1.50~1.99	實行, 體用, 有用, 做去, 經傳, 虛文, 古人, 日用, 重明, 華閥, 禮遇, 政化, 記誦, 宗師, 簪纓, 工業, 商業, 浮華, 文章, 製述, 中庸, 擧業, 考講, 講學, 聖人
1.00~1.49	實心, 從實, 利器, 無益, 博覽, 篤行, 經濟, 恤民, 章句, 切實, 有實

공기어의 다수는 여전히 유학의 장場 안에 머물러 있다. 유학·성리학의 성실한 공부, 과거와 강경講經, 경세와 실용·실천을 강조하는 용어가 두루 보인다. 화벌華閥과 잠영簪纓 등이 새롭게 등장한 용어인데 이것들은 19세기 세도 가문의 등장과 그들의 관직 독점화의 모습을 보여준다.

한편 이제껏 보지 못했던 용어들이 등장하기 시작했다. 공업工業, 상업商業과 같은 신조어, 이기利器, 박람博覽, 경제經濟 등 이제까지 실학의 공기어로 등장하지 않았던 것들이다. 사실 이 용어들은 1880년대 이후의 실록 기사가 반영된 결과이다. 예컨대 공업과 상업은 1899년(고종 36)의 상공학교 관제 선포 칙령이 실린 기사 때문이다. 유학의 문법에 충실한 문집에는 이들 용어가 거의 없다. 결국 우리는 1880년대 이후의 실록 기사에서 신문물 소개, 실업 진흥, 경제·이익 추구 등의 내용과 실학이 연동하기 시작했음을 알 수 있다.

1883년에 발간된《한성순보》그리고 이후 발간되기 시작한 신문과 잡지에서의 실학은 〈표 6〉과는 아주 다른 의미장을 선보이고 있었다.

〈표 7〉 1883~1910년 신문·잡지의 실학 관련 공기어

	신문	잡지
2.00~이상	務, 敎育	硏究, 實業
1.50~1.99	講究, 用, 說明, 實地, 虛文, 農業, 文明	學, 實地, 講, 敎, 發達, 敎育
1.00~1.49	工學部, 實權, 學校, 衛生學, 作興, 新編, 戀, 힘쓰, 武, 崇, 輸入, 發明, 格致, 昧, 工業, 列國, 西洋, 硏究, 實業, 競爭, 養, 世界, 日本, 業, 時, 國家, 新, 今	出海, 理化, 礦, 鑛, 空談, 虛文, 崇尙, 戀, 未發, 卒業生, 農工, 應用, 爲人, 古人, 講究, 科, 外國, 備, 政治, 學問, 新, 世界, 心, 道, 今, 今日, 國家, 空理空論, 尊尙, 今人, 尊重, 學堂, 日用, 排斥, 實力
0.99 이하	陸軍, 貿來, 積習, 武官學校, 實施, 實敎, 化學, 機械, 六行, 六德, 中學部, 進取, 工夫, 女學校, 利用, 要務, 英文, 近來, 靑年子弟, 實際, 新法, 敎科, 留學生 등	科學, 商, 兵, 制, 美, 變, 時代

* 신문은 국립중앙도서관의 '대한민국신문아카이브'를 조사했다. 1884~1910년까지 《한성순보》, 《한성주보》, 《독립신문》, 《매일신문》, 《황성신문》, 《대한매일신보》 등 6종이다. 실학 기사는 139건이다.
* 잡지는 국사편찬위원회의 한국사데이터베이스를 조사했다. 1897~1910년까지 《기호흥학회월보》, 《대동학회월보》, 《대조선독립협회회보》, 《대한유학생회학보》, 《대한유학생회회보》, 《대한자강회월보》, 《대한학회월보》, 《대한협회회보》, 《대한흥학보》, 《서북학회월보》, 《서우》, 《태극학보》, 《호남학보》 등 13종이다. 실학 기사는 68건이다.

언뜻 봐도 〈표 7〉의 공기어는 새롭다. 선행 연구[1]를 감안하여 공기어를 분류해보자.

① 교육과 학문에 관련된 용어 : 敎育, 硏究, 應用, 科·科學, 理化, 講究, 學校, 學堂, 學問, 工學部, 武官學校, 中學部, 女學校, 敎

科, 衛生學, 化學, 卒業生, 留學生 등

② 실용과 산업에 관련된 용어 : 實業, 實地, 實力, 農業, 工業, 農工, 商, 日用, 貿來, 輸入, 發明, 機械 등

③ 새로운 문명, 공간, 시간의 전개와 관련한 용어 : 文明, 列國, 西洋, 世界, 日本, 外國, 時, 時代, 新, 新編, 新法, 今, 今日, 今人, 古人, 近來, 出海, 進取, 變 등

〈표 6〉와 〈표 7〉은 이 시기 실학의 사용에는 기존부터 지속한 의미장과 새로 형성된 의미장 사이에서 병존, 대립하는 복잡한 상호작용이 있었음을 짐작케 한다. 이를 개괄해보자.

1884년에 고종은 변통이란 "옛것을 원용하여 오늘에 참작하는 것[援古酌今]"이고 "인도하여 모범이 되고 감화하여 성취하는 일이 실학에 달려있다"고 했다.[2] 유학으로서의 실학은 여전하지만, 시대에 맞춰 변화해야 한다는 시의변통時宜變通이 전면에 부각되었다. 대한제국 시기에는 새로운 의미장이 활발해짐에 따라 신구의 의미가 공존하게 되었다. 1899년(고종 36) 4월과 6월에 내린 고종의 조지詔旨와 교육 칙령이다.

어찌하여 근래에는 세상 기풍이 날로 저하되어 처음에는 입에만 올리는 학문을 숭상하고 신심을 닦는 학문을 등한히하여 허문을 숭상하고 실학에 어둡더니, 이제는 그 글 공부마저 없어져 강講해지지

않으니. 거문고를 타고 글을 외우는 소리가 학교에서 들려오지 않고 경서는 책상에서 버려지고 말았다.[3]

상공학교는 상업과 공업에 필요한 실학實學을 교육한다. 상업, 공업 양과를 나누어 설치하며 수학 연한은 4년으로 한정한다.[4]

 4월의 조지는 유교를 부흥할 것을 명령한 내용이므로 여기서 실학은 성인의 뜻을 잇고 세상에 보탬이 되는 유학이다. 6월의 교육 칙령에서 실학은 공업, 상업과 같은 신학문의 과목으로 실업학이다. 비슷한 시기에 전혀 다른 의미의 실학이 병립해 있었다.
 한편 유학자들의 공론장이 20세기 초까지 상당한 규모로 건재했던 것은 병립과 대립의 혼재 양상을 보여준다. 20세기 초 유학자들의 문집에서의 실학 공기어이다.

〈표 8〉 20세기 초 문집에서 실학 공기어

3.00~이상	用, 行
2.00~2.99	實, 勉, 先生, 實心, 有實, 賢, 立, 事
1.50~1.99	實行, 實理, 眞, 懋, 實見, 實德, 用力, 空言, 實業, 究, 聖人, 性
1.00~1.49	道理, 浮華, 仁道, 涵養, 實事, 斯文, 踐履, 窮理, 虛, 古人, 今人, 時, 君子, 世

 〈표 8〉의 실학 관련 공기어는 15~19세기 용례의 축소판처럼 유학·성리학, 일용경세에 대한 강조, 실용과 실천에 대한 강조까지 고루 분

포했다. 내용상 새로울 것은 없다. 달라진 점을 굳이 지적하자면 〈표 7〉과 〈표 8〉이 공존하게 되었다는 현상이었다.

유학자들은 새로운 실학, 엄밀히 말하면 새로운 실학이 상징하는 서양의 학문과 그들의 문명에 민감했다. 오랫동안 누려왔던 '진실과 진리의 실학'을 그들에게 내준다면 유학의 설 자리는 크게 협소해진다. 《한국문집총간》에서 실학의 용례가 가장 많은 인물 1, 2위가 이 시기의 정통 유학자임은 흥미롭다. 곽종석郭鍾錫(1846~1919)과 전우田愚(1841~1922)가 그들이다. 두 사람의 문집에서 실학은 각각 106건, 48건이다. 그들이 사용했던 실학의 의미는 〈표 8〉에서처럼 전통적인 유학의 용례임은 물론이다. 〈표 7〉과 같은 새로운 의미에 대한 비판도 종종 있었다. 그들은 실학을 둘러싼 신/구 의미의 대립을 잘 보여준다.

5

2.
한·중·일 삼국의
실학 의미 변화

1870년대 중반 이후 조선에서 문물 통상, 개국, 개화 등의 주장이 정부 차원에서도 부상했다. 그들 주제에서는 고대 동양의 경세經世 용어와 함께 실학 또한 종종 새롭게 정의되어 사용되었다. 그 과정은 중국과 일본 역시 비슷했고, 직간접으로 한국에 영향을 미쳤으므로 함께 살필 필요가 있다.

개화파의 실학 용례

1884년 3월 27일의 《한성순보》 제16호에는 실학과 관련한 색다른 내용의 기사가 실렸다. 〈이탈리아가 날로 융성해지다(伊國日盛)〉라는 제목의 기사이다.

중국의 문명이 서양보다 앞선 것은 4,000년 전이었다. 요순 삼대의 교화는 시의를 따라 백성과 국가를 편안함에 올려놓았다.……(이후 점점) 허문虛文을 숭상하고 실학을 일삼지 않았다.……저 서양 각 나라는 격치格致의 학문을 강마하며 조화의 근원을 궁구하고 추리하여 기물을 만들고 부국富國했다.……아아 전일에 실학을 일삼지 않고 허문을 헛되이 숭상하여 해야 할 바를 모르고 착오하여 모욕을 받거나 병탄되었다.……동양의 물산과 인구가 많음에도 구주보다 부강하지 못해 모욕을 당한 것은 어째서인가. 저들은 실학을 하고 우리는 허문을 숭상했기 때문이다.……오로지 실사구시하여 일신하면 수십 년 후에는 반드시 서국을 능가할 것이다. 이른바 실학이란 격치의 한 단서이다.……그러나 혹자는 동양인이 서학을 익히는 것을 일러 '오랑캐의 장점을 활용하여 중화를 바꾸는 것(用夷變夏)'이라 하여 혐오한다.……대저 천문역산과 격치의 여러 학문은 천하의 공학公學이며 서양인들의 사학私學이 아니다. 천문역산은 상고에 거슬러 올라가며 격치는 《대학》에 명백하다. 그러나 후세에 이를 강마하지 않았는데 저 서양인이 그 일단을 얻어 정심으로 공부하여 기기의 교묘함과 부강의 효험을 얻었다.[5]

기사는 처음에 런던의 《시사신보》를 인용하였고, 동양이 낙후되고 서양이 부강해진 이유, 중국의 사정, 일본의 도서관 제도 등을 차례로 전했다. 출전은 명확하지 않은데 아마 중국과 일본의 신문, 서적 등에서 정보를 선별하고 재구성한 듯하다.[6] 이 기사에서 주목할 논리는 세 가지이다.

첫째, 동양의 역사관을 '고대 이상−중세 쇠퇴−현재의 분발과 미래 부흥'으로 설정한 것이다. 여기서 실학은 동양 고대의 정신을 담지하거나 구현하는 학문이다. 이와 연동하는 말들은 시의時宜, 이용후생, 실사구시 등이다. 비판의 대상은 동양 중세에 풍미한 허문을 중시한 유학이다. 이 논리는 서양의 학문 수용 등을 주장할 바탕이 되었다.

둘째, 새로운 보편으로서 공학公學의 등장이다. 실학은 학문의 진리성에서 공학과 동의어이다. 다만 실학은 동양의 허학을 부정하고 서학을 긍정한다는 운동적인 성격을 가졌다.

셋째, 격치학에 대한 해석이다. 이 기사에서 격치학은 서양의 학문 정확히는 science의 번역어이다. 하지만 science는 노출되지 않았고 대신 익히 알려진 《대학》의 격물치지格物致知의 학문으로 뜻이 맞추어졌다. 동양의 유학 개념과 서양 학문 사이의 다소 어색할 수 있는 조합이지만 서양 과학을 수용하고 융합하려는 의지가 보인다.

대개 요약하면 "동양은 고대에 실학을 전개해 문명을 꽃피웠으나 중세에 허문에 빠졌고, 그 사이에 서양이 오히려 격치의 실학을 강마하여 동양을 앞서게 되었으므로, 이제 동양도 《대학》의 격치이자 천하의 공학公學인 서양의 실학을 배우고 분발하면 서양을 따라잡을 수 있다" 정도이다. 이 같은 논리는 20세기 초까지 왕성하게 전개되었다.

조선에서 18세기 후반 이래 이와 근사한 주장이 없진 않았다. 앞서 3장과 4장에서 본 바와 같이 박제가, 남병철, 최한기 등이 서학을 인정하고 제한적이나마 수용하여 동서를 절충하자고 했다. 그러나 그들의 주장이 일시적이거나 부분적이었음에 비해 앞의 기사는 실학을 천문·역산의 과학이자 근대 서양의 부강을 제공한 천하의 보편 공학으로 명시적으로 표현했다. 무엇보다 19세기 중반 이후 한·중·일이 압도적인 서양 문명을 체험하였고, 일본과 중국은 서양과의 절충 혹은 전면 수용으로 방략을 잡아나가는 형편이었으므로 서양의 실학을 다소 급진적으로 소개하는 것이 가능했다. 이 기사가 나오고 조금 후에 김옥균金玉均(1851~1894)은 실사구시를 내세운 개혁을 주장했다.

내 생각에는 실사구시하는 것이 제일이라 여겨진다. 곧 한두 가지의 중요한 일부터 급히 시행해야 하고 원대한 계획을 기약하여 한갓 공론이 되게 해서는 안 된다.……절실하고도 중요한 정치와 기술을 찾아보면 첫째는 위생이요 둘째는 농상農桑이요 셋째는 도로인데 이 세 가지는 비록 아시아의 성현들이 나라를 다스리던 법도

로 보더라도 어길 수 없는 것이다.[7]

그러나 김옥균 등은 1884년 말에 갑신정변으로 몰락했다. 정변 후에 이들이 내세웠던 정책은 물론이고 새 의미의 실학에 대한 거부감 또한 컸다. 갑신정변 직후 일본을 방문한 박대양朴戴陽의 말이다.

전일에 우리나라의 연소한 무리가……한번 (일본에) 유람을 하고 나서는 심신이 뒤흔들려……나라가 부강하게 되는 일에 이르러서는 쉬이 이룰 수 있다고 여겨 욕심이 동하고 본성을 잃어 공재公財를 낭비하고 끝내는 난을 일으켜 사람과 국가에 화가 미치게 하였습니다. 이것은 다 평소에 마음속에 실학이 없었던 탓입니다. 이로써 본다면 세상에서 '경술經術이 국가에 무익하다'고 말하는 자들은 실로 난적亂賊의 선봉입니다.[8]

김옥균(1851~1894)
《한성순보》에 〈치도약론治道略論〉을 실어
실사구시에 입각한 개혁을 주장했다.

김옥균 등이 실학을 제대로 공부하지 않아 일본의 화려함과 부강함에 미혹되었고, 경술 곧 경학을 무익하다고 말하는 이들은 난적이라고 강하게 비판했다. 실학은 여전히 유학이자 경학이었고, 개화를 주장한 이들이 개화의 외양과 잘못된 학술로 인해 정변을 일으켰다는 논리는 한동안 성했다.

하지만 시간은 새로운 의미의 편이었다. 폐간된 《한성순보》에 이어 1886년에 발행된 《한성주보漢城周報》에서는 고등교육기관으로 실학원實學院의 설립과 실사구시를 목표로 한 공부를 강조했다.[9] 1890년대 이후는 이용후생과 실사구시의 학문이 다시 등장했다.

> 진신縉紳들은 오직 노소남북老少南北의 당론만 일삼고, 글 읽는 선비들은 오직 심성이기心性理氣의 말싸움이나 하고, 과거 공부하는 자는 오직 시부표책詩賦表策의 기교와 상투에나 힘쓰고, 인사銓衡하는 자는 오직 문벌의 높고 낮음만 세밀하게 따지고 있는가.……이용후생과 부국강병과 같은 실사구시에 이르러서는 멀리하면서 떨쳐버리고 외면하면서 물리쳐 마침내 오늘의 대난국大難局과 험준한 길에 엎어지고 넘어지는 데에 이르렀으니[10]

1896년 〈독립협회서〉이다. 이 글의 저자이자 독립협회의 초대 회장이었던 안경수安駉壽는 유학을 강하게 비판하고 이용후생, 부국강병, 실사구시를 모토 삼아 난국을 타개하자고 했다. 이후 독립협회의 활동은 물론, 다수의 신문과 잡지의 발간 그리고 신식 교육과 신학문은 실학의 새로운 의미가 왕성해지는 토양이 되었다.

19세기 중반 이후 중국에서 실학 개념의 전환

실학을 진정한 유학 혹은 과거와 관련한 경학으로 간주하는 인식은 19세기 중후반까지의 중국에서도 마찬가지였다.

19세기 중·후반의 사용에서는 정관응鄭觀應(1842~1922)의 사례가 단서를 준다. 그는 자신의 개혁서《이언易言》에서 실학을 고대의 이상적인 인재 선발 제도였던 천거의 기준으로 사용하거나 경서·역사의 과거 공부와 관련해 사용하였고, 서양학을 배우는 자세에는 실사구시를 사용했다.[11] 다른 글에서는 서양의 대학을 '실학원實學院'으로 번역하기도 했다.[12] 실학과 실사구시는 내용이 달랐고, 실학과 실학원은 겹치고 있었다. 서학에 대한 입장에 따라 전통적인 실학이나 그와 관련한 용어들이 요동하는 양상이다.

중국은 16세기 이래 예수회 선교사들을 통해 서양의 학문을 일정 부분 소화했었다. 그러나 19세기 이후는 상황이 판이해졌다. 이전의 서학과 비교할 수 없는, 과학과 군사력으로 체험되는 서양의 기술 문명은, 중국 지식인들이 자신들의 학문을 근본적으로 재고하는 환경을 조성했다. 서계여徐繼畬는, 미국 선교사 윌리엄 마틴W. Matin의 자연과학 개설

서인《격물입문格物入門》(1868)의 서문에서 "기존의 서학은 천문과 역법만 말하였고 격물(과학)과 궁리(철학)는 상세하지 못했는데 이 책은 일일이 실사實事로 증명하여 매우 달랐다"고 새로워진 정황을 전했다.[13]

19세기에 새삼스런 충격을 안긴 서양의 science는 16세기 이래 중국에서 '격치(학)格致(學)'으로 번역되는 일이 많았는데 이따금 실학 역시 science의 번역어가 되었다.[14] 외교관으로 활약했던 곽숭도郭嵩燾(1818~1891)는 영국과 프랑스 여행 일기에서 대부분의 서양어를 음차하여 사용했는데 science를 실학으로도 번역했다.[15] 동일한 번역어였던 격치와의 차이는 어떠했을까. 곽숭도는 영국의 옥스퍼드와 케임브리지대학에 대해, "옥스퍼드는 고학古學을, 케임브리지는 실학을 숭상한다"고 했다. 이 용법은 전통 학문과 현대의 과학을 실학에 투영한 언급에서도 확인할 수 있다.[16] 이들 용례에서 실학은 과학이면서 금학今學, 신학新學이라는 지향이 더해진 것이었다.

실학을 '과학+현실 지향'으로 쓰는 용법은 더 확인할 수 있다. 언어학자 노당장盧戆章은 "나라의 부강은 격치에 달려있다.……산학·격치·화학 및 다양한 실학을 힘써 배운다면 어찌 나라가 부강하지 못할까 걱정하겠는가"[17]라고 하여 실학은 국가 부강을 위한 과학 전반으로 사용했다.

실학에 대한 다양한 용례 및 흐름을 두루 보여주는 인물은 량치차오였다. 그는 1896년에 저술한 〈변법통의變法通議—학교총론學校總論〉에서 중국의 학문이 부진한 네 가지 사항을 '서양 말을 알지 못해 원전을 읽지 못하는 것, 격치의 학문을 등한히 하는 풍조, 많은 선비들이 세계로 나갈 수 없는 여건, 그리고 실학을 자유롭게 익힐 수 없는 분위기'로 제시했다.[18] 여기서 격치의 학문은 '의기儀器를 만들 수 있는 것'으로서 서양 과학을, 실학은 '수군의 경우에는 바다에서 조련하고 광학은 산에 들어가야 하는 것'으로서 체험을 중시하는 실용·실측의 분과학을 말했다. 그런데 다른 글에서는 실학을 경학에서 여러 분과 학문을 두루 포괄하는 말로도 썼다.[19] 실용 중시의 실학과 전통적인 실학 용법이 섞여 있다.

1898년 이후 일본 망명 시기에 량치차오는 실학을 서양식 진보에 더 근접한 개념으로 썼다. 이 시기에 저술한 《음빙실자유서飮冰室自由書》에서 그는 서양의 반半개화 혹은 《춘추》의 승평세에 해당하는 시기에는 문학에 치우쳐 실학에 힘쓰는 이가 적다고 했다. 반개화 시기에 꽃피지 못한 실학은, 서양의 문명 시대나 《춘추》의 태평의 시대에 숭상되는 학문으로 보아도 무방하다. 량치차오는 문명이나 태평시대의 학문은 "공허한 소리를 숭상하지 않고 새로운 방법을 개발하고 공업과 상업을 날로 확충하여 사람들을 행복하게 하는 것"이라고 했다.[20] 실학은 허문에 반대하고, 쉼 없는 진보를 가능케 하며, 실용적인 학문이니 사실상 서양 학문이다.

시간이 지날수록 량치차오는 서양의 학문 특히 과학을 실학으로 쓰게 되었지만, 당시에 과학으로 주로 쓰였던 격치格致와의 관계에서는 미묘한 차이를 보였다. 1902년에 저술한 〈학술의 힘이 세계를 좌우한다論學術之勢力左右世界〉에서 그는 코페르니쿠스의 지동설이 서양의 대항해와 미국 문명 건설의 바탕이 되었을 뿐만 아니라, 가톨릭의 허황된 오류를 깨뜨려 '격치 실학'의 근원이 되었다고 했다.[21] 또 "프랜시스 베이컨이 사물을 관찰하여 실험파 학설의 비조가 된 후에 기존의 공상과 억측의 구습舊習을 쓸어버리고 격치 실학이 이내 발흥하게 되었다"[22]라고도 했다. 한편 그는 코페르니쿠스를 '격치학의 비조'라고도 했다.[23] 말하자면 그는 가톨릭의 오류와 과학의 사실성을 대비할 때는 '격치 실학'으로, 비교 없이 과학만을 언급할 때는 그냥 '격치학'으로 했다. 실학은 격치의 과학이지만 구습을 깨뜨리는 실천적인 학문이었던 것이다.

과학에 실천이라는 가치를 더한 실학은, 그가 실학을 말할 때 중국이란 주체성을 강조했던 데서 기인하는 듯하다. 그는 과학을 주창하며 구습의 타파를 중시했지만 무턱대고 서양 학문을 좇고 중국 학문의 장

량치차오梁啓超(1873~1929)
《청대학술개론》 등 여러 저술을 통해
현대의 실학 개념화에 영향을 주었다.

점을 경시하자는 입장은 아니었다. 그 같은 입장은 1896년의 〈서학서 목표西學書目表〉의 후서後序에 잘 보인다. 그는 서양 학문을 배우자는 이들 중에 '서양의 학문만이 위대하다고 여기고 중국의 실학을 무용한 학문이라 떠들썩하게 말하면서 스스로 무능을 감추는 유형'과 '서양 글자나 전문 학문은 알지도 못하면서 전통 학문을 폐기하고 겉모양만 서양식으로 꾸미는 유형'이 열 가운데 반을 넘는다고 통렬히 비판하면서 "(스스로를 멸시하는 자는) 매판買辦이 되거나 서양 노예가 된다"고 했다.[24] 그의 비판의 초점은 입으로만 서학을 말하고 서학의 실實을 체득하지 못하는 이들이었다. 한국식으로 말하면 '헛 개화'에 빠지지 말고 '참 개화 실학'을 하자는 주장과 상통하는 것이었다.

량치차오는 말년인 1921년에 출간한 《청대학술개론淸代學術槪論》에서 실학을 중국의 사상 전통과 과학을 포괄하여 종합적으로 사용했다. 특히 청대의 고증학을 실학으로 보았고 그 특징은 귀창貴創, 박증博證, 치용致用이라 했는데 귀창은 모방 탈피, 박증은 고증과 실사구시, 치용은 실용이었다. 실사구시와 경세치용의 구체적 용례는 앞서 2장 3절에서 검토한 바 있다. 량치차오의 저술은 20세기 초 한국에서 왕성하게 번역되었고 실학 개념의 형성에 영향을 미쳤다. 특히 그가 학술 차원의 정리는 유학사를 근간으로 하였으므로, 한국에서 실학을 역사 개념으로 정리하는 데 영향을 미쳤다.

19세기 중반 이후 일본에서 실학 개념의 전환

18~19세기 중반까지 일본에서는 난학蘭學이 성행했다. 난학은 '실측의 학'으로도 불리며 양유洋儒 겸학兼學의 기반을 닦았다. 그러나 이는 나가사키를 중심으로 네덜란드[和蘭]와의 교류에 국한되었다.

난학의 제한은 19세기 후반에 사라졌다. 메이지유신 이후 일본에서 서양의 문물을 전면적으로 수용했음은 잘 알려진 바이다. 사상 방면에서는 서양의 학문을 동양의 지식 전통과 순조롭게 결합하는 일이 첫 단계였다. 이와 관련해서는 이와쿠라岩倉 사절단의 일원으로 1871년에서 1873년까지 서양을 여행했던 구메 구니타케久米邦武(1839~ 1931)의 작업이 주목된다. 그는 시찰 경험을 바탕으로 1878년에《구미회람실기米歐回覽實記》를 출간했다. 이 방대한 기록에 '실학'이란 용어는 거의 사용되지 않았다. 하지만, '실기'라는 제목에서 짐작할 수 있듯 실측, 실증과 관련한 용어가 자주 등장했다. 더 중요한 부분은 구메가 동양의 전통적 자산과 서양의 문물을 비교한 대목이다. 그는 동양의 '고대에 존재했었던 실용성'을 '이용후생'이라 하고, 그 정신이 중세에 쇠퇴했음을 여러 차례 언급했다.

> (동양이 서양에 미치지 못하는 것은) 고상한 공리공론으로 세월을 보냈기 때문이다.……3,000년 전 동양의 생리生理가 처음 열렸을 때 정덕, 이용, 후생의 길을 왕성하게 하는 것을 정치가의 요령으로

삼고 이것을 구공九功이라 불렀다. 생리가 조금 진보한 후에는 영업의 정신이 사라지고 오행설, 성리론으로 구공을 오리무중에 빠뜨렸다.……서양, 동양의 개화는 건곤乾坤을 다르게 하는 것이 아니니 후생, 이용의 길에 있어서 어찌 동서에서 차이가 있을 것인가.[25]

구메는 동양의 고대에는 정덕·이용·후생이 정치의 핵심이었고 산업 발달에 기여했는데, 중세 이후 성리학의 철학적 담론이 우세해지자 기술과 산업을 천시하게 되었다고 파악했다. 동양에도 '원래 있었다'는 논리를 통해 서양의 압도적 문물 앞에서 주체적인 거름 장치를 세워보려는 노력이 느껴진다. 그의 인식은 실사구시, 이용후생을 내세워 서학을 수용하자는 18세기 후반 이래 조선, 중국에서의 인식과 크게 다르지 않았다.

일본에서 실학이 유학의 의미에서 벗어나 본격적으로 서양의 학문 특히 과학을 지칭하게 된 것은 후쿠자와 유키치福澤諭吉(1835~1901)의 《학문의 권유学問のすすめ》의 영향이 컸다.

학문이란 그저 어려운 글자를 알고 어려운 고문古文을 읽으며 와가和歌를 즐기고 시를 짓는 등의 실實이 아닌 문학을 말하는 것이 아니다.……(실생활에 어두운 한학자의 학문은)……실에서 동떨어져서 일상생활에 부합하지 않았기 때문이다. 그러므로 실과 동떨어진 학문은 이차적인 것으로 돌리고 우리가 열심히 공부해야 할 것은 인

간의 일상생활에 도움이 되는 실학サイエンス(사이엔스-필자)이다.[26]

후쿠자와에게 실학은 고문, 고급한 문학과 뚜렷한 대비를 이루었고 일상에 유용한 학문, 서양의 학문, 사이언스, 실업학 등을 다양하게 지칭했다. 《학문의 권유》를 비롯한 후쿠자와의 일련의 저작은 일본에서 크게 유행했고, 서양의 실용과 과학을 상징하는 실학은 유교에서의 이탈과 형이상학의 반대 풍조를 대표하게 되었다. 1899년 가토 히로유키加藤弘之의 〈실학과 공리의 변설實學空理の辯〉에서 그 분위기를 볼 수 있다.

세상 일종의 논자들은 실업에 직접 효용이 있는 학과를 실학이라 칭찬하고, 이와 반대되는 학과를 공리공론이라 말하며 배척한다.

후쿠자와 유키치福澤諭吉(1835~1901)
science를 실학으로 번역하여
현대 일본의 실학 사용에 영향을 주었다.

예를 들어 토목, 기계, 제조, 채광探鑛, 전기, 조가造家 등의 여러 공학은 모두 과학 중의 응용학으로서 실업에 가장 유익한 것으로 실학이라 한다. 물론 물리학·화학은 본래 순수학문이지만 응용학문의 기본이라 하여 또한 실학이라 부른다. 기타 여러 학과 예컨대 철학, 심리학, 사회학 등 전적으로 이론을 위주로 하는 학과는 걸핏하면 공리공론이라 말한다.[27]

가토의 글에서 19세기 후반 일본에서 서양의 분과 학문, 그중에서도 실업, 실용을 지칭하는 학문이나 과학이 실학이 풍미했음을 알 수 있다. 철학, 심리학, 사회학과 같은 인문사회 분야의 학문은 비록 서양학이라 할지라도 효용과는 무관한 형이상학이자 공리공론으로 배척받을 정도였다.

후쿠자와 유키치 이래 강조된 과학과 실업의 실학은 20세기 초에 조선에 적극적으로 소개되었고 일제강점기에 일본에 의한 '실학주의 교육'으로 표방되었다. 그 전개는 6장 1절 2항에서 다룬다.

3.
실학을 둘러싼
의미의 확장과 충돌

동도서기의 실학

조선 지식인들은 새 의미의 실학이 등장하자 다양하게 분화했다. 허문虛文에 빠진 성리학을 비판하거나 서학 수용을 주장했던 이들은 이용후생, 실사구시 등의 취지와 서양의 기술이 상통한다고 보고 동서를 접맥하는 실학을 주장했다. 이는 동도서기東道西器를 지탱하는 논리이기도 했다.

동도서기의 대표 이론가 중의 하나인 신기선申箕善(1851~1909)은 1890년에 저술하고 1896년에 간행한 《유학경위儒學經緯》에서 성명이기性命理氣 논쟁에 집중하는 것은 실견實見이 아니고 실학에 무익하다

며 형이상의 담론에 빠진 성리학을 비판했다.[28] 그에 비해 유럽의 나라
들은 환경이 좋지 않지만 지혜를 궁구하여 이용후생의 학술을 성취하
고, 역산추측曆算推測에서도 정묘함을 이루어 마침내 세계를 종횡했다
고 평가했다.[29] 비슷한 시기 《황성신문》에서도 "서양이 비록 정전井田
은 없었지만 서양의 교육은 동양의 삼대에 육덕六德·육예六藝·육행六行
을 실교實敎, 실학實學하였던 것과 범위가 같다"[30]고 했다. 신기선과 같
은 동도서기론자들이 고대 동양의 이용후생이 서양의 문물에서 구현
되었다며 서기 수용을 주장한 것은 잘 알려져 있다. 이 논리에서 실학
은 유학 본연의 면모이자 서양의 학술을 포섭하는 근거가 되었다.

동도서기식 논리에서 실학은 동양의 고대에 이상적으로 실현되었
으므로 신문물 또한 과거의 전통과 조화되어야 한다는 의지 또한 강
렬했다. 과거를 지나치게 고수하는 일이 잘못인 것처럼 서양 문물을
무조건 추종하는 풍조 또한 비판받아야 했다. 1898년 《매일신문》 기
사이다.

개화는 때를 헤아려 편리하도록 실상에 힘써 백성으로 행하게 해야
하는 것인데, 개화의 실상을 모르고 너도나도 '개화' 두 글자에만
급급하는 개화는 나라를 병들게 하니, 참 개화는 개화 실학에 힘쓰
는 것이다.[31]

주체성을 지키고 신구의 조화를 이룬 개화야말로 '참 개화'이자

'개화 실학'이었다. 그러나 동도東道를 지탱하는 사회, 문화적 기제들은 점차 축소되고 있었다. 특히 1894년 과거제의 폐지는 유학과 한문 위주 교육의 종말을 알렸다. 오랫동안 지속했던 유학, 경학, 강경講經의 실학 또한 무력하게 되었다. 물론 반발도 있었다. 1899년 고종은 유학을 국교로 선포하였고, 학부에서는 경학에 능한 유학자들을 경의經義와 시책試策으로 뽑으려 했다. 당시 학부와, 이를 반대하고 나섰던 중추원 인사의 주장에는 실학의 정체성을 둘러싼 대립을 보여준다.

> **학부:** (갑오경장) 이후로 경외의 숙학宿學과 노유老儒들을 수용할 도리가 전연 없으니 독서하는 종자들이 장차 끊어질 지경이고 종교를 세울 길이 없다. 경외의 각도에서 3년에 한 번 시취試取하여 성균 박사직을 임시로 서임하는……20인을 청함.
>
> **중추원 의관 모 씨:** 지난날 과거의 폐단을 생각해보건대 절대 인재를 취하는 법이 아니었다. 시부표책詩賦表策으로 이름난 이들의 흉중에는 실학이 전혀 없고, 또 경의로 뽑은 노유가 만약 쓸 만한 인재라면 실지實地에 시용試用할 일이지 한가한 직책에 임명하는 게 어찌 인재를 뽑는 법이며 유학을 진흥하는 도리겠는가.[32]

학부에서 마련한 성균 박사직의 부흥에 대해, 중추원 인사는 그들은 실학이 없고, 실지에서도 무용하다고 반대했다. 다른 부서의 반응도 대체로 "고루하여 시무에 무능하다"는 논리였다. 경학이 실학이라

5

는 관념은 시무와 실지에 능해야 실학이라는 논리로 기울고 있었다.

고종의 노력이나 유학자들의 반발에도 불구하고 서학 수용은 점차 대세가 되었다. 신학교의 설립과 신교육의 확대는, 유학이 신문물을 포용해야 한다는 논리에서 유학이 근대 학문의 한 분과로 공존해야 한 다는 논조로 기울게 했다. 1906년 신기선의 논설이다.

> (고대에는) 농업, 공업, 상업에서도 그 직분에 매진하여 공功을 다투 었고, 쇄소응대灑掃應對하는 예절과 효도하고 공경하는 도리는 소학 小學에 나아갔을 때에 모두 강습했다. 때문에 교화가 크게 열리고 다스림이 융성하고 풍속이 아름다워 백성들이 모두 생업에 편안하 고……진한秦漢 이후로 경전이 잔멸하고 교화가 해이해져……근대 에 이르러서는 문장의 폐단으로 질박함을 잃고……실학은 어두워 지고 실업은 폐기되었으며 관리들이 안일에 빠져 산업은 황폐해졌 다.……그런데 최근 구미 제국의 학교의 정사는 날로 새로워졌다. 교육의 본말과 규범은 비록 동양의 학규와 다르지만 정덕 이용후 생의 요지는 암암리에 부합하여 빠지지 않았으니 남녀 귀천에 상관 없이 태어나면 모두 학교에 들어가고 농·상·공예와 법률, 군제 등 실용의 일들을 모두 배우게 되니…….[33]

동양 고대와 서양 근대의 장점을 연계하는 논리는 유지되었으나, 서양의 보통 교육과 실업·실용의 학과 전반에 대한 강조가 두드러졌다. 대한제국 시기 신학교 설립을 위한 단체에서도 비슷한 입장을 찾을 수 있다. 1908년 기호흥학회《월보》의 기사이다.

> 학문의 명목이 다양하니……(농학, 공학, 상학, 의학, 병학, 형법, 경제 등) 여러 학술은 선각이 길을 내고 후학이 마땅히 힘써 연마하여 다스림에 하나라도 빠뜨림 없이 힘써야 하는 것이다. 비록 그러하나 도리로 세상을 논하고 고금에 통달하고 시세에 마땅함을 구하여 변화에 제대로 대처하는 것은 정리학正理學이다. 정리라는 것은 천하의 일을 실리實理로 구하여 당연한 일을 다하여 자신과 사물을 이루고 충군효친하여 세상을 맑게 하니 어찌 학문의 첫머리로 힘써야 하지 않겠는가.……강綱이 들려 목目이 펴지고 본本이 세워지고 말末이 닦아지는 것이어서 배움의 이름과 뜻이 어찌 헛될 것인가. 실학實學한 후에 실효가 있으니 나는 이로써 흥학興學이 실상을 갖추었다고 할 것이고 흥학의 실상이 갖추어져야 흥국의 실상을 바랄 수 있을 것이라고 생각한다.[34]

유학은 명목적으로 사라졌고 대신 이학理學이 등장했다. 물론 이학의 뜻과 역할은 유학과 흡사했고, 강綱과 본本으로서 여러 학문의 기초였다. 그러나 학제는 이미 신학문 위주로 짜였으므로 이학을 철학·윤리로 대체해도 그리 어색하지 않았다. 근대 학제로의 개편에서 유학은 여러 학문과 조화를 이루어야 했고 실학은 이학을 포함한 제반 학문을

5

포함한 실효의 학문이었다.

　유학과 신학문 사이에 절충의 스펙트럼이 넓어지면서 다른 구상들
도 가능했다. 주체성을 강조할 경우 우리 고대에 실현된 유학의 이상
을 강조할 수도 있었다. 기호흥학회 인사의 또 다른 시세론이다.

　고금의 역사를 생각하건대 대개 하늘과 땅이 열릴 때 사해의 백성
　들이 혼돈에 있으되……이에 대동大東의 성왕聖王이 시대에 마땅하
　게 정교를 펴시었다. 먼저 효제충신孝悌忠信으로 사람됨의 윤리를
　돈독히 하시니 아아 거룩하고 성대하여 인륜이 하늘에 있는 태양처
　럼 밝아졌다. 나머지 수화목금토곡水火金木土穀의 물질적 이용의 바
　탕은 지금과 비교하면 개발되지 않음이 많았으니 이것은 시세의 당
　연한 바였다. 이후 4,000여 년에 역대의 제왕이 옛 제도를 따르고
　예법을 가르쳤으나 말류에 폐단이 생겨 화려함을 따르고 부박함이
　자라났다.……이에 서양 열국이 시대에 마땅한 정교의 가르침으로
　먼저 사물[수화기토]의 물리를 궁구[格致]하여 이용후생의 바탕을 발
　명하니 아아 거룩하고 성대하다. 물질의 개명이 궁극에 도달했
　다.……비록 지금이라도 미련함을 깨고 눈을 떠 바쁘게 나라의 청
　년들을 다그쳐 배움에 세우고 실학을 연구하여 신지식을 넓히고 시
　의에 적응하고 신사업을 개발하면 민생의 이용과 국력의 부강을 어
　찌 서양에 양보할 것인가.[35]

태초에 이상을 개창한 주체는 대동의 성왕이다. 우리의 고대는 정치와 인륜에서는 찬란했으나 이용후생의 물질적 개선은 부족했다. 그 영역은 후대에 서양이 물리를 궁구하고 개명시켜 해결되었다. 따라서 실학과 신지식, 신산업을 개발하면 서양과 어깨를 겨룰 수 있다. 전체적으로 유학의 논리가 줄고, 주체적 입장과 진화적 관점이 커졌다. 무엇보다 유학의 역사와 서양의 이용후생이 아니라 우리의 역사와 서양의 구도로 변했다. 실학 또한 우리가 추구해야 할 신지식의 학문이 된 것이다.

신학문의 실학

실학이 유학 고대의 이용후생이자 지금 서양의 이용후생이라면, 그 비중을 어떻게 설정하는지에 따라 동서의 취사取捨에서 서양의 근대를 가감 없이 수용하자는 문물 수용론으로 전개될 수도 있었다. 19세기 말에 독립협회 계열에서 문물 수용을 특히 강조했다.

삼대三代 이전은 배움에 실용이 많았지만 삼대 이후는 공언空言을 숭상하여……공부에 진실한 쓰임이 없다. 만약 신학문의 학교를 세우고 서양의 여러 학문 예컨대 무비武備, 행진行陣, 제조, 기예부터 화학, 광학, 역학, 의학 등을 가르치면 가히 실용에 도움될 것이니

이것이 실학을 숭상하는 하나의 길이다.[36]

고대의 이상은 실용이었으므로 그 이후의 무용한 학문을 날카롭게 비판했다. 대신 근대 학교와 서양의 실용학과 과학을 정연하게 강조했다. 실학은 동양의 이상이었다는 주장은 남아있지만, 논조 전반은 서양식 학제를 강력하게 지지했다.

신학문인 실학과 신식 교육의 등장은 학문의 범위와 성격을 넘어 인민의 사고와 삶이 바뀌는 계기였다. 또 새로 개창한 대한제국의 자주와 부강을 위한 첫단추이기도 했다. 안국선安國善이 조선의 만세 독립을 보존할 방침으로 "첫 번째는 교육을 널리 실시하여 인민이 실학, 실업에 연구"[37]하는 일을 들었던 것은 그에 걸맞은 긴급한 효용을 보여준다. 이제 실학은 유학이나 서학이 공유하는 공학公學·격치학格致學 등의 추상적이거나 보편적인 학문이 아니라 서양식 분과에 기초한 제반 학문이 되었다. 1898년《매일신보》의 논설이다.

학문도 여러 길이 있으니 이전에 우리나라에서 숭상하였던 사서삼경과 시부표책논의심은 지금 형편에 덜 맞아 허문이 많고 경제에도 실효가 적으니 이런 때에는 잠시 높은 집 위에 묵혀두고 태평무사할 때에나 강론할 학문이다. 지금 세계의 신학문은 실상을 밝아가지 않는 것이 없으니 천문학, 지지학, 산술, 측산測算, 격물학, 화학, 역학力學[重學], 제조학, 정치학, 법률학, 부국학, 병학, 교섭학 및 기타 동물, 식물, 금석金石 거리와 풍류風類와 농·상·광·공학 등의 학문이 모두 나라를 부강하게 하는 실지의 학문이다. 어찌 이러한 실학을 배우지 않고 한갓 구습에 젖어 아교로 붙여놓은 것을[膠柱] 떼어내 옮기지 못하겠는가.[38]

사서삼경의 경학과 과거科擧의 시부표책 등은 실효가 적어 모두 제쳐놓고, 실상을 밝히고 실지에 기초한 과학, 실용학, 사회경제의 신학문들을 실학으로 배우자 했다. 신구 학문의 범주와 대조가 뚜렷하다.

《독립신문》이 이 같은 주장을 가장 적극적으로 개진했다. "허문을 숭상하는 습속을 버리고 서양인들의 궁리격치하는 방법을 취하자",[39] "성의·정심·수신·제가·치국·평천하는 말은 쉽지만, 나라를 위해 볼 만한 일이 없거나 시무에 몽매하게 된 것은 실학을 공부하지 않고 헛된 문구만 숭상했기 때문"[40]이라는 식이다.

1900년대에는 동양에서 고대의 실용과 중세의 쇠퇴, 서양 근대의 성과 등의 논리가 진화론과 결합하여 더욱 과감한 주장을 하게 되었다.

국가의 문명이 발달함은 오로지 부강의 실력에 관계하니 지금 서양 열강의 문화 정도를 보면 모두 산업에 증식하는 이유로……동양의 고대로 논할지라도 선철先哲과 선성先聖은 매양 정치를 말하면 반드시 실업實業을 함께 들어 산업의 증식을 논하였으니……때문에 체용을 겸비하여 실학을 연구하고자 하는 자는 모두 산업의 발달을

학술 연구의 제일 중요함으로 알 것이니……'.[41]

동양의 고대와 현재 서양의 발달을 연결하는 구도에서 진전되어, 동양 고대에서도 실업과 산업을 중시했다고 과감히 설정하여 산업 발달을 위한 학술의 시급함을 강조했다.

때론 성리학의 격물치지를 이용후생의 학문으로 등치하는 논리가 등장하기도 했다.

격치格致라는 것은 격물치지를 이름이니 이용후생에 공功이 있어야 함이 대의이다. 옛날 성현이 이 같은 학문을 오로지 강구하였기에 《대학》 첫머리의 수신제가치국평천하의 도리에 격물치지로 근본을 삼았다. 그러나 후세의 학자가 실학에 힘쓰지 않고 점차 사장만을 숭상하여……성공한 이가 드물었다. 근자에 통상 이후에 보니 서양들의 부강한 학술은 모두 격물의 학문으로 근본이 되니……'.[42]

《대학》 8조목의 첫머리인 '격물치지'는 주자학의 종지인 '성즉리性 卽理'를 확립하거나 양명학의 '심즉리心卽理'를 확립하는 중요한 테제이다. 그러나 물리를 이해한다는 성격으로 인해, physics 혹은 science의 번역어로도 사용되기도 했다.[43] 격치는 유학의 인식론과, 서양의 science를 매개하는 가능성이 없지 않았다.

앞의 인용문에서는 격치를 과감하게 이용후생의 실학으로 정의하고, 서양의 과학에 직접 연결했다. 그리고 과학의 분과, 즉 격치의 구체적인 학문으로 '천문학, 지질학[地文學], 화학, 기상학[氣學], 광학光學, 음향학[聲學], 역학力學[重學], 전자학[電學] 등을 소개했다.[44] 과학은 마침내 동양 학문의 근본 취지를 계승한 새로운 보편학이 되었다. 이 시기에 노벨상 창립을 알리는 기사에서 스웨덴의 과학아카데미를 '실학협회'로 번역하거나[45] 과학계를 실학계로 표현하는 언급[46]이 등장할 정도로 실학-과학의 구도는 점차 퍼지기 시작했다.

유학자들의 실학 재정의

19세기 후반부터 대한제국 시기까지 실학의 의미를 둘러싸고 신구의 의미가 접맥되거나 새 의미가 역설되는 등 다양한 양상이 빚어졌다. 또 다른 축에는 유학의 의미 체계에 충실한 실학을 견지하며 새로운 실학을 비판하고 포섭했던 유학자들이 있었다.

19세기 후반에 유학의 사회적 영향력은 감소했고 내부에서 반성하는 목소리도 커졌다. 이진상李震相(1818~1886)은 예법을 고수하는 이들을 실학으로 부르지만, 그들이 명예에 집착하는 것은 오히려 박문博文보다 못하다고 했다.[47] 지식과 정보의 총량이 늘어가면서 유학=실학의 고루함을 지적하는 강도가 높아졌던 것이다.

반성과 함께 유학=실학의 활력을 되살리려는 움직임도 있었다. 유교를 대한제국의 국교國敎로 삼고자 했던 고종의 1899년 조서가 대표적이다.

> 우리나라의 종교는 공자의 도道가 아닌가?……어찌하여 근래에는 세상 기풍이 날로 저하되어 처음에는 입에만 올리는 학문을 숭상하고 신심을 닦는 학문을 등한히하여 허문을 숭상하고 실학에 어둡더니, 이제는 그 글공부마저 없어져 강講해지지 않으니.……짐이 동궁과 더불어 장차 일국의 유교 종주宗主가 되어 기자와 공자의 도를 높이고 열성조의 뜻을 이을 것이다.[48]

고종은, "허문을 숭상하고 실학에 어둡다"는 현실비판적 담론을 '문장학[詞章]을 반대하는 경학'으로 치환했다. 이는 과거제의 '경학=실학'이라는 오랜 관념에 기댄 것이었다. 이 조서의 초점도 국교로서의 유교 선포와 더불어 경학을 익힌 선비의 초치에 있었다. 유림 또한 경학 부흥에 힘을 보탰다. 하지만 과거제 폐지 후 성균관의 개편 이후 생겨난 경학원經學院, 경학과經學科의 활력은 축소되었고, 일제강점기 이후 교육 기능이 상실되면서 경학=실학의 용법은 공식적으로 거의 사라졌다.

국가와의 유대는 사라졌지만 유림에 의한 유교의 사회적 영향력은 상당 부분 유지되었다. 그들의 주장은 유교=실학을 고수하거나 시의에 부응하여 새길을 모색하는 흐름까지 다양했다. 물론 유교의 의미를 고수하는 경우에도 기성의 성리학을 반성하고 실천을 모색했다는 점에서 이전과는 결이 달랐다. 이 경향은 19세기 후반 위정척사를 주도한 화서학파華西學派가 좋은 보기였다.

화서학파의 김평묵金平默(1819~1891)은 스승 이항로에 대해 '실심實心, 실학實學, 실공實功, 실조實操, 실덕實德, 실부實負, 실교實敎'의 칠실七實을 갖추었다고 평가했다.[49] 유인석 또한 공자와 맹자의 학문을 실언實言과 실학으로 정리하고 말과 행동을 실實에 맞출 것을 강조했다.[50] 유학을 실학으로 간주한 일반적인 용례이다. 한편 그들은 사회 문제를 지적하고 비판할 때에도 실학을 사용했다. 김평묵의 진단이다.

> 애초 문벌이 주가 되니 재주 있는 사람은 객이 되었고, 문예가 주가 되니 덕행이 객이 되었으며, 과업科業이 주가 되니 실학이 객이 되었다. 안으로는 서울에서 밖으로는 팔도까지 집집마다 이익에 홀리고 사람마다 이기심에 끌려《소학》의 마음과 본성을 기르는 가르침과《대학》의 명덕신민明德新民의 학술이 무용지물이 되어 무엇인지 알 수 없게 되었다.[51]

문벌·문예·과거를 축으로 기득권이 강해지자, 현재賢才·덕행·실학이 쇠퇴하게 되었고 결국 세상이 이익에 휩쓸리게 되었다. 여기서 실학은 직접적으로는 경학 공부이지만 서울을 중심으로 전개된 문벌의 득세와 공리주의 풍토에 대한 반성이기도 했다. 다만 김평묵이 내건

5

실학은 비판에 머물렀고 적극적인 실천을 위한 동기를 부여하지는 못했다. 그에 비해 유중교柳重敎(1832~1893)는 적극적인 실천을 촉구하는 실학을 강조했다.

이적夷狄의 중화 침탈이 극에 이르니 원나라와 청나라가 천자의 자리를 차지하여 세계가 더러움에 빠졌다. 금수의 사람 핍박이 극에 이르니 서양이 '바른 도리'[人極]를 가려 천지가 막혔다.……이른바 학문이라는 것은 자신을 위하는 학문으로 마음을 삼아 도리의 실천에 정진하고 의리와 이욕을 엄정하게 판단하여 나날이 매진하여 이루는 바가 있어야 한다. 그러면 비록 음陰이 극도로 창성한 세상에서도 안으로는 '양陽을 보존하고'[不食之果] 밖으로 '도리를 위해 헌신'[野戰之龍]할 수 있다. 이것이 이른바 실학이다.[52]

유학에서 세상을 위기, 곤경으로 보고 이를 극복하는 실천적 삶을 제시하는 것은 오랜 전통이었다. 앞서 3장 2절 5항에서 보았듯 조선에서 17세기 중반 이후 청나라의 중국 지배를 부정하고 조선을 유교 문명의 보루로 인식하기 시작했다. 주자학의 이념적 성격이 강화되고 실학에서도 그 지향을 담아 사용했다. 19세기 위정척사운동은 배척의 대상이 서양으로 맞추어졌을 뿐 논리는 다르지 않았다. 유중교의 실학은, 서양의 문명으로 인해 위기가 극대화된 세상에서 도리를 지키고 미래를 기대할 수 있는 바른 실천이었던 것이다.

화서학파의 사례가 보여주듯 19세기와 20세기 초반까지 유학자들
의 실학 사용은 식지 않았다. 앞서 5장 1절에서 언급했듯《한국문집총
간》에서 실학을 가장 많이 사용한 인물은 곽종석과 전우였다. 특히 곽
종석은 19세기에도 실학을 빈번하게 사용했지만 국망國亡의 위기감이
커지자 사용이 급격하게 늘었다. 그의 문집《면우집俛宇集》의 실학 빈
도를 10년 단위로 보면 아래와 같다.

〈표 9〉《면우집》의 '실학' 빈도

1860's	1870's	1880's	1890's	1900's	1910's	시기 불명	총
1	2	4	18	46	19	16	106

총 106회의 용례 중에 시기가 명확하지 않은 16회를 제외하면 90회
가 된다. 그중 68회, 즉 대략 76퍼센트 정도를 1900년 이후에 사용했
다. 사실 1900년대의 용례는 대개 1905년에서 1910년, 즉 을사늑약에
서 한일병합에 이르는 시기에 사용되었다.

잘 알려져 있다시피 곽종석은 19~20세기 영남 유림을 대표하는 학
자 중의 하나이다. 그가 실학을 중시하며 빈번하게 언급하기 시작한
것은 40대 초반이었다. 당시는 대략 "일용과 사물에 접해 이치를 궁구
하는" 하학이상달下學而上達 정도였다.[53] 50대 중반에는 "일에 처하여
이치를 캐고 이치에 근거하여 몸소 실천하면 행함에 실학 아님이 없다
[卽事窮理, 據理身踐, 無往而非實學矣]"는 사물, 이치, 실천을 꿰는 명제로 정

5

리했다.[54] 이후 그는 "실학에 힘쓰라[勉究實學]"는 말을 편지의 결구로 종종 사용하거나, '실재實齋'라는 거처를 마련하고 '실재잠實齋箴'을 짓는 등 실實을 체화한 처세를 영위했다.[55]

곽종석의 실학은 신학문의 영향이 커지는 현상에 대한 유학의 대응이기도 했다. 1890년에 그는, 입으로만 경전을 외우고 패도覇道와 뒤섞인 학문이 유행하는 현상을 우려하며, 실심으로 유학의 본원에 전념해야 실학이 밝아지고 인재가 길러질 것이라 했다.[56] 그러나 그의 기대와 달리 유교 국가 조선의 흥기는 점점 어려워졌다. 외부의 어려움이 가중될수록 그의 유학=실학 용례는 더욱 빈번해졌다. 그는 당대에 대해 "조정이 망하고 여항도 망했다" 하였고, "천하에 양기陽氣가 사라지고 인류가 귀신이 되거나, 천지가 흠결된 시기"로 보면서 그럴 때일수록 실학을 연마하여 도리를 세우자고 했다.[57]

당대의 어려움을 극복하기 위해 유학을 진흥하고 실학에 잠심한 인재를 키우는 것이 방도였지만 현실은 녹록하지 않았다. 신학문이 실학으로 환영받으며 사회 전반에 점차 영향력을 강화했기 때문이다. 곽종석은 공사를 막론하고 학교 설립이 성행할 때 옛 껍데기만을 붙잡는 유학자들의 고루함을 비판했지만, 자신 또한 고인古人의 실학으로 기초를 삼아야 한다고 강조한 점에서[58] 유학을 부흥하려는 기조는 변함이 없었다. 다만 유학에 대한 반성을 촉구하고, 유학=실학은 기초적인 배움으로 국한했다는 점에서 다소 운용의 변화는 있었다. 그 같은 입장은 대개 1905년을 기점으로 드러났다. 이 시기에 그는 세변世變에 대처하는 유학의 오랜 명제인 시의변통時宜變通을 강조했다.[59] 변통을 내세움에 따라 실학은 실업을 위한 바탕이자 구체적 학문을 익히는 바탕이 되었다.

지난번에 말한 실학實學과 실업實業은 애초 별다른 기이한 게 아니니 단지 옛 성인의 가르침을 볼 따름이다. 쇄소응대灑掃應對에서 예악사어서수禮樂射御書數까지 일일이 절도와 과정이 있기에 공담空談이 되지 않으며, 장차 대학에 나아가면 또한 사물에 나아가 궁리한다.⋯⋯그런즉 요즈음의 열국列國의 역사와 지지地誌 및 정률政律, 공법公法, 병제, 농업, 공업, 기화氣化 등의 책을 모두 보고 이해하여 장래 실용의 바탕으로 삼는 데에 방해됨이 없다.[60]

물론 곽종석은 신학문과 교육으로 휩쓸리는 풍조에 대한 비판 역시 견지하였으므로[61] 유학의 경세 정신을 재발견하여 성리학을 보완하고 보편성을 검증하는 흐름의 연장선으로 평가할 수도 있다.[62] 위기의 시대에 실천하는 유학의 지성적 전통에 속하는 사례일 것이다. 하지만 그가 애초 공담을 배격하고 일용경세의 실천을 담지한 실학을 그 매개로 보았으며, 유학이 학문의 바탕임을 인정한다면 실리와 실용을 위한 학문의 병행을 일부 긍정했으므로 조선 후기 이래의 경세적 유학에 접속했다는 평가도 가능하다.

곽종석 다음으로 실학을 자주 사용했던 전우의 지향 또한 크게 다르지 않았다. 그는 어렸을 때 부친에게서 성誠을 위주로 하라는 가르침을 받았고, 이후 실리–실심–실학–실덕을 관통하는 실實을 학문의 요체이자 불변하는 원칙으로 여겼다.[63] 그에게 실학은 성경誠敬을 일상에서 실천하는 것이었고, 말이나 책이 아니라 신심身心·국가 등의 현실에서 이치를 구하고 사업을 세우는 유용한 학문이었다.[64]

또한 세상의 도리가 쇠할 때에는 가학假學과 위덕僞德을 만회하기 위해 더욱 실학에 힘써야 했고[65] 치산治産에 힘쓰는 세상의 풍조에서는 "사람이 뜻을 갈마하고 마음을 수습한다면 비록 궁경하지는 않았다 해도 서무를 경리하는 모든 것이 실학이다"[66]라고 했다. 성경誠敬에서 출발한 실의 정신이 위기에서 더욱 긴요해지고, 공리의 세상에서는 서무를 포괄하는 융통성을 가졌다.

이상에서 19세기 중반 이후 유학자들의 실학 용례를 검토했다. 대개 유학자들은 실학을 유학 전반으로 보았고 근본의 학문임을 견지하

곽종석(1846~1919)
20세기 초까지 실학을 왕성하게 사용하며
유학에서의 의미를 지키려 노력했다.
※사진 출처: 산청 유림독립기념관 소장(이호신 작).

려 했다. 신학문과 대결하는 양상이 있었지만, 국가의 위기가 심해질 때는 변통을 중시하며 실업, 구체적 학문을 포괄하려는 경향도 자라났다. 곽종석이나 전우의 왕성한 실학 사용은 유교 안팎의 변화에 따른 대응이었던 것이다. 과거의 개념으로 새로 유행하는 개념과 대결하거나 포섭하는 작업이라면 '실학의 보수적 재정의'라고도 할 만하다.

마지막으로 유학자들의 실학 발화가 갖는 의미를 유학사에서 검토해본다. 허학을 비판하고 일용경세의 실학을 재구성하는 일은 18세기 이래 실용과 경세 정신을 강조하여 성리학을 보완하는 태도와 크게 다르지 않았다. 정약용의 실實에 대한 강조는 근近, 행行, 용用 등의 용어와 짝을 이루었는데, 이 같은 접근은 19세기 중·후반 이후 유학을 보수保守한 유학자들에게서도 심심치 않게 볼 수 있는 현상이었다. 예컨대 영남 사림 이종기는 《논어》의 요지를 '근近'으로 보았고, 이에 대해 조긍섭曺兢燮(1873~1933)은 "실상에 힘쓰지 않고 오직 공허함을 숭상하기만 하면, 오직 원대함에 이를 수 없을 뿐만 아니라 이른바 가까운 것 또한 얻을 수 없다.……'실實'이라는 한마디로 '근近'을 구하는 요긴한 방도를 삼는다"[67]라고 했다. 두 사람의 대화에서 《소학》, 《대학》, 《논어》 등 경학을 관통하는 키워드는 근, 실 등으로 정약용의 강조와 크게 다르지 않다. '실학'이란 용어 자체를 가장 왕성하게 사용한 곽종석의 사례도 그와 가깝다고 할 수 있다. 그 점에서 18세기 이래 실용과 경세 정신을 강조하는 흐름의 저변화가 있었다고 할 만하다.

다만 깊이 파고들면 지형은 복잡했다. 조긍섭은 정약용의 학문을 혹리酷吏의 철학으로 보고 반대했다.[68] 곽종석 또한 실학·실용은 성誠과 실심實心에 기반하므로 공리에 기반한 신학문은 제한적으로 수용하자고 했다.[69] 정약용의 경학經學과 취지를 공유하지만 경세학으로 구체화하는 순간 차이가 노출되었던 것이다. 정약용의 경학과 실천 강조가 성리학을 넘어선 패러다임으로 나아갔다면, 19세기 후반 일군의 유학자들의 경학과 일용·실實에 대한 강조는 성리학에 대한 자성과 보완에 그치고 있었다.

6 일제강점기 실학의 역사 개념화

1.
실업 실학과
실학주의 교육

실업 교육의 실학

학문에서 실학이 유학·경학에서 실업학 또는 과학으로 전환하는 과정은, 교육에서 학교 설립과 신학문이 장려되는 과정과 발맞추고 있었다.[1] 1890년대 신학교가 설립되면서 실용을 위한 교육은 크게 강조되었는데 1894년의 교육조령에서는 "교육의 방도는 허명과 실용을 분별한다"[2] 하여 실용이 주요 목표로 표방되었다.

교육에서 실용에 대한 강조는 "학교를 세우고 학과를 고쳐 실학을 배우자"[3]는 논리로 발전했다. 이후 1899년의 〈학교관제〉와 〈상공학교관제〉, 1900년의 〈광무학교관제鑛務學校官制〉, 1904년의 〈농상공학교관제〉 등 실업 교육을 정비하는 칙령에서 실학은 분과 학문 전반을 지칭하는 말로 사용되었다.

실업 교육뿐만 보통교육의 강조에도 실학은 쓰였다. 1898년《황성신문》 기사이다.

> 여자가 실학實學이 있으면……나라의 어머니들이 학문이 있으면 나라의 아들이 법도[儀]를 받들 것이요 천하의 부인들이 학문이 있으며 천하의 지아비가 모두 높은 지위[內相]가 있을 것이니 이와 같으면 집집마다 문명하고 사람마다 충애하여 여교女敎의 공효가 남교男敎보다 오히려 더할 것이다.[4]

1908년에는 윤 황후가 실학의 쇠약을 한탄하고, "보통교육은 남녀의 구별이 없다"며 고등여학교 창설을 명령하기도 했다.[5]

여성을 포함하는 보통교육에 대한 강조와 더불어 각지에서 신교육을 진흥할 때에도 실학은 새로운 학문 또는 학교 자체를 상징했다. 1905년 의주 군수 신우균은 '구시학교求是學校'를 창설하고 시무時務의 실학, 실업학을 교육했다.[6] 《황성신문》에서는 각 지역에서 일어나는 신교육운동에 대해 실학을 교육하고 문명한 지역에 이르렀다고 여러 차례 평가했고,[7] 다른 신문에서도 신학교의 설립을 '실학 발전', '실학 성황'으로 소개했다.[8]

신학교 설립과 실학 교육은 지역의 자부심을 세우는 일이었다. 신학문 수용에 거부감이 덜했던 지역이 특히 더했다. 1908년《서북학회월보西北學會月報》의 기사는 1894년 이후 평안도에서 신학문 수용의 분위기를 전해준다.

지금 평안도의 인사들은 갑오년과 을미년의 병란 이후에 교육이 금일의 급선무임을 크게 깨달았다. 재산을 아끼지 않고 자제를 서울과 외국에 보내어 실학과 실업을 배우게 하여 나라에 헌신적인 사상과 신민의 의무인 교육에 분발하여 이제 우리나라 문명계에서 일등의 지위를 점유하고…….[9]

평안도·함경도 등지의 실학 공부 열기는 1897년 평양에 건립된 숭실崇實학당을 비롯해 1904년 의주의 양실養實학교, 1908년 강계의 영실英實중학교, 1937년 함경도 청진의 경실景實학원과 명실明實학원 등 '실實'자가 들어간 교명의 설립에서도 느낄 수 있다. 1907년에는 평양의 기생들이 "몸을 파는 일을 그만두고 여학교에서 조직組織, 침선針線, 의학 등의 실학을 공부하여 천대를 받지 않고 실속 있는 인생을 살리라"고 다짐한 사례도 있었다.[10] 조선 시대에 유학의 비주류 지역이었던 곳에서의 실학 교육은 새 문명을 선점하는 일이기도 했다.

신교육의 실학이 각지에서 정착하고 있었음에도 불구하고 유학의 뿌리가 깊은 곳에서는 호응을 얻기 힘들었던 정황도 확인할 수 있다. 1906년《대한매일신보》기사가 전하는 영남의 사정이다.

지금 국민된 자들은 한마음으로 교육하여 수년 안에 (인구와 재물을) 늘려야 하므로 아래부터 실학으로 흥기하면 위로는 실권을 회복할 수 있다. 이 영남嶺南 한 지역에서 옛것을 지키는 이들이 시무를 알지 못해 신학문을 설득하는 자가 있으면 번번이 이상하게 보면서 "우리의 도가 아니야, 우리의 도가 아니야" 한다. 아, 학자들은 들은 것에만 빠지고 보통 사람들은 관습에만 익숙해 국민의 의무와 개인의 자유를 알지 못하는구나.[11]

실학으로 실력을 양성하고 국권 회복을 호소했지만 공도公道를 앞세운 유학자들의 거부감 또한 만만치 않았던 것이다.

한편 실학은 실업뿐만 아니라 과학까지 포괄하였고 과학에 집중한 특수학교 설립에서도 쓰였다. 1908년 《태극학보太極學報》 기사이다.

과학은 곧 실학이니 공리공론도 아니고 상상도 아니고 실제의 학문이다.……학문이라 말하면 치국평천하만 단순하게 생각하여 법률, 정치 등의 학문만 배우기에 열중하고, 실업은 버려두고 돌아보지 않아 실제實際와 실력을 세우지 않고 공리공론에 부화뇌동하여……실학實學이 곧 과학이므로 과학의 보급이 지금의 급선무라 말할 수 있다. 근래 각 군에서 학교 설립이 성황을 이루고 있다.……내 소견으로는 시급하게 실학을 연구하고 과학을 발달시킬 목적의 특수한 취지의 실학교實學校가 다수 설립되기를 기대한다.[12]

실학이 과학임을 밝히고 인문—사회 분야에 치중한 교육을 비판하는 데 그치지 않고, 실력을 갖추는 과학 교육에 중점을 둔 실학교 설립으로까지 나아갔다.

실학 담론의 가능성과 실학주의

1908년 《태극학보》는 "지금은 가히 실학 시대이고 실력 세계"[13]라고 했다. 새 교육은 새롭게 열린 시간과 공간에서 적응하는 일이기도 했다. 새로운 세대인 청년에게 학문에서 구시대와 단절을 권하는 것은 당연했다. 1908년 《호남학보湖南學報》 기사이다.

> 육주六洲가 서로 통하게 되어 우승열패하고 오종五種이 서로 섞이니 약육강식하는 때이다. 시대가 옛날과 다르고 인사人事가 변천하거늘 이 같은 시대를 당하여 옛 시절을 공담하는 일은 꿈속에서 속내를 말하는 게 아니겠는가? 우주를 둘러보니 날로 과학[理學]과 철학의 문화가 발전하고 총포와 전함 사이에서 국위가 흔들린다.……이기理氣와 성명性命을 공담하지 말고 물리·화학·성학·광학[物化聲光]의 실학에 뜻을 두어 옛사람과 선배들의 껍데기를 고수하지 말고 새로 전개되는 시국의 변환을 통찰할지어다.[14]

육주六洲와 우주로 표현되는 넓어진 공간, 과거는 껍데기가 되었고 지금은 여러 인종이 생존을 경쟁하는 시간이 되었다. 이때의 학문은 이기성명理氣性命의 공담이 아니라 과학을 중심으로 한 부국강병의 학문이다. 이 논리에서 실학은 오랜 유교 시대를 넘어 새로운 시공의 세계에서 펼쳐야 할 당위의 학문이 되었다. 1908년 《서우西友》의 기사는 과거의 실학과, 시대 변천에 따른 새로운 실학의 대비를 잘 보여준다.

사서삼경을 홀로 끼고 앉아 일생 동안 강경함을 실학이라 일렀다.……시대가 변하여 우승열패하고 약육강식하니……실지實地에 맞는 새 학문을 강구하지 않을 수 없다.……지금 해외를 두루 돌아다닌 이들은 신천지에서 유학하여 학문을 유신維新하니……가히 실지의 교육을 시행할 수 있고, 실지의 교육을 시행한다면 실업 교육이 급선무이니, 실업은 농·상·공업이다.[15]

과거의 실학은 경학 공부였지만, 지금은 시대의 변화에 따라 실지에 맞는 새 학문이 필요하고, 이는 해외라는 신천지에서 배운 실업 교육을 핵심으로 한다는 것이다. 과거의 실학과 새로운 시공간에 적합한 실학이 선명하게 대비되었다.

과거와의 단절이 깊어질수록 과거의 정신이나 용어를 자유롭게 전취해 실학을 해석하는 담론도 가능했다. 실사구시를 변용한 실업구시

實業求是, 실학구시實學求是, 실지구시實地求是 등이 등장하는가 하면,[16] 실리實理는 강과 바다의 실원實源이나 나무의 실근實根 등 자연에서부터 국부의 기초인 농상공의 실업에 걸쳐 있다는 실리-실학-실업의 논리가 주장되기도 했다.[17]

　일제강점기에 일인들이 교육의 주도권을 잡게 되면서 실업-과학의 실학 담론은 더 성행했다. 일제강점 직전에 《대한흥학보大韓興學報》는 일본 교육계의 사상과 대한제국 교육의 방향을 소개하는 논설을 게재했다.

　대저 명치유신의 개혁은……당시의 일반 사상계의 도도하게 흘렀던 일파는 즉 실학 존중에 있었다. 이제 실학주의 교육파의 급선봉을 일으켰던 후쿠자와福澤 씨의 일을 간략히 알리건대……《서양사정》에서) 서양 제국諸國의 문물제도를 극히 간단히 한 책에 배치하여 당시 일반 사상계를 경동하여 실학 사상이 밀려오게 하는 길을 닦았던지라.……《학문의 권장》에서) 일본의 허문을 청소하고 일용상행에 필요한 실학을 주창하였으며……이에 평민의 자각이 날로 늘어나고 실학의 사상이 팽창하여……명치 5년에 실리주의 교육의 학제를 반포하였도다.……금일 우리 대한제국의 교육계는 실학을 존중하여 물리, 화학 및 농업, 공업 등을 익히고 연구할 때이다. 그러나 우리나라의 지위는 일본의 명치 초기와 크게 다르다. 그 실학을 존숭하여 실리를 강구하는 동시에 역사, 지리 및 법제, 경제의

교재를 선택하여 공민의 교육을 실시함이 가장 급하니…….[18]

일본 발전의 요인은 후쿠자와 유키치의 실학의 권장과 그에 기반한 교육의 수행이었다. 실학은 구체적으로 서양의 과학과 일용상행日用常行의 실업학이다. 특히 실학을 실학주의, 실학 사상, 실리주의 등으로 한층 이론화한 점도 인상적이다.

《대한흥학보》의 위 기사는 일본 실학 사상의 수용을 제기하였음에도 불구하고, 대한제국에서는 이를 그대로 반영할 수는 없으며 인문·사회 방면 교육의 병행도 지적했다. 그러나 일제강점 이후 조선의 독자성은 사라지고 조선 교육의 취약점에 대한 지적과 일본식 실학주의 교육이 크게 강조되었다. 1917년 《매일신보》에서 일련의 사설로 게재한 〈조선교육혁정론朝鮮敎育革正論〉이 대표적이다.

〈조선교육혁정론〉은 3월 27일에서 4월 8일까지 '조선교육혁정의 과도기', '조선과 유교주의', '유교와 신학문'(2회), '조선인의 일대동감一大洞鑑', '종교와 국민교육', '조선 교화의 제일의', '실학 교육의 본의', '무신 조서戊申詔書와 실학 교육', '조선의 정신적 부활'을 부제로 10회에 걸쳐 연재되었다. 조선총독부 기관지의 사설이므로 식민 지배의 정당성을 담론화하는 작업임을 짐작할 수 있다. '고쳐 바르게 한다[革正]'는 제목은 물론, 첫 기사부터 "조선인의 사상 정신을 지배하던 중국 문명의 오랜 폐단을 타파하고 일본식 실용 문명, 실용 학문의 의의를 소화하여 복리 증진을 기하는"[19] 취지를 뚜렷하게 밝혔다. 실학은

6

이 논리의 시작과 결말을 알리는 중요 개념으로서 강조되었다. 중요한 논설인 제8회 〈실학 교육의 본의〉의 일부이다.

실학주의實學主義의 교육은 무엇인가. 이용후생의 학문, 개물성무의 학문이 이것이다. 이제 조선인들이 허학 교육의 질곡에서 벗어나 우리 일본인과 공동생활을 영위하고 충량한 제국의 신민이 되어 문명의 은택에 젖고자 하면 이용후생의 교육을 실시하고 개물성무의 학문을 흥하게 함이 무엇보다 급하다. 저 서양의 여러 나라를 보라. ……농상공예가 그 왕성함을 다함이……중국에 있어서도 상고의 문명은 이용후생의 실학에 기초했다. 저 이른바 성인이 수화목금토곡을 조화롭게 하고 정덕이용후생의 도를 흥성하게 함을 정치의 핵심으로 하여 이를 구공九功이라 명한 것이 이것이다.……그러나 동아 제국의 민족은 그 실리실학의 정신을 실지로 응용함을 알지 못하고 오행의 설, 성리의 학에 급급하여 구공을 오리무중에 장사지내어……금일 동아 제국으로 하여금 서양의 여러 나라와 대치하여 그 문명을 동일케 하고 그 부강을 균일케 하는 도는 다만 실학을 흥함에 있을 뿐이다.[20]

동양 고대의 진실한 학문은 이용후생, 개물성무였으며 이 실학은 동서에 차이가 없었다. 그러나 동양은 중세에 이를 계승하지 못해 낙후되었고, 서양은 문명을 개창했다. 따라서 동양의 여러 나라는 이를 되살리는 실용의 실학을 전개하자는 주장이다. 앞서 5장 2절 3항에서 소개한 구메 구니타케의 논지와 동일하다. 물론 차이도 있다. 구메는 실학을 사용하지 않았으나 이 글에서 실학은 '실학주의의 교육'이나 '실리실학의 정신'으로 뚜렷하게 이념화되었다. 이념의 지향도 크게 다르다. 1870년대 구메의 서술은 서양 문물 수용을 지지하는 논리 구축이 목적이었으나, 이 글은 실학 교육을 통해 조선 인민을 '충량한 제국의 신민'으로 길러내고자 했다. 동양 고대의 이상이었던 이용후생, 개물성무는 물론 실학 교육 또한 동원 이념에 불과했다. 이 주장은 제9회 사설인 〈무신조서와 실학 교육〉에서 메이지 천황의 무신조서를 배독하고, 상하 일심으로 산업에 복무하자는 선동에서 극대화되었다.[21]

요컨대 일제가 선전한 '실학주의'는, 세계 열강의 반열에 오른 일본이 자기를 중심으로 대동아大東亞를 구축하는 동시에 서양과 대치하기 위해 일본에 속한 식민지 인민들이 자신들의 과거를 탈각하고 일본의 신민으로 길러져야 한다는 제국주의 이데올로기였다. 그러나 일제에 의한 위로부터의 '실학주의' 표방은 조선에 튼튼하게 뿌리내리지 못했다. 총독부 기관지였던 《매일신보》에서 〈조선교육혁정론〉의 사설 외에 실학주의를 강조하는 기사는 찾아볼 수 없다. 실학주의 선전은 일회적이었던 것이다.

실업 위주 실학의 한계

조선인 스스로 실업-실학에 집중했던 흐름은 일제강점기에는 어떠했을까. 앞서 보았듯 19세기 말 이후 신교육과 신학문의 실학은 19세기 말 이래 차근차근 뿌리를 내리고 있었다. 그 흐름은 민족의 자강自强과 과학-실업의 인재를 양성하자는 두 목표를 향해 있었다. 이 흐름은 일제강점기에 일제가 내세운 제국 신민의 양성과 실업 교육의 실학주의와 충돌하거나 교차하는 지점에 있었다.

유학계 인사를 포함한 다수의 지식인은 구학문의 유산에서 보편 윤리와 역사적 성취를 취사取捨하고 그에 기반해 신학新學과 조화하는 '조선의 실학'을 전개했다. 1920년 《조선일보》에 실린 신구 학문의 조화를 촉구한 기사이다.

구학계舊學界는 신문명을 수입하고 신학계新學界는 구문화를 준칙準則하라.……잠수항潛水航과 비행차飛行車는 우리가 먼저 발명한 것이다.……대학 과목에서는 수신제가치국평천하의 대도로 차차 실학하고 서양의 신문화를 더하여 조화하면 대성공을 얻을 것이다.……그렇지 않으면 타인의 지식에 의거할지라도 우리의 옛 문화를 온전히 잃을지니 신·구의 두 부문은 서로 보익補益하여……우리의 완전히 높은 광채로 세계 만세에 침체하고 어둡지 않도록 할지어다.[22]

잠수정과 비행차를 만들었다는 역사의 자부심과 유교 윤리에 대한 보편화를 내세우며 신학문과의 조화를 호소했다. 지금의 시각에선 국수적이라 할 전유專有와 유학에 대한 집착도 느껴진다. 하지만 전체 행간에서는 주체성을 견지한 바탕에서 신학문을 공부하자는 긴박감이 읽힌다. 식민지 상황에서 동화同化로 흐르는 일제의 '실학주의'에 저항하는 실학 개념의 확장성이 보이는 것이다. 이는 본 장의 2절에서 본격적으로 다루고자 한다.

한편 과학—실업 교육은 이념과는 또 다른 차원의 장벽과도 마주해야 했다. 과학과 실업 자체는 일제강점기에도 강조된 바였지만 오랫동안 우위를 점했던 문과 범주의 학문, 요즘으로 말하면 인문—사회계 학문과의 오랜 격차를 좁히는 일은 만만한 것이 아니었다. 교육 정책을 일제가 주도했던 시기에는 잘 드러나지 않았지만 해방 후 국민교육의 골격을 논의할 때에 과학—실업의 실학 교육이 처했던 복잡한 지형이 드러났다. 중등교육 의무제를 주장하는 1949년 11월 27일《경향신문》사설이다.

과거 제국주의적 관료 정치의 산물인 실학의 멸시와 인문계통 교육의 치중, 공·사립의 현격한 구별, 형식에 사로잡힌 공허한 학벌의 존중, 주입 암기 교육을 지양[揚棄]하는 위정 당국과 사회 및 민중의 새로운 인식과 각오가 있어야 할 것이니…….[23]

대략 기존 교육의 여러 폐단을 비판하고 새로운 교육 체계를 세우자는 촉구이다. 지목된 폐단 중에 '일제에 의한 실학의 멸시와 인문 교육의 치중'은 흥미롭다. 일제는 제국 신민의 양성을 위해 인문 교육을 왜곡하고 실업에 전념하는 교육을 목표로 했었다. 과학 고등 분야에서의 한국인에 대한 차별이라면 이 비판이 정당할 수 있지만 '실학에 대한 멸시와 인문 치중'은 일제강점기만의 문제는 아니었다고 볼 수 있다. 오히려 일제강점기를 거치면서도 해소되지 않았던 '실학 멸시와 인문 치중'이 더 정확할 것이다.

결국 실학 멸시의 풍토는 일제 이전부터 장기간 지속했던 교육과 사회 진출의 관행이 근본적인 원인이었다. 해방 후 여러 논설에서는 "인문 그중에서도 법·정치·경제의 중요도를 낮추고 실학을 발전시키자"[24]거나, "인문계 중에도 법·정·상法政商 방면을 중시하니 아직도 관존민비의 잔재가 반영되는 실학 천대의 누습"[25]이란 진단들도 있었다. 문과 우위의 교육 전통과 그 전공자들이 출세하는 사회 구조는 일제강점기를 거치면서도 해소되지 않았던 것이다.

과학과 실업 교육의 진흥은 인식과 관행, 교육 구조를 극복해야 하는 장기적인 과제였다. 과제를 달성하기 위해 우리 역사에서 과학과 실업 전통을 부각하는 작업은 꽤 효과적이었고, 따라서 조선 후기 실학자의 소환은 자연스러운 수순이었다.

국민교육의 신국면에 대하여 우리들은 자연과학 교육과 기술 교육에 중점을 둘 것을 강조한다. 우리의 과거사를 보나 현재의 교육의 방향을 보나 인문 교육이 숭상되고 또 숭상되어왔으며, 입신출세하고 이름을 날리는 길이 오직 인문 교육의 수학에서만 열리고 열려왔던 것도 사실이나……근세 한국의 문예부흥기라 하는 조선 영조와 정조 연간에 도학道學과 숭명崇明으로 쇠망해가는 국세를 통탄하고 신교육운동의 선두에서 실학을 제창한 분으로 곧 연암과 다산을 들 수 있고 이 실학운동이 당시 몽매한 민도民度와 민생의 향상에 얼마나 큰 효과를 끼쳤는가는 사실史實이 증명하는 바로……사람들이 아직도 과학 문명의 진의를 깨닫지 못하고 인문 치중의 교육에만 급급하는 것을 부합하여 볼 때 실학 즉 과학과 기술 교육의 보급을 더욱 주창하는 바이다.……전 국민은 국가 융성, 민생 안정의 길이 실학의 보급에 있음을 자각하고…….[26]

뿌리깊은 인문사회 중시 교육, 특히 법·정·경 분야의 전공자가 관료·관리직으로 출세하는 세태에 대한 비판이나, 과학과 기술 발전을 통한 교육입국의 강조에는 필자도 공감이 간다. 하지만 박지원과 정약용이 실학을 제창하여 신교육운동을 선도하고 민생을 향상시켰으며, 그들의 실학이 곧 과학과 기술이었다고 정리하는 것은 어색한 짜맞추기라고 평가하지 않을 수 없다.

애초 실학, 실학자와 근대의 과학, 기술, 실업과의 직접 연결은 무리한 일이었다. 이후 실학과 과학─실업(기술) 교육과의 연계는, 과학사

6

와 전문 분야사에서의 역사적 서술 정도를 제외하면, 일상 교육과 학문에서는 거의 사라졌다. 굳이 흔적을 찾자면 초등학교의 교과목에 쓰였던 '실과實科' 정도이겠다.

2.
조선학의 재발견과
실학 개념

일제강점기에 일제가 주도한 실학주의는 미미했고, 과학-실업을 강조하는 실학은 산발적으로 제기되었으나 해방 후 흐름이 끊겼다. 한국에서 실학 개념은 '우리 안의 실학'을 검증하고 발굴하는 방향으로 전개되었다. 용어를 기준으로 본다면 실학은 1920년대 후반 이후 조선학에서 출발하여 과거에서 개혁과 근대성을 보증하는 역사 개념으로 자리잡았다.

경세학의 발굴, 계보화

우리 안의 실학을 증빙하는 '실학자들'은 조선 후기에 경세와 실용 지향의 학문을 추구했던 학자들이었다. 경세와 실용에 대한 주목은 이전에도 경험한 바였다. 실–실학의 의미를 점차 중시하였던 18세기의 학자들 또한 그들의 과거에서 학문의 정당성을 찾았다. 그들은 실사구시, 이용후생 등을 경전과 고전에서 발굴했으며, 조선의 학자 가운데 유형원 등에 주목했다. 17세기 북인계에 속했던 유형원의 학문은 18세기에 남인, 소론, 노론 등 여러 정파는 물론 국왕 영조와 정조에게도 높이 평가받았다. 박지원이 《허생전》에서 유형원과 조성기를 경제와 외교의 재목으로 꼽은 것은 잘 알려진 바이다.

　18세기 후반부터 거질의 백과사전적 저술이 증가하면서 학문에 대해서도 주제, 인물별로 세분화하는 방식이 성행했다. 경세, 문물 전장에 능했던 학자들의 저술 또한 따로 분류되어 집중화되었다. 19세기 후반 이유원李裕元(1814~1888)의 《임하필기林下筆記》는 그 작업의 성과를 잘 보여준다. 그의 《임하필기》 권11~14는 〈문헌지장편文獻指掌編〉으로 전체 저술에서 분량이 가장 많다. 내용은 국가·지방의 연혁과 풍속, 문화, 의례, 외교, 도서, 지리, 군사, 재정과 경제 정책 등인데 여기서 그가 참고한 학자들은 이이, 이항복, 이수광, 김육, 유형원, 이익, 안정복 등으로 다수가 훗날에 실학자로 거명되었던 인물들이었다.[27]

　20세기 들어 조선 후기의 경세학자들을 한 묶음으로 소개하는 경향은 더 짙어졌다. 1905년 《황성신문》 기사이다.

선정先正과 선유先儒의 언론 문자를 보면 이이가 소차疏箚에서 경제
방책을 깊이 있게 말하고 경장更張의 마땅함을 통렬하게 논한 것이
얼마나 고명한가. 조헌은 서얼을 소통하고 노비 매매를 금지하며
과부의 개가를 허가하자고 논했고, 이식은 공경 자제에게도 군역을
균등하게 부과하자 했으며, 김육은 대동법을 실행하였고, 유형원의
《반계수록》과 정약용의 《경세유표》 등이 모두 시의에 통달하고 경
제에 정통했으니……먼저 현세의 역사를 섭렵하여 대국의 형세를
잘 관찰하고 각종 실학實學에 뜻을 두어 연구하여 실업을 발명하고
학교를 설립하여 자제를 교육하며 사회를 단결하여 동포를 친애하
며 인민을 권유하여 발달로 이끌되…….[28]

이이, 조헌, 이식, 김육, 유형원, 정약용 등이 모두 시의에 정통한
경세제민의 학자들로 범주화되었다. 우리의 전통과 역사를 대표하는
그들의 치적은 현재의 정세에 부응하여 실학과 실업 교육을 권장하는
주장에 정당성을 부여했다.

조선 후기 학자들을 경세학자로 분류하는 작업은 1910년대 장지연
張志淵(1864~1921)에서 일단락을 맺었다. 그는 1917년 4월부터 12월까
지 《매일신보》에 〈조선유교연원朝鮮儒教淵源〉을 연재했다. 그중 8월 25
일에서 30일까지 '유학으로 경제를 겸한 별도의 일파'를 거론하고 유

형원, 정약용, 박지원, 홍대용, 이덕무를 차례로 소개했다. 그리고 "유교로서 경제고거지학經濟考據之學을 겸했으니 실로 한유漢儒의 학술"이라고 평했다.[29] 《조선유교연원》은 그의 사후인 1922년에 출간되었다.

《조선유교연원》은 전통적인 유학사와 새로운 유학사를 매개한다고 일반적으로 평가된다. 그 위치에서 유형원, 정약용, 박지원, 홍대용 등을 학문의 내용에 따라 분류한 점은 시사하는 바가 크다. 비록 그들을 '실학파'로 칭하지는 않았고 고거학考據學이나 한유漢儒의 학술이라고 정의했지만 후대에 성립한 실학자 계보화의 선구적 작업이라고 볼 수 있다.

한편 대한제국 시기부터 실학의 배경으로서 '18세기 조선'을 평가한 것도 참고해야 한다. 이익과 정약용, 홍대용과 박지원 등이 활동하였던 영조와 정조 연간은 '문예 부흥'이란 테마 아래 근대 역사의 첫 장면으로서 강조되고 있었다. 예컨대 현채의 《동국사략東國史略》(1906)과 박정동의 《초등본국약사初等本國略史》(1909)에서 영·정조의 치적과 문화 부흥, 정약용의 학문을 부각한 것이 대표적이다.[30] 역사 서술에서도 성군聖君과 문화 부흥 그리고 당시의 학자들을 연결하여 실학의 등장이 안배되었다.

최남선의 실학풍, 정인보의 의실구독

실학을 배태한 시공간과 조선 후기 경세학자들의 계보화가 진행된 토대

위에서 최남선崔南善(1890~1957)은 조선 후기 일군의 학자들과 그들의 학문을 '실학'으로 본격적으로 정리했다. 그는 1928년에 이른바 '최남선의 3대 통사'의 첫 작품인《조선역사강화朝鮮歷史講話》원고를 1차 마감했다. 그리고 1930년 1월부터 3월까지 동명의 제목으로《동아일보》에 연재했다. 그중 2월 8일에 게재한 〈제33장 문화의 진흥—97. 학풍學風이 변變함〉에서 양란兩亂 이후의 신학풍을 본격적으로 소개했다.

문학이 중국으로 인하여 생긴 뒤로 학문이라 하면 중국의 문학, 경술經術을 의미하여 조선에 들어와도 오래도록 이 유폐를 벗지 못하더니, 양난 이후에 자아自我라는 사상이 선명해지면서 조선의 본질을 알고 실제를 밝히려 하는 경향이 날로 깊어서 영조와 정조에 이르러서는 드디어 풍風이 일변했다. 효종과 현종의 때에 유형원이 ……일평생 조선의 실지實地를 연구하여 종종의 저술을 하고 더욱《반계수록》26권에는 고래의 사실에 증거한 조선 경제의 개조책을 베푸니 이가 실로 신학풍의 앞잡이가 된 것이다. 유형원 이후에 숙종, 영조의 때에 이익이 나와서 더욱 실증, 실용의 학을 창도하고 이 학풍이 멀리 행하여 영조 이후에는 학자는 말할 것 없고 단순한 문사라도 그 태도를 실용적, 내성적內省的으로 가져서 조선 연구의 조수潮水가 갑자기 넘치게 되니……이 실학의 풍이 흘러 정조의 말에 정약용이 나서 박학정식博學精識으로……《여유당전집》백수십권을 저술함에 미쳐 그 최고조를 보였다.[31]

최남선은 조선 후기에 싹튼 자아를 밝히는 새로운 학풍을 '실학의 풍'으로 명명하고, 유형원에서 생겨나 정약용에서 정점을 찍었으며, 그 특징을 "본질을 알고 실제를 밝힘, 실지實地와 사실에 증거, 경제, 실증, 실용" 등으로 정리했다.

조선 후기 새 학풍을 유형원에서 출발하여 정약용의 경제·실증 학문으로 귀결시킨 것은 최남선 이전에도 시도된 바였다. 반면 뼈대를 이룬 학자(유형원-이익-정약용)를 축으로, 안정복·신경준·이만운·유득공·한치윤·이중환·이긍익·정항령 등 여러 학자가 다방면에서 수립한 업적을 소개하여 생성-전파-정점이라는 서사를 선보인 것은 그의 새로운 시도였다. 무엇보다 이들을 '실학의 풍'으로 명명했다. 따라서 이 기사는 근대 실학 개념의 출발로 통설화되었다.

최남선의 실학은 초창기의 개념 정리였으므로 지금과는 다른 맥락에 있었음도 감안할 필요가 있다. '실학의 풍'이 언급된 '제33장'은

최남선(1890~1957)
조선학에 입각한 실학을 사용하여
현대 실학 개념의 첫 선을 보였다.

〈97. 학풍이 변함〉, 〈98. 조정의 편찬 사업〉, 〈99. 북학론〉의 세 절로 이루어졌는데 〈97. 학풍이 변함〉이 비중도 크고 무엇보다 '실학의 풍'이 언급되었으므로 주목받았다. 그러나 장의 전체 제목은 '조선 후기 문화의 진흥'이었고 취지는 대체로 '자아라는 사상'에 기반해 '조선의 본질을 알리는 조선 연구'를 소개하는 것이었다. 최남선이 〈98. 조정의 편찬 사업〉을 이어서 배치하고 영·정조 시기 정부 주도의 왕성한 문물 편찬을 소개한 것은 33장의 취지인 '문화의 진흥'에 따른 것이었다. 마지막 절 〈99. 북학론〉에서도 그 취지를 확인할 수 있다.

> 자기에 대한 엄숙한 성찰이 진행함을 따라서 조선의 결함 및 그것을 바로잡을 방책을 생각하는 풍이 일어나니…….[32]

이른바 북학파가 외국의 장점을 배우고 교통과 무역을 중시한 것은 우리 자신에 대한 성찰과 교정에서 출발했음을 강조했다. 근대 실학 개념의 출발로서 간주되는 〈97. 학풍의 변〉에서의 실학은 조선의 독자적 문화 부흥을 이끈 학풍과 문물 정비의 맥락에 있었다고 할 수 있다.[33]

최남선이 조선 후기 문화 부흥의 학풍을 '조선의 자아를 찾는 실학', '정부가 주도한 문물 편찬', '조선의 단점을 보완하기 위해 외국의 장점을 배우자는 북학'으로 구성한 점에서 보듯, 실학과 북학은 실질을 중시하는 공통점이 있음에도 병립했다. 그렇다면 우리는 실학이 문예 부흥의 범주를 벗어나 북학을 포괄하게 되는 계기, 즉 외연을 확장하는 시점을 살필 필요가 있다. 이는 실학이 조선학에 국한되지 않고 보편 학문의 의미를 지녀야만 가능한 것이었다. 이 점에서 같은 해 정인보의 작업을 주목할 만하다.

정인보鄭寅普(1893~1950)는 1929년에 이른바 '문광서림판《성호사설》'[34]의 서문을 썼다. 그 첫머리에 학문의 지향이 선명하다.

> 무릇 학술의 중요한 점은 은미한 곳을 밝혀 본말과 시종을 드러내 인민을 돕는 것이다. 여기에 도달하려면 참으로 이理를 얻어야 한다. 이理는 허虛에서 알아낼 수 없으니 반드시 실實에 의거해야 한다. 실은 범범하게 포괄해서는 안 되고 반드시 독獨을 구해야 한다. 독을 구해야 실에 의거할 수 있고 실에 의거해야 이理를 터득할 수 있다. 이처럼 밝혀나가는 효과는 인민과 사물에 모두 적용되어 감추어질 수가 없다.[35]

인용문의 전반부는 학문의 목표와 학문이 구성된 층위이다. 층위는 득리得理–의실依實–구독求獨으로 구분되었다. 이어서 학문의 방법론을 제시하였는데 구독–의실–득리의 순서였다. 대체로 구독은 개별성·독자성을 파악하는 것이고 득리는 보편성을 터득하는 것이다. 의실은 둘 사이를 매개하는 범주로서 굳이 표현하면 실상을 따지는 것이다.

득리, 의실, 구독은 같은 비중으로 제시되었지만 사실 이 글에서는 조선 학문의 현실에서 의실과 구독의 긴급함을 강조했다.

(학자들이 중국을 사모하는 풍조를 만들어) 논의는 장구했지만 (스스로의) 성정은 미미해졌고 인증은 번다했지만 본질을 잃었으니 이른바 실과 독獨을 어떻게 볼 수 있었겠는가? 독을 가지고 말하면 처한 데에 따라 정해져 있는 게 아니다. 작게는 벌레나 티끌에서 크게는 나라에 이르기까지 가까이는 심성의 경험에서 멀게는 별들의 운행까지 모두 각자의 실이 있고 독은 이를 통해 생겨난다. 그런데 지금 자신의 독을 버리고 남의 독에 맞추었으니 근본을 이미 잃어버렸다.……학술이 가짜가 되어 실이 없으니 그 영향이 흉부에 미쳤고, 시비를 '타고난 양지[天良]'에 근본하지 않고 뭇 사람들이 달리는 곳으로 쫓으니 꼭두각시가 되어 즐거워하는 꼴이라 어찌 패착이 되지 않겠는가.[36]

독은 구체적인 개성이자 자립한 존재이다. 실은 독이 깃들어 있는 본질 혹은 존재의 정체성이다. 그런데 우리는 오랜 세월 동안 중국을 기준삼아 독을 구했다. 허상에 기반했으므로 실상에 제대로 다가설 수 없었고 그 결과 스스로의 성정과 본질을 망각했다. 초점을 자신에게 맞추고 실상을 파악해야 하는 것이다. 정인보는 그 방법이 '의어실依於實, 구어독求於獨'이고, 그 학문이 '의실구독의 학문[依實求獨之學]'이라고 여러 차례 강조했다.[37]

정인보가 강조한 의실구독의 실학은 주체적인 조선학이란 점에서 최남선과 공통점에 서 있다. 그러나 의실구독의 학문은 궁극적으로 이

6

理를 얻어야 했고 인민에 도움이 되며, 인간과 사물에 모두 적용된다는 보편 지향이 뚜렷하다. 앞의 인용문 마지막에서 제시한 '타고난 양지'는 인간 누구나 지닌 보편의 실심實心으로 보아도 무방하다. 보편의 강조는 실리-실심-실행을 중시한 유학 또는 양명학의 영향임을 감지할 수 있다. 결국 정인보가 1929년에 언급한 의실구독의 실학은 구체성에 기반하여 보편 진리를 확인하는 보편학이자, 조선의 실상에 의거해 독자성을 수립하는 조선학이기도 했다.

한편 1930년에는 이병도李丙燾(1896~1989) 역시 실학을 언급했다. 그러나 그는 새로운 의미를 부여한 것이 아니었고 실학의 오랜 용법들을 확인했다.

(성리학은) 조선에서는 문장학에 대칭하여 이를 실학이라고도 한다. 이는 곧 송나라 학자들이 한당漢唐 학자들의 고거훈고考據訓詁

정인보(1893~1950)
1930년대 실학 개념의 정립과 확산에
크게 기여하였다.

학풍에 불만을 느껴 자기의 두뇌, 자기의 이성을 통하여 공맹의 학에 곧바로 접하여 교의敎義를 체험하며 또 우주·심성 등의 근본 문제에 대하여 철학적 사색을 시도하여 의리와 진실이라는 즐거움을 누리려는 고급한 학문에 속한다.[38]

이병도의 실학은 조선학이나 근대의 보편학으로서의 실학과는 거리가 있었다. 다만 실학이 조선의 자아와 근대성을 찾기 위한 개념으로 싹틔우는 시기에 실학의 역사적 용례를 중시한 점에서 의미가 있다. 이후 실학이 민족적, 근대적 의미를 전개하는 것에 대한 반反테제적 기준을 설정했기 때문이다.

실학의 외연 확대

1930년대에 실학은 용어와 의미에서 괄목할 만한 진전을 이루었다. 먼저 한국사 저술에서 실학이 독립적으로 설정되거나, 주요한 설명 용어가 되었다. 1931년에 출간된 신명균의 《조선역사》에서 '실학의 창도'라는 항목이 설정되었고 유형원, 이익, 정약용이 실제, 실증, 실용의 학문으로 정리되었다. 다른 한국사 저술에서도 실학이 용어로 쓰이기 시작했다.[39]

용어에서도 변화가 있었다. 1929년에 정인보가 '의실구독의 학', 1930년에 최남선이 '실학의 풍' 등으로 표현했지만 이내 '실학'이 자연스러워졌고, '실학파', '실학자' 등의 사례가 속속 등장하여 특정한 학파, 학자로 굳어졌다.

한국인으로서 실학파를 처음으로 사용한 사람은 국문학자 김태준金台俊(1905~1950)인 듯하다. 김태준은 1931년 1월에 《동아일보》에 게재한 〈조선소설사 (39)－영정英正 시대의 소설〉에서 최남선의 《조선역사강화》를 인용하여 실학을 개괄하고, 이어 '실학파와 소설'이란 소제목에서 실학파 문인들을 소개했다.[40] 다만 일본인 학자 이나바 이와키치稻葉岩吉(1876~1940)가 이에 앞선 1929년에, 남병철南秉哲(1817~1863)의 천문, 수학, 역법의 저술에 주목하여 그를 실학파로 표창해야 한다고 주장한 바가 있었다.[41] 그런데 김태준과, 김태준이 근거한 최남선의 《조선역사강화》는 실학풍, 실학파가 18세기 영·정조 시기의 문예 부흥을 배경으로 발흥했다고 보았다. 반면 이나바 이와키치는 19세기 조선의 천문, 수학자인 남병철을 평가했으므로 상호 간의 영향은 희박해 보인다.

김태준의 〈영정 시대의 소설〉은 최남선이 사용한 실학의 구도를 변용한 사례이기도 했다. 김태준은 최남선이 《조선역사강화》에서 조선 후기 문예 부흥의 구도하에 실학은 조선학이고 북학은 경제·교류에 주력했다는 취지를 크게 줄였다. 대신 계몽사상, 실학운동, 실사구시, 경제 학풍, 실제를 밝히는 경향 등을 포괄적으로 강조했다. 소설의 실학적 배경을 소개하기 위해서였으니 다소 뭉뚱그렸을 수도 있지만, 실학의 의미가 조선학에서 시대를 대표하는 학문으로 확장되고 있었다. 실학 개념의 외연 확장은 이어지는 기사에서 실학파의 이상향이 계승되고 있거나[42] 유형원과 이익의 실학이 박지원의 〈허생전〉에 영향을 미쳤다는 서술[43]에서도 확인할 수 있다.

다만 김태준은 출간한 저서에서는 이 제목을 바꾸었다. 그의 《조선소설사》는 1933년에 청진서관에서 출간되었는데 초판본에서는 〈실학파와 소설〉이 〈실사구시의 학풍과 소설의 유행〉으로 바뀌었고 이후 그대로 유지되었다.

한편 정인보는 '의실구독'의 실학을 여러 차원에서 진전시켰다. 백낙준의 회고에 의하면, 정인보를 중심으로 연희전문학교 사학연구실에서 1928년부터 국학 진흥이 제창되었고 '조선학'이란 새 단어가 나돌면서 실학 연구가 태동했다고 한다.[44] 조선학에 토대한 실학 연구가 대학 기관을 중심으로 착수되고 있었던 것이다.

정인보는 1930년대에는 실–실학과 관련한 의미를 확장하고, 실학을 조선 후기 사상의 특징적 기풍으로 증명해나갔다. 1931년에 홍대용의 학문에 대해 내린 평가이다.

> (《의산문답》의 역외춘추域外春秋라 하여) 허실虛實의 문답을 이로써 결론하는 것을 보면……자족自族을 주로 하는 실학과 자토自土를 지키는 실정實政을 들려는 그 깊은 마음을 우러러 알 수 있다.……(《임하경륜》은) 8세 이상이면 의무교육을 실행케 하며 반드시 실덕實德의 배양, 실예實藝의 가르침으로 과목을 세워……실심實心에서 우러나온 지언至言이라……(《주해수용》은) 역산의상曆算儀象에 실시實試

한 것이라……담헌은 기器로서 정도定度를 실측實測함을 위주로 한 지라……(《연기》는) 우리에게 어떠한 실익實益을 도모할 수 있도록 하였으니…….[45]

홍대용의 대표 저서인 〈의산문답〉, 〈임하경륜〉, 〈주해수용〉, 〈연기〉에 대해 실학, 실정, 실덕, 실예, 실심, 실시, 실측, 실익 등을 특징으로 거론했다. 그가 1929년에 이익의 학문을 의실구독으로 평가했음을 감안하면 '실'의 의미장을 확대하는 추세였음을 알 수 있다.

이후 정인보는 조선의 양명학 역사를 정리한 역작 《양명학연론陽明學演論》을 1933년부터 《동아일보》에 연재하기 시작했다. 이 연재에서도 그는 유학의 정신을 실학이라고 하거나, 왕양명王陽明의 종지宗旨 또한 허虛를 배제하는 실학이라고 했다.[46] 마침내 그는 조선에서 양명학의 중심이 되었던 정제두의 학문 역시 실학과 조응하는 것이었다고 했

김태준(1905~1949)
한국 문학사에서 처음으로 실학 개념을 수용하여
조선 후기 문학을 서술했다.

다. 그 기준에서 그는 전통적으로 양명학의 계보에 있지 않았던 홍대용 등을 연결했다.[47] 《양명학연론》은 조선의 양명학이 넓게 보면 조선 실학 성립의 한 뿌리였음을 방증했다.[48]

정인보의 실학 확장 작업은 1930년대 중반에 정약용에서 절정을 이루었다. 이는 이어지는 6장 3절 3항에서 다룬다. 한편 그가 1935년에 정약용을 '실학자實學者'로 지칭한 것은, 실학자의 선구적 사례로서 주목할 만하다.[49]

1930년대 실학은 학문적 계보에서도 큰 진전을 이루었다. 앞서 보았듯 정인보 등은 이미 실학의 범주 안에 북학이나 양명학을 포괄하고 있었다. 1934년 문일평文一平(1888~1936)은 김정희의 실사구시의 고증학도 실학의 영향으로 보았다.

물론 (김정희) 선생의 학문이 실사구시하는 조선 박학의 계통을 이어 그것을 대성한 것이지만 한편으로 청나라 고증학의 신수神髓를 섭취하여 자기화한 것은 가리울 수 없는 사실이다.……반계 유형원과 성호 이익 이래 정주학의 밖에서 새로 일어난 실사구시의 학풍이 점점 행하여져 영·정조에 이르는 일반 학계를 풍미하게 된 바 특히 정조의 숭문崇文의 치세 원년에 규장각을 세우고 이덕무, 유득공, 박제가 등을 기용하니 그들은 모두 실학파의 준걸들로서 일찍부터 청대 문물에 대해서 깊은 이해를 가져, 박제가 같은 이는 북학론을 주장함에 이르렀으니, 이분이야말로 완당 선생의 이십 세까지

의 사우師友였다. 이로 보면 완당의 학문의 유래를 넉넉히 짐작할
수 있지 않은가.[50]

문일평은 유형원·이익의 특징인 실사구시, 박학, 탈성리학 경향이
영·정조 시대에 풍미하였다며, 북학파의 박제가 등을 포함해 이들을
실학파로 총칭했다. 또한 김정희는 이들의 학풍과 청나라 고증학의 성
과를 융합한 것으로 보았다.

1930년대 후반이 되자 실학을 중심으로 조선 후기 학계를 설명하는
작업은 자연스러워졌다. 18세기 지리학자였던 신경준申景濬(1712~1781)
의 문집이 1939년에 간행되자,《동아일보》는 사설에서 "신경준의 실학
은 이익, 정약용과 더불어 3대가"라고 했고[51] 다른 기사에서 '이 땅 실학
계의 결정'으로 제목을 삼고 그를 조선 실학파의 거성이라고 했다.[52]

1930년대 실학은 물론이고 실학파·실학자·실학계가 등장하였고,
내용에서도 북학, 양명학, 고증학을 아우르게 되었다. 실학은 조선 후
기의 개혁 사상을 대표하며 당대의 지식인에게 우리의 문화 자산으로
인식된 것이다. 1940년에 작가 박종화는 자신이 30대 시절에 탐독한
작가와 작품으로 바이런·하이네·괴테·베를렌의 시와 선인들의 문집
을 꼽고, 이어 "될 수 있는 대로 조선학의 문어귀文語句와 실학파의 걸
어간 발자취를 읽어 윤곽을 겨우 희미하게 알 뿐"[53]이라고 했다. 1901
년에 출생한 그의 30대가 바로 1930년대이다. 식민지 시기에 교육받
은 첫 세대였던 그에게 조선학과 실학이 갖는 의미를 확인할 수 있다.

3.
실학과
근대의 만남

김윤식의 기대와 좌절

김윤식金允植(1835~1922)은 1902년에 《연암집》의 서문을 작성하며 실학과 관련한 중요한 서술을 했다.

하늘이 개물성무의 운수를 통하게 하려면 반드시 몇 세대 전에 뛰어난 사람을 보내 단서를 열고 몇 세대 후에 효과를 보인다. 옛날 유럽의 정치사상가 몽테스키외[蒙氏]와 루소[盧氏]의 설은 당시 사람들이 모두 돌아보지 않았지만, 지금은 온 세계가 숭상하는 책이 되어 금석처럼 떠받들며 논자들은 세계 정치 변화를 일으킨 가장 중요한 핵심이라 평한다.……아는 자는 경세제민[經濟]의 문장이라 생각했고……지금 문집의 말을 한번 살펴보면 오늘날 가장 중요한 시무의 여러 학문과 도모하지 않았어도 저절로 합치된다.……〈농설農說〉에서 "사민四民의 생업은 모두 선비를 통해 이루어지는데 후세에 농·공·상이 본업을 잃은 것은 선비가 실학하지 않은 탓이다"라고 하였고, 〈북학의서北學議序〉에서……"심지어 이용후생의 도구는 날이 갈수록 빈약해진다. 이는 다름 아니라 학문을 제대로 알지 못해 생긴 잘못이다"라고 했다.……이는 오늘날 농학·공학·상학商學을 배우는 의의이다.……서양의 훌륭한 법이 육경六經과 암암리에 합치하지 않은 적이 없었다. 선생은 유학자였으니 경술과 문장이 모두 육경에서 나왔지만, 말이 서양과 부합하는 것이 무엇이 이상한가? 단지 공리空理에 빠져 실사實事를 탐구하지 않는 속된 유학자들이 걱정스러웠을 뿐이다. 사대부가 경세제민에 마음을 두지 않기 때문에 국세는 날로 미약해지고 민생은 고달파지고 서양인들이 육경을 쓸데없는 책이라고 의심하게 되었으니, 탄식하지 않을 수 없다.[54]

김윤식은 고도古道의 정수를 개물성무, 이용후생, 경세제민[經濟] 등으로 꼽고 그 취지에 부합하는 학문이 실사實事에 힘쓰는 실학이라고 했다. 그리고 박지원의 대표 저작인 〈농설〉과 〈북학의서〉 및 〈애오려기愛吾廬記〉, 〈회우록서會友錄序〉, 〈논원도서論原道書〉 등을 실학의 성과라 하고, 당시의 평등·겸애 사상, 사회학[群學], 철학, 농·공·상학, 명예설, 과학[格致之工], 광물학[鑛務學], 철도론[鐵路議], 화폐론[原貨], 유학遊學 등 10개의 현대 학문 또는 사상에 대칭했다. 또한 그를 계몽사상가 몽테스키외, 루소 등과 비견하였고, 서양의 훌륭한 법은 동양의 육경과 부합한다고 보았다.

김윤식의 평가는, 비록 박지원 개인에게 집중되었지만, 실학을 동·서양 보편의 학문 정신으로 간주하고 서양의 근대와 상통하는 요소를 우리 역사에서 발굴하는 작업이었다. 조선학에서 출발하여 성리학·양명학·고증학 등의 자산을 융합하는 경로와는 또 다른 실학 개념의 확장으로 주목할 만하다.

그러나 김윤식의 적극적인 평가는 이후 성과 있게 진행되지 않았다. 일제강점기였던 1914년에 김윤식의 문집 《운양집》이 발간되었고, 1915년에 그는 제국학사원상帝國學士院賞을 수상하게 되었다. 김윤식은 학사원상을 주선한 쓰에마츠 겐초末松謙澄(1855~1920)에게 편지했다.

듣건대 이에 선발된 인사들은 경술經術에 박학한 선비가 아니면 반드시 전문적인 실학을 연구하는 이들로서 책을 저술하여 새로운 이치를 발명하였으니 요컨대 모두 세상에 보탬이 되는 분들입니다. 저처럼 썩은 유학자의 진부한 말이 있건 없건 어찌 외람되게 그 사이에 끼겠습니까?[55]

김윤식이 박지원을 선각자로 높이고 서양의 근대 사상가에 견주었던 박력을 떠올리면, 비록 위 글에서 겸양이 있음을 감안하더라도, 일본의 분과 학문을 '새 이치를 발명하는 실학'으로 높이고 자신을 '진부한 유학자'로 자처한 수사修辭에서 격세지감이 느껴진다.

한편 김윤식과 교류했던 또 다른 일본 인사였던 다케조에 신이치로竹添進一郎(1842~1917)는 김윤식의 학문에 대해 전통적인 유학=실학을 사용했다.

공자의 실학이 진리임을 알고서孔門實學知眞理
집안의 유풍으로 옛 학문 지키네家世遺風守古香[56]

시는 전체적으로 김윤식이 《춘추》 등의 경학에서 이룬 성과를 칭송한 것이었다. 다케조에는 오히려 김윤식에 대해 전통적인 실학을 사용했다. 실학의 의미는 고정적이지 않았던 것이다.

참고로 초기 한국학의 성립에 상당한 영향력을 행사했던 일본 학자들의 경우도 서로 다른 기준으로 실학을 사용했다. 앞서 소개한 이나바 이와키치는 19세기 조선의 천문, 수학자인 남병철을 실학파로 거론했다. 이에 대해서 "유용성을 중심으로 학문을 판단하는 일본에서의 실학 사용이 조선 유학사 평가에 적용되었을 가능성"을 지적한 연구가 있다.[57] 과학—실업학으로 실학을 주로 사용했던 일본의 학풍에서 뛰어난 천문, 수학자였던 남병철을 실학자로 평가하는 것은 근거가 있다고 생각한다.

그러나 다카하시 도루高橋亨(1878~1967)의 경우는 또 다르다. 1925년부터 조선 유학에 대한 일련의 논저를 저술한 그는 조선의 이른바 실학자들에 대해 주로 '경제학파'를 사용했다.[58] 과학─실업학의 실학 개념에서 조선 유학자를 제외하는 것이라 볼 수 있겠으나, 후쿠자와 유키치 이래 과학─실업의 실학이 학술 용어로 정착하지 않았기에 빚어진 현상일 수도 있겠다.

다산학의 재조명

김윤식의 사례는 실학에서 근대를 읽어내는 작업이 1910년을 계기로 한풀 꺾였음을 방증한다. 국가 상실이 근대 기획의 좌절 혹은 근대의 결여를 절감하는 계기였음을 짐작하기란 어렵지 않다. 상실로부터의 탈출에는 내딛기 쉬운 계단이 필요했다. 1920년대 후반~1930년대 초반에 굳건해진 실학 개념은 그 역할을 했다. 6장 2절에서 보았듯이 조선 후기의 문예 부흥과 그에 조응하며 성장한 조선학=실학이란 구도는, 근대와의 관계 설정이 없어도, 주체에 대한 긍지를 크게 고조시켰다. 이제 실학은 다시 '근대성'이라는 까다로운 숙제와 마주할 수 있게 되었다.

정약용의 학문은 1930년대에 근대의 실학을 설계할 수 있게 한 자산이 되었다. 그와 근대의 만남 또한 박지원과 비슷한 경로였다. 1902

년에 김윤식이 박지원을 몽테스키외와 루소에 비교했던 것처럼, 1908년에 이건방李建芳(1861~1939)은 정약용을 루소와 몽테스키외에 견주었다.[59] 정약용의 주요 저술이 1900년대 이래 지속적으로 출간되긴 했지만[60] 1930년대까지 적극적인 평가가 더뎠음도 박지원과 비슷했다.

잘 알려져 있다시피 정약용에 대한 활발한 연구는 1936년 '다산茶山 서거 100주년'을 전후해서 정점을 이루었다. 1930년대 정약용 연구의 시동을 건 인물은 정인보였다. 그는 1934년 9월에 《동아일보》에 6회에 걸쳐 〈유일한 정법가政法家 정다산丁茶山 선생 서론緖論〉을 게재했다. 그는 "선생 한 사람에 대한 연구는 곧 조선사의 연구요, 조선 근세 사상의 연구요, 조선 심혼의 명암[明翳] 내지 전 조선의 성쇠와 존멸에 대한 연구"[61]라는 유명한 선언과 함께 정약용의 저술 모두가 실實에 근거하고 실을 추구한 실학임을 분명히 했다.[62]

정인보는 정약용 연구의 기폭제 역할도 했다. 1934년 《조선일보》 편집고문이었던 문일평은, 정인보에게서 정약용의 실학에 대한 설명을 듣고 〈정다산丁茶山의 위적偉績〉이란 사설을 썼다.[63] 사설의 전반부는 유형원–이익으로 이어지는 이용후생의 실학이 영·정조 연간에 실사구시의 실학풍으로 풍미했고 정약용이 집대성했다는 내용이다. 이어 그는 정약용에 대해 새로운 의미를 부여했다.

그러나 선생의 학문과 저술은 한갓 무실務實이나 실사구시만으로는 설명되지 않는다. 오늘날 말로 하면 선생은 학계 혁명을 꾀한 것이니……선생의 위대한 점은 조선 종래의 학술을 혁명하는 동시에 서양의 신학新學을 포괄하여 조선의 부강을 꾀하려고 함에 있었으니 그때 벌써 광학, 역학, 천문학에서 종두술까지 연구한 것은 놀랄 만한 일이다.[64]

정약용의 당대 학계에 대한 비판과 일신, 서양학 수용과 조선의 부강 도모, 분과 학문에서의 선진적 성과 등을 부각하여 '학계 혁명'으로 정의하고 근대의 기원으로 삼는 시도였다. 문일평은 1938년에도 "실사구시의 학풍은 유학의 공리空理 편중에 대한 반동으로 생겨났고, (정약용의 학설은) 현대 경제에 일치하고 부국강병을 꾀한 것"이라 했다.[65] 이 논설에서는 근대의 선구자로 홍대용과 박제가까지 포함하여 실학과 근대가 조우하는 지평을 넓혔다.

'근대의 개척자 정약용'의 면모는 그의 서거 100주년을 맞이해 안재홍安在鴻(1891~1965)의 평가에서 절정에 달했다. 1935년 7월에 《조선일보》는 '정약용 특집'을 전면으로 기획하고 안재홍의 논설을 중심으로 저술 목록, 연보 등을 게재했다. 특집의 제목과 소제목은 다음과 같다.

우리 문화의 대하류大河流-현대에 빛나는 위업
다산 선생의 대경륜大經綸-조선 건설의 총계획자
지금도 후배가 의거할 조선의 태양
인민부소富蘇 국가자강 평등호조互助를 이상理想

서구 정통경제학적 정책과 같이 이미 민주주의자의 이데올로기를 가져[66]

안재홍은 정약용의 학문은 인세문화人世文化의 각 방면, 즉 천문·지리·역사·정치·경제·법제·농정·토목·교통·기기·철학·의학·박물·고증·시문 등에 정통했고, 민생 경제의 해방, 부강·윤택한 인민, 강고한 군사, 혁신적 건설, 산업민주주의의 실현, 만민평등과 귀천공애貴賤共愛의 신국가 건설, 과학적 비판의 입안자 등으로 평가했다.

안재홍은 실학을 계보화하고 근대 사상가와 비교하기도 했다. 정약용은 홍대용·박지원·박제가·안정복·이중환·신경준·정상기의 한계를 넘었고, 유형원·이익·이이명·최명길·장유·최석정 등에 연원했다고 하였다. 또한 루이스 모건, 루소, 황종희, 애덤 스미스의 성과에도 비유했다.[67] 최익한崔益翰(1897~?) 또한 1939년에 정약용을 루소, 벤담, 케네 등과 비교했다.[68]

1935년대 중반 정약용의 서거 100주년을 지나며 실학은 정약용을 기점으로 기존 실학자들의 업적을 종합하고 서양의 근대성에 한층 동조하는 성격의 학문으로 정리된 것이다. 정약용을 중심으로 실학의 정리와 근대 지평이 열리면서 신조선사는 1934년부터 1938년까지 정약용의 문집《여유당전서與猶堂全書》영인본 간행 사업을 진행했다. 정인보, 안재홍 등이 주도했으며,《동아일보》등은 비용 마련을 위한 모금 운동을 펼치기도 했다. 그리고 마침내 1938년에《여유당전서》76책이 출간되었다.

문집 발간을 계기로 정약용에 대한 연구는 더 왕성해졌다. 특히 최익한은 1938년 12월부터 1939년 6월까지 65회에 걸쳐《동아일보》에 〈여유당전서與猶堂全書를 독讀함〉을 연재했고, 이를 수정·보완하여 1955년에《실학파와 정다산》을 출간했다.

실학의 시대적 역할

1930년대 중반 정약용과 실학자들에 대한 연구는 한국학의 정체성을 지키는 '국학운동'이기도 했으며, 당시 일제가 자행한 민족 말살에 대한 저항이었음은 잘 알려져 있다. 실학이 당대를 비판하고 미래를 준비한다는 실천적 성격을 갖는 한, 그것은 정해진 수순이었다.

실학자들의 당대에 대한 비판은 그들이 '봉건의 붕괴'를 알리는 선구자라는 평가와 상통한다. 1939년 1월 1일《동아일보》는 새해를 맞아 〈자강불식自彊不息, 학문에 정진〉이란 특집을 2면에 걸쳐 게재했다. 특집은 〈실용 실학의 선구자들─부문위학浮文僞學에 항거연마抗拒硏磨〉라는 기사가 주축이었고 유형원을 비롯한 26인의 실학자들을 소개했다. 특집의 취지는 다음과 같았다.

조선에서 유학이 진행될수록 번지르르한 문장과 허례虛禮를 숭상하고 실용실학實用實學을 전폭적으로 배척했다.……(양난 이후) 실용실학의 방면으로 시각을 돌리는 것은 벌써 유학의 봉건 사회가 한 길로 붕괴할 운명임을 예언적으로 표시한 것이다. 실학의 선구자인 반계磻溪와 잠곡潛谷 이래 근세까지 약 200년간 식자 계급의 일부가 각기 문자와 저서를 통하여 허문위학虛文僞學을 배척하고 실용실학을 주장하던 실례實例를 손닿는 대로 이하에 약간 적어보려 한다.[69]

실학의 흥기는 "유학에 토대한 봉건의 붕괴를 알리는 예언적인 표시"였다. 한편 이 기사와 함께 실린 〈아는 것이 힘〉이란 기사에서는 지력知力의 중요성과 학문의 연마를 강조했다. 그 밖의 기사는 보성·연희·이화전문학교의 도서관, 학문에 정진하여 훌륭한 업적을 남긴 손진태·김두헌·김태준·문세영·유자후 소개, 옛날의 학제學制 운영, 출판계의 진흥 촉구 등이었다. 대체로 실학의 중요성을 설명하고, 그 취지를 계승하여 현재 지식을 연마하고 학문을 발전시키는 사람과 기관을 알렸던 것이다. 지식으로 봉건을 부수었던 실학자들처럼 학문 연마를 통해 자강自强하자는 의도가 자연스레 읽힌다.

실학자에 대한 시대적 역할의 부여가 커지는 만큼 그들을 좌절시킨 반동에 대한 비판도 덩달아 커졌다. 실학의 기풍이 꺾인 주요한 계기로는 1801년(순조 1)의 이른바 신유박해辛酉迫害가 주로 거론되었다.

순조 원년에 이른바 신유사옥辛酉邪獄이 일어나 당시 혁신적 학풍을 부식앙양扶植昂揚해오던 실학 일파는 찬축竄逐과 주륙誅戮으로 한갓 당쟁 폐정弊政의 무참한 희생이 되고 말았다.[70]

현실에서 실패했지만 불우한 환경을 이겨낼수록 그들은 오히려 영웅이 되었다. 안재홍은, 과거 조선에서 봉건적, 고립적 환경으로 인해 진정한 민중의 영웅이 나타나지 못했으나 몇몇 실학파 대학자들만이 민중과 교섭하여 역사에 빛났다고 주목했다.[71]

이 같은 서사에 가장 어울리는 인물은 정약용이다. 잘 알려져 있다시피 그는 신유박해로 인해 18년 유배의 고초를 겪었지만 이를 오히려 자신의 학문을 완성하는 계기로 삼았다. 마침내 정약용은 미래를 준비하고 인류 보편의 발전을 진전시켰다는 평가에까지 이르렀다. 1938년 안호상安浩相(1902~1999)의 평이다.

선생의 실학운동은……유학의 정로正路이며 발전인 것이다.……선생은 백 년의 뒷일을 확연히 추측하였던 것이다.……조선의 역사에 일대 전환기가 시작되리라는 것을 선각하였던 것이다.……선생은 동양학으로서 인간 안의 생활의 진실을 꾀하였으며 또 서양학으로서 인간 바깥 생활의 풍부를 도모했다.……조선의 민중 아니 세계 인류의 이상적 생활이 실현될 것을 미리 예측하였었다.……선생이 우리에게 끼친 과제와 업적은 결코 과거의 것이 아니라 도리어 현대와 미래에 영원히 생동하고 있을 것이다.[72]

6

정약용에 대한 기대와 찬사로 가득 찬 이 글에서 그의 실학은 운동이고 발전이며, 동양학과 서양학의 융합이고, 민족을 넘어 세계 인류의 보편 자산이었다. 찬사는 정약용이 현재는 물론이고 미래에 대한 준비에도 답을 준다는 데에서 절정을 이룬다. 학술의 영역을 넘어 대중의 열망에 부응하고 변화의 동인動因이 되었음을 보여주었다.

1930년대 중반 마르크시즘에 입각한 한국 연구자들의 실학 평가 역시 크게 다르지 않았다. 시대의 소명을 위한 실학자들의 분투와 좌절이라는 서사는 근본적으로 역사발전론과의 동조 가능성이 컸으므로, 사회주의 혹은 그와 공감하는 국학자들은 실학자들을 봉건 질서의 해체와 근대로의 이행移行을 준비했던 인물들로 정리했다.

백남운白南雲(1895~1979)은 1933년에 출간한 《조선사회경제사》에서 유형원, 이익, 정약용, 박지원 등을 현실 학파로 정의했다. 1935년에는 정약용을 '봉건 사상과 근세 자유 사상 사이의 과도적 존재'로 보고 여전법閭田法을 '공상적 사회주의의 맹아'로 평가했다.[73] 국문학의 김태준, 철학의 최익한 등의 정약용 평가도 크게 다르지 않았다.

임화林和(1908~1953)가 김태준과 백남운의 연구에 토대하여 1939년 9월부터 11월까지 《조선일보》에 연재한 〈개설 신문학사〉에는 그 서사가 잘 반영되어 있다.

사문난적斯文亂賊이란 율법이 곧 학문의 이단자를 사형장으로 내모는 지극히 엄혹한 조건 아래서 실사구시의 학풍이 성장한 사실을 우리는 기억할 필요가 있다.……그들이 구舊 사회의 부패를 목도하고 새 사회 탄생에 눈뜬 선구적 지식층이었음을 이해할 수가 있다. 이 현상은 현대 인텔리겐차의 성격과 조금도 다름이 없다.[74]

실학자들은 당대에 이단으로 몰릴 수 있는 곤경에 처해 있었지만 사회의 병폐를 지적하고 새 사회를 위한 선구자적 역할을 마다하지 않았다. 그것은 지금의 혁명적 지식인과 실존적으로 동일했다. 실학은 지금 준비해야 할 미래를 위한 동력이 된 것이다. 이어지는 기사에서는 실학이 전진해야 할 방향이 명확했다.

실사구시의 정신은……당연히 과학 정신, 과학적 진리 탐색의 길에까지 미치는 것으로 중국, 일본, 서구 등으로부터 유입되기 시작한 근대 서양 과학에 대한 무한한 흥미와 호기심과 동경과 학습 욕구를 감추지 못했다.……이러한 것이 모두 다양한 조선 근대화 과정 중의 산물이요 혹은 그 결실이라 할 수 있으며 또한 구舊문화 붕괴와 신新문화 탄생의 맹아요 핵심이라 할 수 있으나…….[75]

봉건의 타파 너머에는 과학과 근대의 세계가 있었고 실학자들은 근대의 여정을 오른 첫 여행자들이었다. 이상 사회주의 계열 학자들의 예를 들었지만 실학에 대한 적극적 평가는 애초부터 이에 주목했던 민족주의와 중간 그룹에서 더 활발했음은 물론이다. 1936년에 민족혁명당 창립 1주년을 기념해 발간한 《민족혁명》 제3호에 실학의 정치성이 잘 드러나 있다.

> 조선 민족 최후의 혁명적 승리를 위해……그러나 현재 조선 민족에게 이것이 준비되어 있는 것일까.……객관적 사정에도 원인이 있는 것이지만, 이보다 더 중요한 원인은 조선 민족의 주관적 근본 약점인……① 지식이 과학화되지 않은 점 ② 깊고 오랜 분파적 습관에 의한 단결력 결핍 ③ 사대 의타依他 사상에 의한 자기 책임 박약 ④ 공리空理를 숭상하고 실학을 멸시하는 여파로서 추상적 이론만 좋아하고 실천에 불충실한 점.[76]

민족혁명당은 신익희, 김원봉, 김규식, 조소앙, 최창익 등이 주역이었고 이들은 민족주의, 무정부주의, 사회주의 등을 망라하고 있었다. 문건은 조선의 승리를 위한 실천 과제를 분석했는데 주관적 단점인 비과학, 분파, 사대, 공리에 대한 극복 과제로 실학 및 그와 연관한 실용, 주체성, 실천이 강조되고 있었다.

한편 유진오兪鎭五(1906~1987)는 소설을 통해 실학의 시대적 과제를 형상화했다. 그가 1939~1940년에 《동아일보》에 연재한 장편소설 〈화상보華想譜〉에는 한학자이자 실학자인 이태희가 등장한다.

> 이태희가 처음 이것(실업학원—필자)을 설립할 때의 포부만은 좀 더

큰 것이었다. 신학문에는 어두울망정 정다산丁茶山을 조종祖宗 삼는 이조 실학파에 연원이 있는 한학자인 이태희는 쓸데없이 헛 이론만 캐는 것이 조선 사람의 결점이라 해서 조선 사람도 좀 더 실학 방면 에 힘을 써야 한다고 자기의 자력도 돌보지 않고 이 학원을 일으킨 것이었다.[77]

정약용의 학문을 계승한 실학파 이태희는 비록 신교육을 받지 않았 지만, 교육을 통한 실력양성을 중시하고 신학문 교육 기관을 설립했 다. 조선학—유학에서 출발하여 근대를 수용하였던 경로를 대변한다. 한편 이태희의 아들 이명곤은 다르다.

이렇게 현실이 핍박한 때에 한 개 실업학원이 조선 사람 생활에 무 슨 의미가 있겠느냐 말이죠. 그렇지 않은가. 아버님(이태희—필자)께 선 실학을 숭상하시는 분이라 그런 아버님 이상을 실현해보시기 위 해 시작하신 사업이지만 시대가 변한 걸 어떻게 하나. 삼십 년 전이 나 사십 년 전에 할 일이지 지금 할 일은 아니란 말이야. 실질에 대 한 강조도 왜 정신에 대한 주목이라는 형식으로밖에 이뤄질 수 없 었는가?……첫째로 수출업……토지 투자……어쨌건 실학의 정신 으로 지금 우리가 손을 대야 할 사업이 산같이 쌓였거든요. 그런 사 업을 다 제쳐놓고 하필 비실비실하는 학원에다가 돈을 들일 필요가 뭐 있느냐 말이에요.[78]

6

이명곤은 아버지의 취지에는 동감하지만 시대가 변했기에 다른 방식을 고민했다. 그는 실학의 시대적 과업을 과학과 실업을 통한 조선의 부흥이라고 보았다. 이태희, 이명곤 부자는 조선학에서 기원한 실학이 이내 만나야 할 근대, 즉 과학과 실업에 직면하는 과정을 잘 보여준다. 비록 소설에서의 비중이 높지는 않았지만, 문학작품에 등장한 실학자는 대중의 실학에 대한 이미지 형상화에도 영향을 미쳤을 것이다. 참고로 유진오는 1942년에 〈조선의 실학파에 대하여〉[79]라는 논문을 썼을 정도로 실학에 일가견이 있었다.

7

20세기 중·후반 실학 개념의
정립, 확장, 반성

"實學연구로 韓·中·日유대 확인"

국내 학자 70여명 「研究會」결성

實學연구가 범아시안권에서 공동으로 진행될 전망이다.

지난 16일 오후2시반 성균관大 계단강의실에서 창립총회를 갖고 정식 발족된 「韓國實學研究會」는 앞으로 實學에 대한 파편적 연구를 벗어나 총체적 연구에 주력하는 것은 물론, 實學연구를 통해 韓國 中國 日本등 3국을 포함한 범아시아권 연대를 꾀할 것임을 밝혀 주목되고 있다.

韓·中·日 3개국이 實學연구에 공동보조를 맞추게 된 것은 實學이 아시아권에서 가지는 역사적 의미때문.

각국의 實學이 그 내용이나 융성했던 시기(한국 중국 18세기, 일본 19세기 중반)에서는 차이가 있지만 모두 서구의 근대적 문물 유입 이전에 자주적 근대화의 맹아로 존재했었다는 점은 동일하다는 것이다.

이와관련, 각국마다 개별적으로 적잖은 발전을

"자주근대화운동 萌芽" 3
학술회의 개최·공동연구

보이고 있는 實學연구를 범아시아권으로 묶어 동양의 내재적 학문체계를 새롭게 되살려보자는 데 3개국 학자들이 지난 88년 합의를 본 바 있다.

이에 따라 각국은 實學 관련 학술교류를 추진키로

하고 그것을 위해 우선 국별로 총체적인 實學연모임을 결성키로 했다. 번에 출범하게 된 「한국學연구회」는 바로 이러3국간 합의에 따른 최초결실이다.

이 연구회의 출범에 도적 역할을 담당한 李成 前성균관大교수(66):

중국과 일본의 동향에해 「일본은 좀 늦어지있지만 중국은 지난해미 중국실학연구회 결성위한 준비위원회를 발족켜 놓고 있어 한국에 이조만간 그 결실이 기대다」고 밝혔다.

「이문열論」간행   「黃色人」작가 李相文

1.
해방 후~1960년대 실학 연구와
발전 패러다임과의 조응

해방 후 실학 연구

1942년 정인보는 이기李沂(1848~1909)의 문집인 《해학유서海鶴遺書》의 서문을 썼다. 정인보는 이기가 선배들의 정치·경제설을 좋아했고 민생과 개혁을 중시했다고 보았다. 또 실용을 숭상하는 유형원, 김육 등을 거론하며 그가 유형원과 정약용의 학설을 오랫동안 연구하고 민생을 중시했다는 점을 강조했다.[1] 실학자로 불리는 이들에 동조하였고 특히 유형원과 정약용의 학문을 계승했다고 하였지만, 정인보는 이기에 대해 '실학을 했다'거나 '실학자'로 명명하지는 않았다.

그러나 13년이 흐른 1955년에 작성된 이선근李瑄根(1905~1983)의

《해학유서》 서문은 평가가 달랐다.

> (이기의) 학문은 수백 년간 우리나라 유학계에 풍미하던 성리학을
> 버리고, 실사구시와 이용후생을 주로 하는 실학을 연구하였으며 특
> 히 반계 유형원과 다산 정약용을 조술祖述하여 전제田制 연구에 가
> 장 힘을 기울였다.[2]

이선근의 서문과 함께 1955년에 작성된 신석호申奭鎬(1904~1981)의
해설 또한 내용이 동일했다. 이기를 실학 연구자로 정리한 사례는 일
제강점기에 실학의 개념과 계보가 갖추어졌지만 근대의 계승은 명확
하지 않았던 반면, 해방 이후는 근대의 유학자, 조선학 연구자와 실학
자와의 계선係線이 자연스러워졌음을 보여준다.

1956년 신석호가 장지연의 문집《위암문고韋庵文稿》에 쓴 해설에서
도 실학은 주요 개념이 되었다.

> 선생은 다산 정약용의 학문을 조술祖述하여 실학 특히 국사와 지리
> 에 유의하고, 22, 23세경부터 경향 각지의 명승고적을 탐방하는 한
> 편……고종 31년(서기 1894)에 처음으로 진사에 급제하였으나, 이때
> 동학란과 청일전쟁이 연달아 일어나므로 말미암아 고향으로 돌아
> 와 더욱 실학을 연구했다.[3]

장지연이 실학자들을 '경제고거지학經濟考據之學'으로 명명한 것은 앞서 6장 2절 1항에서 보았다. 그러나 1950년대 중반에 장지연 자신의 학문 연원마저 '실학'으로 명명되었다.

실학이 조선 후기 이래의 개혁, 실용, 실천적 유학자들을 설명하는 수사가 된 데에는 한국 통사의 영향이 컸을 듯하다. 해방 후 서술된 주요 한국사 저술에서 실학은 조선 후기 사상을 설명하는 주요 용어가 되었기 때문이다. 손진태孫晉泰의《국사대요國史大要》(1949), 이인영李仁榮의《국사요론國史要論》(1950), 김성칠金聖七의《국사통론國史通論》(1951)이 당시 대표적 한국 통사들이다. 손진태는 서학 수용을 강조하고 이규경과 최한기를 부각하여 19세기 실학을 강조했다. 이인영은 이수광 이래 실학이 발전하고, 영·정조 이후에 고증학의 영향으로 실학이 발전했다는 기조를 유지했다. 김성칠 역시 이수광의《지봉유설》과 서학 소개를 부각하여 17세기에 서학 수용이 실학의 기원이라고 정리했다.[4]

실학은 유학사에서도 유학의 한 조류로서 본격적으로 설정되었다. 현상윤玄相允(1893~1950?)의《조선유학사朝鮮儒學史》(1949)가 대표적이다. 현상윤은 1935년에 유학을 이론 유학과 실천 유학으로 나누고, 조선의 유학이 이론에 치우쳤지만 조선 후기에 반동이 일어나 "실학파가 궐기했다"고 정리한 바 있었다.[5] 해방 후에는 본격적인 유학사 저술인《조선유학사》를 통해 조선 유학의 실천 정신을 계승하려 했다. 그중 제12장과 제13장에서는 '경제학파'를 다루면서 경제학파를 '일명 실학파'로 소개하였고, 그 특징으로 "이용후생과 경세제민, 조선의 실정 연구, 북학론 주장, 고증학 연구"라고 하였다. 이어 실학의 좌절은 나라와 국민이 소생하는 길이 막히는 결과였다고 보았다.[6]

이 시기 실학 자체의 연구 영역을 넓힌 것은 홍이섭洪以燮(1914~1974)이 1946년에 한국에서 출간한 《조선과학사朝鮮科學史》였다.[7] 그가 훗날 "조선 문화를 제대로 소개할 수 없음에 대한 답답한 답안지"라고 술회했듯, 《조선과학사》의 애초의 저술 동기는 일제강점기의 어려운 조건 아래서 과학을 소재삼아 조선 역사를 서술하려는 것이었다. 그러나 실제 작업은 "과학사의 실질 내용을 담는 것으로 전환되어" 본격적인 과학사 연구로 탄생되었다.[8] 조선 시대 부분은 서양 근대 과학의 보편성을 조선 역사에서 검증하려는 의도 아래서 15세기의 성과, 침잠기, 18세기의 서구 과학의 수용과 실학의 성과가 뼈대가 되었다. 홍이섭이 '실증학' 또는 '실천학파' 등으로 명명한 실학자들의 과학 분야에서의 성과는, 비록 한계가 있었지만, "봉건 과학을 지양했다"고 정리되었다. 홍이섭의 여정은 조선학에서 출발해 보편 근대를 검출하려했던 1930년대의 실학 연구를 계승하면서 '실학의 근대성 패러다임'을 구축하는 이후의 작업을 예고하고 있었다.

실학 논쟁

1958년 10월 역사학회는 실학에 관한 공개토론회를 개최했다. 그 성과를 소개하는 신문 기사이다.

> 각 학회의 발표회에서 특기할 것은 지난 10월에 역사학회에서 개최
> 한 〈실학에 관한 토론회〉다. 우리나라에서 종래에 사용하여오던
> '실학'이라는 학술어에 대한 재검토를 위한 것이어서 그 점에 있어
> 서 성과를 거둔 것은 물론 이러한 공개토론회가 어떠한 문제에 대
> 한 공동연구를 가능하게 하는 것인 동시에 학문의 보급에 있어서도
> 좋은 방법이라는 것을 알려주었다.[9]

1950년대 후반은 진단학회, 역사학회 등 한국을 대표하는 역사학 학회들이 한국전쟁의 혼란을 딛고 학술 활동을 활발히 전개하는 시점 이었다. 전해종이 작성한 이 기사는 1958년 학계의 성과를 정리한 것 이었는데 그중에서도 실학의 공개토론회를 특기한 것이다. 근대 초기 부터 해방 후까지 조선학에서 출발해 민족, 근대, 과학을 표준삼아 영 역을 넓혀왔던 실학은 학술어, 즉 역사 개념으로서의 정체성에 대한 진지한 검토를 거치지는 못했다. 활성화된 역사학계는 이 점을 놓치지 않았던 것이다.

공개토론회가 열렸다는 것은 당시에 실학의 의미에 대해 쟁점들이 도사렸음을 알려준다. 이를 살피기 위해서는 1950년대 실학 연구의 지향을 봐야 한다. 한국전쟁 전후에 남한과 북한은 공히 건설의 과제 가 지상명령이었다. 자본주의-민주주의를 택한 남한에서는 서양의 역

사발전에 조응하는 역사의 이행이나 사상의 특징을 규명하는 작업, 즉 한국 역사에서 자본주의-근대성의 검증이 주요 관심이 되지 않을 수 없었다. 이를 사상 분야에서 강조하고 나선 대표적 학자는 천관우千寬宇(1925~1991)였다.

천관우는 〈반계 유형원 연구〉상(1952)·하(1953)에서 "조선의 근세를 형성하는 내재적 계기는……사회 자체의 자기 붕괴와 그것을 반영하는 일련의 시대 정신에서 볼 수 있다"라며 실학은 '봉건 사회의 사상적 쇠잔함[餘喘]'을 보여주면서 '신 단계의 사상적 지향'이라 하였다. 마치 서양의 르네상스가 고대 그리스를 복고했듯 실학자들이 고대 유학의 이상을 강조했고, 그것은 "근대 정신의 내재적 태반이자 봉건 이데올로기의 붕괴에 따른 새 문화 모색이었다"고 보았다.[10] 이후 그의 견해는 조정을 거치지만 1960년대 후반 이후의 이른바 자본주의 맹아론에 힘입어 오히려 강화되는 편이었다.[11]

하지만 실학을 '봉건 해체-근대 이행의 과도기'를 반영하는 사상으로 정리한 것은 구체적 특징이 명시되지 않은 범범한 해석이라는 비판이나, 서양의 역사 경험을 전제하고 조선에서 그에 비슷한 양상을 추출한다는 비판을 피하기 어려웠다.

한우근韓㳓劤(1915~1999)의 〈이조 실학의 개념에 대하여〉(1958)는 천관우의 실학 개념에 대한 반론이었고, 실학 개념을 둘러싼 본격적인 논쟁을 알렸다. 그는 고려 말 이래 실학의 용례를 구체적으로 검토하고 "실학은 문장 위주의 학풍을 배격하고 삼대三代를 목표 삼아 직분을 다하는 것"으로 보았다.[12] 실학자는 유학에 충실한 경세치용의 개혁가일 수는 있지만 탈유학 혹은 반주자의 지향을 가질 수는 없었다는 것이다. 그의 지적은 실학의 역사적 용례를 강조하며 근대의 역사관이 지나치게 개입하는 경향을 비판한 것이었다.

국문학자 이가원李家源(1917~2000) 역시 한우근의 입장을 지지하고 나섰다. 그는 성리학과 실학을 대척적으로 보는 것에 대해 "실학파 학자들이 성리학을 배격하지 않았고 오히려 성리학이 그들 학문의 근본이었고 다만 그 말폐를 비판한 것"이었음을 지적했다.[13]

이가원의 주장은 1959년 10월에《조선일보》가 문화의 달을 맞아 향가, 민족문화와 외래문화, 서구문화의 영향, 경제사적으로 본 생활문화, 성리학과 실학, 민족예술 등을 주제로 기획한 연속 기사의 하나였다. 다른 기사들이 한국학의 성과를 소개, 기획하였음에 비해 성리학과 실학은 상호 관계와 의미를 둘러싼 논쟁으로 제시되었다.

천관우(1925~1991)
실학은 중세 해체와 근대 이행을 위한
사상이었음을 주장하며
현대의 실학 연구를 촉진시켰다.

이가원의 반론에 대해 천관우는 후속 기사의 부제를 '필요한 전근 대적과 근대의 연결'이라 정하고, 실학이 역사적으로 "첫째 의미는 영조와 정조 시대의 신학풍이자 유학의 근본 정신에서 벗어나지 않았고, 둘째 의미는 1930년대 문일평, 최남선, 정인보 등의 논저에서 보였다" 고 하며 역사적 의미의 변화를 인정했다. 그럼에도 불구하고 "앞으로의 개척 과제로서 중세적인 속박을 벗어나려는 자유를 향한 지향, 과학적 탐구를 꾀하는 움직임의 단초가 보이고 이를 적극적으로 해석해야 한다"고 보았다.[14]

이상의 논쟁은 표면적으로는 봉건–근대 이행에 대한 상이한 이해에서 촉발되었지만 깊게는 역사 연구에서 과거 맥락의 이해와 현재 해석의 영역 확보라는 근본적 문제에도 닿아 있었다.

그 점에서 전해종은 또 하나의 경로를 보여주었다. 1959년에 발표한 〈석실학釋實學〉에서 그는 중국 고대부터 근세에 이르는 실학의 시대적 용례를 비롯해, 실학에 근접한 용례와 반대되는 용례 등을 찾아 해석했다.[15] 그의 작업은 실학처럼 장기간에 걸쳐 다양한 의미로 쓰인 단어의 의미를 추적했다는 점에서 연구 영역을 넓혔다. 또한 당대의 맥락을 부각했기에 근대성을 투영하는 해석에 대한 비판이기도 했고, 역사적으로 유동했던 성격을 보여준다는 점에서 실학에 내장된 이행기적 성격을 드러내기도 했다.

한편 천관우가 1969년에 "실학은 조선 후기 유학사 내지 사상사의 재구성의 결과이고, 실학 호칭도 재구성 과정에서 형성된 것"이라[16]

지적한 것은 주목할 만하다. 실학은 결국 '과거의 용어, 실학'과 '역사 용어, 실학' 사이의 변화와 차이를 인정해야 현재 해석의 자율성을 확보할 수 있다는 점을 수긍했기 때문이다.

논쟁이 진행되는 한편에서 실학 자체의 연구도 심화되었다. 무엇보다 실학의 정신을 표방하는 표어로 경세치용이 부상했다. 1959년에 한우근은 《반계수록》〈전제편田制篇〉의 국역을 알리는 기사를 썼다. 그는 17~18세기 대표적인 학자로 유형원, 이익, 정약용을 들면서 유형원에 대해서 '경세치용의 학풍을 일으킨 선구적 역할'로 평가했다.[17] 전해종 또한 같은 해에 발표한 논문 〈석실학〉에서 실학을 설명하는 키워드로 경세치용과 실사구시를 내세웠다. 이우성도 1963년에 성호 이익의 학파를 경세치용 학파로 정의했다.[18]

앞서 2장 3절 4항에서 보았듯 경세치용은 경세와 치용을 조합한 신조어로서 20세기 이후에 등장했다. 경세치용은 량치차오가 《청대학술개론》에서 적극적으로 사용하며 점차 알려졌다. 1950년대 이후 한국 학자들의 사용에서 량치차오의 영향을 확인할 수 있는 직접적인 자료는 없는 듯하다. 다만 이우성이 1940년대에 량치차오의 《음빙실문집》을 탐독했다는 데서[19] 영향을 유추할 수는 있다.

유홍렬柳洪烈(1911~1995)은 실학의 기원으로 선조 후반~인조 초에 활발했던 중국과의 교유와 이수광의 《지봉유설》을 강조했다.

(서학의 수용에 따라) 조선인의 인생관과 우주관이 일변하여감에

따라 새로운 학풍이 일어나게 되었으니 그것이 곧 실학의 대두라는 것이다. 실학이라는 것은 종래의 주자학에서 행하는 바와 같은 공리허론을 떠나서 실제 현실에 관계되는 문제에서 진리를 찾아보자는 학풍을 말하는 것이다. 이 실학의 개척자는 선조 조로부터 인조조에 걸쳐 전후 3차나 북경에 왕래하였던 이수광이었다. 그는 그의 저서인 《지봉유설》 속에서 우리나라의 역사, 지리는 물론 불랑기국佛狼機國(불란서), 영결리국永結利國(영국) 등의 구라파국歐羅巴國에 관한 것을 저술하고 특히 천주교를 비롯한 서양의 학술 등을 처음으로 소개하여 주었다. 이 실학은 주로 북경으로부터 전래된 서양 학술의 영향으로 흥기하게 된 것이다.……서학은 국사상에 있어서 역사 지리 경제 등을 연구하는 애국적인 학풍을 일으키게 하였으나 한편 천주교를 참된 종교로 인정하고 이를 신봉하는 신사상운동을 일으키었다.[20]

유홍렬은 한국천주교 교구 설정 125주년을 맞이한 1956년에도 북경 왕래와 서양 학술의 영향, 남인 실학파의 형성 및 천주교 신앙운동의 구도에 입각한 논설을 신문에 게재했다.[21]

마지막으로 북한의 실학 연구 동향을 간략히 소개한다. 1950년대에 한국전쟁으로 분단이 공고해지고 남북한의 체제 건설이 본격화하자 실학 연구는 자본주의 혹은 사회주의 체제의 정당성을 역사적으로 검증하는 정치적 요구에 직면하게 되었다. 1955년 북한에서 출간된 최익한의《실학파와 정다산》은 학술사적 측면에서 기념비적 저작이었지만, 역사 연구와 체제 이념의 연계를 보여주기도 했다.

《실학파와 정다산》은 상·하편으로 구성되었다. 하편 〈실학의 대성자 정다산에 대한 견해〉는 1938년 12월부터 1939년 6월까지《동아일보》에 연재한 〈여유당전서를 독讀함〉이 저본이었다. 상편 〈실학파의 사적 발전〉은 새로 작성되었다. 상편은 '실학의 술어와 개념, 실학파의 선행자들, 실학 발전의 사회적 환경, 유형원·이익 일파의 실학 사상, 홍대용·박지원·박제가 일파의 실학 사상'이다. 하편은 정약용에 대한 '사회적 개관, 철학적 견해, 정치·경제 사상'이다. 실학의 개념과 실학파의 계보, 성리 철학과 경학을 비롯한 제반 분과 학문을 망라한 고찰, 역사·사회적 배경에 대한 고려 등 실학에 대한 기존 연구를 포괄한 당시로서는 독보적인 업적이었다.

그러나 1952년에 김일성이 보고한 '선조의 역사·문화 등의 고귀한 유산에 대한 마르크스–레닌주의적 분석과 섭취'에 제시된 기준을 따르는 학문 외적인 영향이 있었음도 무시할 수 없다.[22] 유물변증법의 입장에서 '기氣 철학자'들을 계보화하고, 자본주의 경제와 친연한 북학파를 주변화하고, 서학을 서교에서 분리해 기독교 영향을 축소하고, 정약용을 자생적 사회주의 혁명가에 비유하는 등의 변화가 있었던 것이다. 1959년에 남한의 홍이섭이 최익한을 비판하고, 정약용을 체제 내적인 관리형 개혁가로 평가한 것을 보면 남북한 공히 체제와 상응하며 '실학과 다산을 전유專有'하고 있었음을 알 수 있다.[23]

내재적 발전에 조응하는 실학

해방 전후에서 1950년대까지 실학 연구는, 일제강점기와는 달라진 조건 아래서의 과제를 보여주었다. 이제 검증과 저항에 머물지 않고, 민족·근대 건설을 위한 직접적인 동력을 확보해야 했다. 방향은 '서양의 근대'를 의식하며 조선 역사에서 보편적 요소를 검출하는 것으로 향했다. 실학의 개념·시기·대상을 확정하고, 다양한 학파·학풍을 실증하며, 봉건 해체와 근대 이행을 제시하는 것이 구체적인 목표들이었다. 유학사의 맥락 안에서 근대성의 가치를 찾는 경로도 대안으로 나오곤 했지만, 다수는 실학을 통한 경로를 인정하는 형편이었다.

관건은 사회경제 분야와의 조응이었다. 그 분야에서 발전 양상이 실증되지 않는다면 '봉건 해체와 근대를 향한 역사 패러다임'은 총체적으로 구축될 수 없었다. 그 관계는 1963년 이후 김용섭의 농업 연구, 유원동·강만길·김영호 등의 상업과 시장 연구 등에 힘입어 돌파될 수 있었다. 이른바 내재적 발전론에 입각한 이른바 '자본주의 맹아론'의 등장이었다.

사실 경제적 토대에서 보편 발전을 검증하려 했던 취지는, 사상에서 이를 검증해왔던 실학 연구와의 공명을 기대하며 시작했었다. 1960년대 중후반부터 농업사를 통해 맹아론을 실증한 김용섭金容燮(1931~2020)의 초기 문제의식은 실학과 사회경제 분야의 긴밀한 관련을 보여주었다. 그가 1962년에 발표한 〈최근의 실학 연구에 대하여〉의 일부

대목이다.

　　사견을 피력해 보고자 한다. 그것은 적게는 실학 연구의 방법에 관
계되며 크게는 조선 후기 사회를 이해하는 태도에도 관련되는 것이
라고 필자는 생각한다. 무엇보다도 실학파가 대두하게 되는 배경으
로서는 내부적인 요인이 좀 더 강조되어야 할 것이 아닌가 하는 점
이다.……조선 후기 사회에서 드러나는 제반 현상은 이조李朝 국가
의 구조적인 모순의 표현이겠으며, 실학자들의 개혁 이론도……그
와 같은 모순을 타개하려는 노력이었는데……조선 후기 특히 18세
기에서 19세기에 걸친 시기의 한국 사회는 이조 국가가 내포하는
모순의 격화와 농업생산력의 발전, 상품화폐경제의 발달로 인하여
봉건제 사회가 붕괴되어가는 제 현상이 사회와 경제의 각 방면에
드러나는 것이다.……이러한 사실들은 사회의 발전 과정에서 필연
적으로 발생 대두한 것이며 기본적으로 중세 세계 부정의 선상에
서는 것이다. 그러므로 실학파의 제 인사들이 이와 같은 문제를 여
하히 역사의 발전 방향에 즉해서 복고가 아닌 진취적인 방향으로
건전하게 해결해 나가려고 하였는가 하는 것은 그들이 성격을 이해
하는 데 반드시 필요한 것이라고 생각된다.[24]

　　이 글은 김용섭의 사회경제 연구가 애초부터 실학을 의식하고 그와
짝하였음을 잘 보여준다. 자본주의 맹아론은 경제의 발전과 모순의 격

화를, 실학자들은 이에 대한 인식과 발전 방향을 실증한다. 두 이론은 서로 정합하며 내재적 발전론을 지탱하게 되었다. 실학의 측면에서는 실학자 개개인에 대한 귀납적 연구가 어느 정도 축적될수록 이론화 작업으로 수렴되는 구조가 마련된 것이었다.

이우성李佑成(1925~2017)과 이광린李光麟(1924~2006)의 작업은 김용섭의 요청에 대한 응답이었다. 이우성은 1957년부터 "실학은 근대에 도달하기 위한 중세 안에서의 극복 노력"으로 보고 일련의 연구를 지속했다.[25] 1963년에 그는 실학에 대해 간명한 정리를 수립했다. 성호 이익을 중심으로 토지 정책 및 제도 개혁에 치중하였던 경세치용 학파, 박지원을 중심으로 상공업 유통 및 기술 발전을 지향하였던 이용후생 학파, 김정희를 중심으로 고증을 중시하였던 실사구시 학파의 구분이었다.[26]

이우성의 정리는 실학의 특징으로 간헐적으로 사용되었던 세 표어

이우성(1925~2019)
실학에 대한 연구는 물론 실학 관련
학회, 학술 활동 등을 주도했다.

를 실학파에 대입하여 깔끔하게 계보화한 것이었다. 이들 표어는 유학에서 기원했으므로 실학의 내재적 특징을 드러내며 근대성을 수용하는 장점이 있었다. 무엇보다 교과서에서 주로 이 틀로서 설명하였으므로 실학에 대한 상식적 계보로서 널리 알려졌다.

이우성은 이후에도 민족적인 입장과 근대적 지향에서 실학을 해석하는 경향을 지지하며, 실학은 18~19세기에 주자학적 세계관에 매몰되지 않으면서 새로운 차원의 학문을 개척했던 근기 중심의 학자들로 보는 입장을 견지했다.[27]

이광린은 실학과 개화 사상의 관계를 밝히는 연구를 수행했다. 그는 1960년대 후반부터 초기 개화사상가 연구에 집중하여 1969년에 《한국개화사 연구》를 출간했고[28] 이후 일련의 연구에서 신헌, 박규수, 강위 등 초기 개화사상가들이 북학파의 박지원·박제가 및 정약용, 김정희 등에 영향받았음을 밝혔다. 다만 실학은 유학의 테두리 안에서의 경향으로서 19세기 전반기에 파탄을 겪었고, 개화 사상은 유학의 테두리를 벗어났으므로 실학의 영향은 제한적이었다고 보았다. 대체로 그는 초기 개화사상가들은 애초 실학의 영향 아래 있었으나 새로운 국제 환경에 직면하자 질적으로 다른 개화사상가로 탈바꿈했다고 정리했다.[29]

김용섭, 이우성, 이광린 등은 실학을 대체로 조선 후기 사회 발전에 조응한 사상적 흐름으로 보았다. 비록 실학이 유학의 영향하에 있었더라도 발전, 자본주의, 개화, 근대를 향하고 있었음을 부각했고 그에 입각해서 실학과 실학자를 해석, 분류했다. 그들의 지향이 한국사의 내재적 발전을 조선 후기 사회에서 전반적으로 실증하여, 일제강점기에 형성된 식민사관의 '정체성론'을 근원적으로 차단하는 데 있었음은 잘 알려져 있다.

한편 실학과 근대성을 강조하는 경향에 대한 중요한 문제 제기를 내포한 연구도 있었다. 이을호李乙浩(1910~1998)는 1960년대 초반부터 정약용의 경학經學을 천착하였고, 1973년에 《다산 경학사상 연구》를 출간했다.[30] 정약용은 경학을 자기 학문의 근본으로 여길 정도로 중시하였고 《여유당전서》의 절반 이상이 경학 관련 저술이었지만 상대적으로 덜 주목받았다. 이을호는 본격적으로 정약용의 경학을 천착했고, 정약용의 경학이 공자와 맹자의 본면목을 강조한 이른바 "수사학洙泗學의 유교주의였다"고 정리했다. 그렇다면 정약용의 학문은 근본 유학에 기반한 복고적인 학문이 되는 것이다. 다만 이을호는 정약용은 이이, 유형원, 이익으로 이어지는 근세 실학에 또한 기반했으므로 "다산학은 근세 실학을 기반으로 하고, 고전적 수사학을 이상으로 체계화한 것"이라고 결론 내렸다.[31]

정약용의 경학 연구는 그가 실학자가 아니라 '유학의 근본주의자'로 해석될 수 있다는 점에서 가볍게 처리할 문제는 아니었다. 하지만 이을호의 결론처럼, 정약용이 근세의 실학에 기반했다는 전제를 확인하며 절충되고 있었다. 그의 경학에 대한 성과는 획기적이었지만, 한편으로 우리는 그의 결론에서 당시 학계에 입지를 굳힌 실학 개념의 영향력을 확인할 수 있다.

주체성 확립, 근대화 건설의 실학

일제강점기에 실학을 통해 민족의 정체성과 근대의 역사적 기원을 검증하는 작업은 저항과 독립을 위한 근거를 확보하는 일이기도 했다. 근대의 실학 개념은 태생부터 계몽과 실천을 내장했던 것이다. 해방 후 한국에서 민주주의와 근대화를 향한 여정에서도 실학을 통한 민족적 긍지의 확인과 건설 동력의 확보를 피할 수 없었다.

4·19혁명의 격동이 5·16쿠데타로 꺾이기 직전인 1961년 4월, 조지훈趙芝薰(1920~1968)은 문학과 자유의 발전을 모색하는 '세계문화 자유회의'에서 우리 역사에서 근대의식의 원류를 언급했다.

우리 문학이 자유에 대한 관심을 나타내기 시작한 것은 우리 문화가 근대의식에 눈뜨기 시작하면서이다. 그러면 우리나라의 근대의식은 어느 때부터 싹텄는가. 다시 말하면 갑오경장과 동학혁명의 원류는 어디에까지 거슬러 올라갈 수 있는가.……셋째 김육, 유형원으로 시작되는 실사구시의 학풍이 도학 중심의 당대 풍조에 이용후생의 경제의 학을 세움으로써 사상적으로 근대에 한 걸음 다가섰다. 넷째……청나라가 문화적으로 흥륭하자 종래의 관념을 타파하고 청나라를 배워야 한다고 주장한 북학파의 대두와 천주교 수입의 발판이 된 서학파는 다 같이 실학파로서 사상사적으로 이들은 근대학파였던 것이다.[32]

조지훈은 근대의식의 원천을 세종의 민본 사상을 비롯해 여섯 가지로 꼽았는데, 그중 두 가지가 서학을 포함한 실학이었다. 이것이 갑오경장과 동학혁명으로 이어지고 문학의 자유를 가능케 했다는 것이었다.

3·1운동의 의미를 계승할 때에도 마찬가지였다. 문학평론가 백철白鐵(1908~1985)은 3·1운동과 민족 주체성의 고양을 논하면서, 당대의 현실과 주체성의 관련성을 조화한 경험으로 실학을 중시했다.

> 우리는 현실에서 3·1운동 시대를 한번 뛰어넘어 18세기의 소위 실학파 시대와 이미지를 바꿔볼 관련성도 있다. 그때의 국가적 사회적인 처지, 그 실학적인 사조, 향토와 지방을 주체로 해서 국토를 개발하는 경제론, 사실적인 문학풍 등은 우리가 이 현실에서 과거와 인연을 맺는 귀중한 시대라고 생각한다.……(박지원은) 독자적인 사실의 작품을 일으켰으며 또 문장관에서도 대륙의 기성성을 반대하면서……신문장법을 강조했다. 이것은 우리가 오늘의 문화운동을 하는 데 있어서 크게 표본이 되는 예라고 보아야겠다. 그런 사실史實도 참고로 하여 오늘 우리 문학은 자기의 한국적 처지를 특히 강조하여 하나의 사실주의적 작품을 일으켜볼 수도 있다.[33]

조지훈과 백철의 기사는 현재를 위한 표본으로 실학이 동원되었던 1960년대의 분위기를 잘 보여준다. 실학을 등장시키는 주제는 근대적 주체, 주체의 자유, 건설을 위한 현실적 정책 등 여러 방면이었다. 실학은 단순한 역사 용어를 벗어나, 주체적 동력을 확인해주는 한국사의 흔치 않은 보고寶庫였다.

근대화를 지상 과제로 내걸고 민족 정신, 민족 정기 등을 강조했던 박정희 정부에서도 실학은 매력적인 소재였다. 이 책의 서문에서 필자가 인용했던 그의 저서《우리 민족의 나갈 길》(1962)이 대표적이다. 여기서 그가 조선 왕조를 전반적으로 비판했지만 세종의 업적, 향약과 같은 자치의 전통, 국난 극복의 경험과 함께 실학을 자랑스러운 유산으로 거론했음을 앞서 본 바이다.

박정희의 저작과 관련해 주목할 인물은 박종홍朴鍾鴻(1903~1976)이다. 서양철학 1세대를 대표하는 그는 일제강점기부터 우리의 전통을 주목했고, 서양 철학과 전통 사상의 상호 이해를 주장했다. 1950년대에는 실학의 안민, 자립, 문물 수입 등을 강조했고 김정희의 실사구시론을 '과학의 도입, 세계 대세에 동참' 등으로 평가하기도 했다.[34] 그는 1963년에는 〈민족문화의 위치와 방향〉이란 신문 연재 기사에서 우리 안의 보편 전통을 강조했다. 인간의 존엄에 관한 사상은 실학파의 사상 속에 보유, 전개되어 근대 민주 사상의 대두를 이끌었다는 것이다. 이어 실학, 동학 그리고 안창호의 무실역행務實力行 등에서 보이는 성실의 전통이 자유, 평등, 민주 사상, 과학 등과 접맥한다고 보았다.[35]

박종홍의 연구는 애초 내재적 근대의 발굴에 주력해온 여타의 실학 연구와 차이가 없었다. 하지만 그는 근대성의 확인을 통한 민주주의 확대라는 선택보다는, 전통의 장점을 선택적으로 부각하여 당시 박정희 정부가 추진했던 우리 식의 근대 건설을 지지하는 이념화에 경사되었다. 연재 기사의 마지막이 그 지향을 잘 보여주었다.

우리에게도 민주 평등의 사상적 요구가 뿌리 깊게 흘러내려 오고 있었다는 것, 그것이 성실이라는 정신적 기반을 통하여 무실역행의 도의적 측면이 강조됨과 동시에 경세택민經世澤民의 민생을 중시하게 되자 점차로 근대 과학의 섭취에 눈뜨게 되었음을 대충 밝혀보았다.……마찬가지로 오늘의 자유민주사상도 실존주의도 과학기술도 그것이 받아들여짐에 있어서는 민족적 주체성에 의하여 여과되어 우리 자신의 것이 되어야 한다.……이때의 주체성이 곧 민족정기이다.……그 방향으로 우리가 자신 있는 걸음걸이를 다시금 과감하게 내어딛는 날 인류의 문화도 새로운 축복을 더하게 될 것이다.[36]

실학, 동학, 무실역행 등의 사상이나 정신은 서양의 근현대 사상 특히 실존주의와 과학주의에까지 포괄적으로 융화되었지만, 민족 정기의 회복과 근대화의 여정 안에서 걸러져야 했다. 이 논리는 박정희 정부가 내건 '한국적 근대화'에 조응하는 것이었다. 박정희는 유교에 의한 조선 망국론을 지지하였지만 동시에 이승만, 장면 식의 정치 운영 또한 서구적이라고 비판하였고, 마침내 과거를 선택적으로 취사한 민족적 주체성에 기반한 한국적 민주주의를 내세웠기 때문이다.[37] 실학을 활용한 민족 정기의 재건은 실학 연구와 국가주의적 동원 이데올로기의 조합을 보여주었고, 그 조합의 효과는 1970년대에 절정을 이루게 되었다.

실학의 정치·사회적 효용이 넓어지면서, 실학을 역사 해석에 무리하게 투영하는 경향도 커졌다. 실학의 기원을 이이李珥로 소급하여 수식하는 경우가 대표적이었다. 이이를 실학의 선구자로 소개하는 기사가 1960년대 중반부터 등장하였고[38] 이이의 현창과 관련한 사업에서는 이이가 실학의 선구자로서 민족문화와 근대화를 위해 공헌한 업적이 강조되곤 했다.[39] 실학이 사회적으로 왕성하게 강조되었던 1970년대에는 이병도, 배종호 등도 이이의 학문이 실학의 원류이자 효시라고 설명했다.[40]

실학의 원류가 이이로 소급됨과 동시에, 실학이 동학 등 후대의 민중 사상에 미친 영향도 강조되었다. 조지훈이 동학의 원류로 실학을 거론한 것에 뒤이어, 철학자 신일철과 김형석이 실학과 동학을 근대 초기의 사상적 자각이자 민주의 계기로서 병칭했다.[41]

지역 유학자와의 연결도 시도되었다. 언론인 이규태는 1969년 《조선일보》에 〈인물로 본 한국학〉을 연재했다. 이 기사는 학문적 엄밀성은 떨어지지만 지역 인물들에 대한 다채로운 이야기가 소개되었다. 그중 함경도를 다룬 기사에서는 함경도의 유학자 이재형李載亨(1665~1741)에 대해 "실천 철학을 중시한 지행병진知行竝進의 학자"로 소개하며, 그의 학맥을 이었던 19세기 후반의 유학자 김원의金元宜를 두고서는 '예언적 실학'이라고 불렀다. 이어진 기사에서는 이들의 실학이 근

대의 개화, 장학회 등의 현실 참여로 이어졌다고 했다.[42]

물론 이 내용은 야담이나 전언傳言 수준임을 감안하고 참고해야 한다. 그럼에도 함경도 지역의 인맥에 대해 실학을 고리로 삼아 설명하는 대목 자체는 눈여겨볼 필요가 있다. 이재형, 김원의 등을 소외 지역의 실학자로 정의하고 그들의 유산이 근대 초기의 개화운동을 추동했다는 설명은 연구에 토대한 결과물이 아니라 상상의 이미지를 덮어씌운 결과물이었다. 실학이 가진 현실에서의 영향력은, 학계에서의 개념이나 연구의 엄밀성과는 상관없이, 이미 내재적 근대의 증빙으로 널리 통용되기 시작했다.

2.
실학 연구의 전성기

실학 연구의 확장

1960년대에 실학 개념은 한국사의 통설로도 굳어졌다. 이 과정에는 이기백李基白(1924~2004)의 한국사 서술이 큰 역할을 했다. 그는 1961년에 출간한 《국사신론新論》에서 기왕의 실학 연구를 적극 반영했다. 실학에 대해 '발생·발전·극성'의 구도를 짜고, 17세기의 이수광에서 19세기 순조 대까지의 학자들을 포괄했다. 내용에서도 실사구시, 경세치용, 이용후생의 학문과 과학성, 실증성, 개혁성을 강조했다.[43]

    이기백은 《국사신론》을 일신하여 1967년에 《한국사신론》을 출간했다. 여기서 실학은 '실학의 발달'이란 독립된 절 아래 '발생·발전·융성·북학'으로 비중이 더 늘어났다.[44] 이 책은 20세기 후반을 대표하는 한국통사로서 한 세대를 풍미했다. 중고등 교과서의 서술 역시 여기서 크게 벗어나지 않았으므로 이기백의 설명은 실학의 통념 형성에 큰 역할을 했다.

실학을 주목하는 학계 행사도 활발해졌다. 한국사 학계를 대표하는 한국사학회의 제2회 심포지엄이 1963년 6월에 개최되었는데 주제는 '조선 후기에 있어서의 사회적 변동'으로 조선 후기를 내재적 발전의 시각에서 보는 것이었다. 발표자는 사회 신분(최영희), 경제(김용섭), 사상·실학(김용덕), 외교·천주교(홍이섭), 문학·예술(구자균) 등이었다. 당시 신문에 심포지엄의 발표 개요까지 소개되어 관심을 끌었다.[45]

1965년에는 실학 연구를 표방한 한국실학연구회(회장 홍이섭)가 창립되었다. 연구위원은 이가원, 한우근, 천관우, 이을호, 김용덕, 양기백 등으로 문학, 역사, 철학 방면에서 실학 연구를 개척한 학자들이었다.[46] 실학을 표방한 첫 번째 학회였지만 활발한 활동을 전개하지는 못했다.

실학 연구가 심화하고 한국사에서 확고한 지위를 확보하면서 실학은 한국학에 속한 여러 분야에서 조선 후기의 변화, 발전을 설명하는 주요 틀이 되었다. 국어국문학계는 일제강점기부터 한국사학계와 더불어 실학 연구를 떠받친 또 하나의 기둥이었다. 일찍이 1930년대 초 김태준이 《조선소설사》에서 실학파의 문학을 정초定礎하였고, 해방 후에는 김일근, 이우성 등이 박지원 등 이른바 연암 일파를 중심으로 실학파의 문학을 정리했다.[47] 실학파 문인에서 민족적 주체성과 민중성을 찾는 연구는 1960년대 발간된 《창작과 비평》, 《청맥青脈》 등의 잡지를 중심으로 활발하게 전개되었고,[48] 1973년 김윤식, 김현이 저술한 《한국문학사》에서 한국 근대 문학의 태동으로 자리매김되었다.

국어학계의 실학 연구도 활발했다. 조선 후기에 주목할 만한 학자와 한글 작품 출현의 배경으로 실학을 거론하는 시각이었다. 1955년 이숭녕李崇寧(1908~1994)의 신문 기고가 흥미롭다.

(세종과 세조의 업적 후) 200년은 국어학의 암흑시대가 계속된 것이다.……18세기에 들어서 소위 실학적 학풍이 일어나자 국어학의 부흥이 된 것이다. 박성원, 신경준, 홍계희, 홍양호, 황석윤, 유희 등이 배출되어 일시에 국어학은 권위를 가지게 된 것이다.……암흑시대를 거쳐온 만큼 실학 시대다운 업적은 찾을 길이 없는 듯이 필자는 느껴진다. 이때는 복습의 시대가 아니었던가 한다. 그 뒤 다시 침체의 빛이 짙어가다가 갑오경장이 이에 광명을 던진 것이고 선각자 주시경 씨를 거쳐 1930년을 넘어서 국어학과 한글은 전고에 없던 대발전을 하였으니…….[49]

이숭녕은 18세기 국어학의 부흥은 실학적 학풍의 결과로 설명했다. 다만 '실학 시대'라는 호칭에 걸맞은 국어학의 일신은 없었다고 평가했다. 그가 국어학의 정립으로 주목한 시기는 1930년대이다. 이 시기는 조선학이 확고해지고 실학 개념이 정리되는 시기였다. 국학의 진흥이 18세기에서 20세기 전반기로 연결되는 학계의 분위기를 볼 수 있다. 조윤제趙潤濟(1904~1976) 또한《오주연문장전산고五洲衍文長箋散稿》에 대한 서평에서 "실학은 근대의 정신, 현대 한국 문화의 연원이자 원동력"으로 평가했다.[50]

한국 철학 방면에서는 이을호가 정약용의 경학을 천착하는 등 개별적인 연구가 있었다. 하지만 실학의 성과를 한국 철학 또는 한국 사상사에서 본격적으로 체계화하는 데는 시간이 걸렸다. 1967년 신일철申一澈(1931~2006)의 신문 기사이다.

한국 사상에 대한 관심은 1960년대 민족 주체성의 논의와 더불어 일어났다.……한국 사상사의 연구와 논의도 산발적으로 일어나고 있다.……아직 결정적인 우리 사상사의 개설서 하나 내지 못한 형편이다. 현상윤 박사의 〈한국유학사〉〈한국사상사〉와 박종홍 교수의 〈한국철학사〉(미완), 김득황 씨의 〈한국사상사〉〈한국종교사〉가 고작이다. 논문 급에서는 실학, 동학, 퇴계와 율곡이 상당히 다각적으로 논구되었다고 하더라도 우리 사상사의 전체상이 드러나기에는 시일을 요할 것이다.[51]

신일철의 진단은 실학이 조선 사상사를 설명하는 개념으로 대두했지만 개별 학자에 대한 연구가 축적되는 형편임을 알려준다.

한국 철학계의 갈증은 1974년 《실학 사상의 탐구》[52]의 간행으로 일정 정도 해소되었다. 윤사순, 최동희, 박종홍, 이을호가 필자로 참여하여 박세당, 신후담, 서구 사상의 도입, 정약용, 이규경, 최한기 등의 사상을 천착했다. 지금까지 역사학자, 어문학자, 사회과학자 등이 실학자들의 계보화를 진행하고 주로 경세론에 초점을 맞추어 연구했는데, 이 책은 일부 실학자에 국한하긴 했지만 철학과 사상에 집중했다는 의미가 있다.

1960년대 중반부터 역사, 어문학, 철학 외의 여러 분야에서 실학, 실학자·실학파를 조선 후기의 변화를 설명하는 주요 틀로 설정하고 연구를 진행했다. 민속학에서는 조지훈이 〈한국민속학소사小史〉 앞머리에서 "실학파 학자들에 의해 단편적으로나마 학문적 관심이 싹텄다"며 민속 관련 저술의 기원을 실학에 두었다.[53]

경제사학계의 1960년대의 동향은 조기준趙璣濬(1917~2001)의 1991년 회고가 잘 전해준다.

1963년 7월에 한국경제사학회가 결성되었다.……1960년대의 한국 경제사학에서 공통으로 갖고 있는 관심사는 몇 가지가 있었는데, 그중의 하나는 실학에 나타난 근대적 경제사상이고, 그 둘째는 조선 후기 사회경제에서 보이는 자본주의 맹아, 그리고 한국사의 시대구분에 관한 문제들이었다.……실학에 관해서는 많은 학자들의 발표가 있었으나, 내가 지금도 잊혀지지 않고 가끔 기억하게 되는

것은 서강대학의 송주영宋柱永 교수의 발표였다. 송 교수는 이 학회
에서 반계 유형원과 성호 이익의 경제사상에 대해 여러 차례 발표
한 바 있었는데, 성호의 경제사상은 근대 지향적이라기보다는 매우
보수적이었다는 주장을 함으로써 당시 많은 소장 학자들의 반론을
받은 것이다. 당시 학자들의 분위기는 18세기는 근대사회의 싹이
움트고 활발하게 전개되는 시기이며, 실학자들은 이를 대변해주는
혁신적인 사상가였다고 주장하여 온 터에 송 교수의 소론所論에 소
장 학자들이 수긍할 리가 없었던 것이다.[54]

경제사학계의 태동기에 실학의 근대성이 큰 이슈였고 소장 학자들을
중심으로 실학의 혁신성을 강조하였던 분위기를 알 수 있다. 조기준은
1973년에 발간한 《한국자본주의 성립사론》에서 '실학 사상의 사회경
제적 인식'을 한 장으로 설정하여 실학자들의 사회경제 개혁론을 자본
주의 맹아론에 조응한 근대 경제 사상의 출발로 보았다.[55]
　실학 연구의 성과는 신문에서도 특별한 관심을 갖고 기사로 전했으
므로 대중들에게 즉각 알려지는 형편이었다. 예술품의 경우는 대중의
관심이 더했는데, 조선 후기 작품의 제작 배경으로 실학이 언급되기
시작했다. 1968년 공재恭齋 윤두서尹斗緖의 실생활과 관련한 회화를 알
리는 신문 기사이다.

　(윤두서의) 그림 75점도 발견했는데 이 중 목기 제조와 짚신 삼기

등의 그림은 당시의 화풍이 실학 사상의 영향으로 서민생활과 생업들의 묘사를 하고 있었음을 보여주는 것으로 귀중한 자료로 평가되고 있다.[56]

1970년대에는 미술사에서도 조선 후기 풍속화, 진경산수화, 화성 수원성 등과 관련한 설명에서 실학의 영향이 거론되었다.[57]

왕성한 연구와 사회 확산

실학 연구는 1970년대에 가장 왕성했다. 대체로 '실학'을 제목에 내세운 논저가 120편에 달했으므로 대략 1년에 10편 이상이 발표된 것이다. 실학자로 분류된 개개인에 대한 연구를 합하면 실제 연구의 총량은 수배에 달했다. 주제도 토지 제도, 사회개혁책, 상업·시장·유통책, 무역 정책, 대외 인식, 도불관道佛觀, 교육관, 역사관, 어문관, 민속관, 예술관 등으로 세분화되었다.

연구자로서는 천관우, 김영호, 김한식, 강만길, 박충석, 한영우, 윤사순 등이 주목할 만한 성과를 냈다. 개인들의 연구 외에 학회, 연구소 등에서 편찬한 저술도 본격적으로 출간되었다. 역사학회가 편찬한《실학 연구 입문》과 고려대학교 아세아문제연구소에서 편찬한《실학 사상의 탐구》가 대표적이다.[58] 두 책은 역사학계와 철학계의 성과를 대표하며 실학 연구의 입문 역할을 했다. 특히《실학 연구 입문》은 천관우, 홍이섭, 이우성 등에 이어 정구복, 정석종, 김윤곤, 한영국, 송찬식, 정창렬, 이성무, 한영우, 이돈녕 등 소장 학자들이《창작과 비평》에 연재했던 논문을 모은 것으로 신진 학자들의 깊은 관심과 두터워진 연구자층을 보여주었다.[59]

1970년대에는 왕성한 연구 논저 외에도 한국학 전반의 연구성과를 집대성한 대계大系 류의 저작들이 출간되었는데 여기에서도 실학은 주요한 주제였다. 고려대학교 민족문화연구소가 1964년부터 순차적으로 발간한《한국문화사대계》의 제6권〈종교·철학 편〉에서 실학은 불교 사상, 유교 사상과 병치되었다.[60] 성균관대학교 대동문화연구원이 1973년부터 발간한《한국사상대계》에서도 실학의 사회관과 역사적 전개가 다루어졌으며 특히 제2권〈사회·경제사상 편〉은 대부분 실학자들의 사상을 소개했다.[61]

실학에 대한 학계의 관심과 왕성한 연구를 알려주는 대표적 보기는 한국 역사학계의 역량을 결집해 국사편찬위원회에서 편찬한《한국사》였다.《한국사》는 1974년부터 출간을 시작해 1984년까지 총 23권으로 완간되었다. 그중 1975년에 출간된 제14권은 전체 제목이 '근대적 사상의 맹아'였는데 이것이 실학을 가리킴은 두말할 나위 없다. 책의 장·절은 한우근이 1970년에 출간한《한국통사》의 실학 부분을 그대로 수용했다.《한국사》중의 한 책이 실학을 중심으로 구성되고,《한국사》전체 책 중에서 신속하게 출간된 것은 당시 한국 역사학계의 실학에 대한 관심과 열정을 잘 보여준다. 전체적인 지향은 한우근이 쓴 개요의 첫머리에 잘 드러났다.

> 17~18세기 한국의 새로운 사상적 조류는 그 시기에 있어서의 한국 사회의 변동과 추이 속에서 이해되어야 할 것이다. 그것은 근세 조선의 양반 관료 지배 체제의 모순의 확대 속에서 움트기 시작한 것이며, 한편으로는 전통적이고 시속적時俗的인 유학 풍조에 대한 반성과 다른 한편으로는 중국을 통하여 전래된 서양의 학술과 종교(천주교)의 자극에 따라서 진전된 것이다.[62]

17~18세기를 변동과 추이라는 이행기로 보고, 체제의 모순과 전통 유학에 대한 반성과 외래 문물에 자극받아 진전을 이룬 사상의 흐름을 살피자는 것이다. 반성과 진전의 중심에는 실학이 있었다. 이 책의 장·절 제목은 다음과 같다.

1. 의식의 확대─조선과 서세동점, 서양 문물 한역 학술서의 전래, 천주교의 수용
2. 실학 사상의 발전─실학 사상의 발흥, 중농적 제도개편론의 대두, 중상론과 기술학의 도입론, 국학의 발달
3. 문예의 새 경향─서민문학의 대두, 미술의 새 경향

책에는 대체로 조선 후기 각 부문의 변화와 교류, 발전이 실학과 연계하며 배치되었다.

1970년의 대표적인 한국통사로 꼽혔던 이기백의 《한국사신론》에서도 실학의 비중이 강화되었다. 이기백은 1976년에 《한국사신론》 전면 개정판을 출간했다. 1967년의 초판 목차 또한 크게 조정되었다. 실학이 포함된 제11장은 '광작농민廣作農民과 도고상인都賈商人의 성장'이었고, 하위 각 절은 '벌열 정치, 수취 제도의 변화, 경제적 성장, 실학의 발달, 예술의 새 양상'이었다. 그중 제4절 '실학의 발달'은 '실학의 발생, 농업 중심의 이상국가론, 상공업 중심의 부국안민론, 국학의 발전, 서학의 전파, 과학과 기술, 성리학에 대한 비판'으로 채워졌다.[63]

이기백은 개정판에서 실학에 대한 초판의 발생론적 구성을 벗어나, 실학은 정치, 경제 정책, 경제력, 예술과 문화 등의 사회 여러 분야의 변화에 조응하고 발전을 추동하는 사상적 내인內因이라고 보았다.

대계, 통사의 서술 틀은 교과서에도 반영되었다. 1960년대의 교과서는 실학에 대해 시간, 계보 위주로 설명했음에 비해, 1974년의 국정 교과서부터는 실학자들의 이론을 기준으로 유형화하고 특히 농업과 상공업 이론까지 소개했다.[64]

한편 실학의 학파에 대해 경세치용, 이용후생, 실사구시 등 전통적 용어로 구분하는 정리 외에 중농重農·중농주의·중농학파 또는 중상重商·중상주의·중상학파 등으로 정리하는 방식도 대두했다. 중농·중상의 분류는 1960년대 초부터 학계 일각에서 종종 있었다.[65] 그런데

1970년도에 한우근이 《한국통사》에서 '제6장 근대적 사상의 맹아' 아래 '실학 사상의 발전'을 두고 다시 '중농주의적 제도개편론의 대두'와 '중상론과 기술도입론의 대두'를 설정하고,[66] 국사편찬위원회의 《한국사》 제14권(1975)에서 이를 그대로 따르자, 또 하나의 유력한 기준이 되었다. 대개 유형원–이익–정약용 등을 중농학파 또는 중농주의, 북학파를 중상학파 또는 중상주의에 견주는 식이었다.[67]

학계의 성과와 이를 반영한 저서, 통사의 출간과 교육에 힘입어 실학은 사회적 통념으로 굳어졌다. 1940년대부터 2010년대까지 《동아일보》에서 실학의 상대 빈도는 1970년대 실학의 활발한 쓰임을 알려준다.

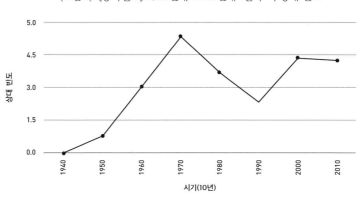

〈그림 1〉《동아일보》 1940년대~2010년대 '실학'의 상대 빈도[68]

당시 빈번했던 신문 기사들은 주로 실학 연구성과 또는 자료의 소개, 공개강좌와 같은 학술 행사에 대한 소개였다. 특히 연세대학교 동방학연구소(1977년 이후 국학연구원)가 1967년부터 1987년까지 매년 개최한 '실학 공개강좌'는 매번 사회적 관심을 끌었다. 1970년의 신문 기사는 백낙준, 박종홍 등 당시 학계의 거물까지 참여해 대중에게 실학의 성과를 알리는 큰 행사였음을 보여준다.

> 객관주의 과학 정신이 충만했던 실학을 학계에서 본격적으로 연구한 지도 20년이 가까워 실학을 연구하는 학자도 늘어나고 영역도 넓어지고 깊이도 있어 가지만 아직도 실학 정신이 젊은 세대에까지 이어져 생활화되기까지는 먼 길이 남아있는 것 같다.……최근 실학을 학문의 연구 대상에서 일보 진전시켜 일반에게까지 전파코자 하는 시도가……연세대학교 국학연구소가 6일 YMCA에서 연 제4회 실학 공개강좌는……종래 학교 안에서 열던 것을 일반에도 널리 펼치자는 뜻에서 시중에서 열었다.……(백낙준은) 실학정신은 요즈음 부르짖는 근대화의 정신적 기초가 되어야 한다고……(박종홍은) 최한기의 선각先覺은 요즈음 학자들이 높이 평가하는 서구의 과학철학이나 행동주의 과학의 기본정신과 다를 바 없다고 했다.[69]

여담이지만 연세 실학강좌의 발표문과 토론문 등은 2003년에 출간되었다.[70]

실학을 주제로 한 국제 교류도 시작되었다. 한국 역사학계의 한국학 성과는 1971년 6월 미국 하와이대학교 동아시아연구회가 개최한국제학술회의를 계기로 본격적인 해외 교류의 장을 열었다. '동아시아 전통에 있어서 한국의 위치'를 주제로 열린 심포지엄에서 한국 학자들이 한국사의 12가지 주제에 대해 발표했고 국외 학자가 논평했다. 미국에서 한국학을 주제로 한 첫 대규모 대회이므로 국내 신문에 준비 과정부터 보도되며 관심을 끌었다.[71] 이 대회의 주제 중의 하나는 이우성이 발표한 '지적 전통, 유교와 실학'이었다. 대회의 성과를 정리한 《동아일보》의 보도이다.

> 해외에서 열린 최초의 독립된 한국학회의를 성공적으로 끝냈다.……해방 이후 해외에서의 한국학의 가장 중요한 계기……중화 사상을 완벽하게 탈피하지 못하여 중국의 일부로 이해하려 드는 중국인 또는 중국학 전공 외국인 학자의 자만심과 식민지 사관으로부터 해방되지 못한 일본인 학자와 대결하려 했던 국내 학자의 노력은 격렬했고 거기서의 성공은 이번 회의의 가장 큰 성과 중 하나였다.……유교문화권에서 주자학의 폐단을 가장 적극적으로 비판 지양하려 했던 이우성 교수의 실학 사상 제시는 일본을 제외한 중국과 미국인 학자의 편견을 타파할 기회를 동시에 제시한 것이며…….[72]

한국학의 역량을 국제 학계에 본격적으로 제기한 학회에서 실학은 한국의 자생적 근대 사상으로 크게 소개되고 있었다.

실학의 통속화, 오용

1959년 역사학자 김용덕金龍德(1922~1991)은 북학을 설명하는 기사를 신문에 게재했다.

경국제세經國濟世의 학에 열중한 이들이 특히 반계 유형원 이래 대를 이어 배출했다. 참다운 학문적 정신을 지닌 이들을 〈실학파〉라고 부르는 것은 이미 상식일 것이다.[73]

실천, 개혁 등의 학문적 특징을 진정한 학문으로 보고 실학, 실학자로 정의했다. 실학이 학문의 구체적 특징일 수도 있고 '참된 학문'이란 일반명사이기도 했으므로 가능한 방식이었다. 김용덕의 서술은 이미 1959년에 그 가능성을 보여주었다. 게다가 그것이 상식이라고까지 보장했다. 비록 학자들은 여러 조건을 제시하며 비교적 신중하게 접근한다지만, 문제는 상식화된 '실학'이 여러 방면에서 활용되거나 나아가 오용될 수도 있다는 점이었다.

역사에 대한 작가의 상상이 작동하는 문학에서, 실학은 '소설적 역사상'이 대입될 수 있는 좋은 영역이었다. 역사소설가 유주현柳周鉉(1921~1982)이 병자호란 전후의 조선을 그린 소설《통곡》의 한 대목이다.

(승려 독보獨步는) 사회 도의는 유儒를 근본으로 하고, 사람들의 정

신세계는 불佛을 바탕으로, 생활윤리는 실학을 존중해야 한다는 임경업의 신념에 동조하고 있다. 그러니까 유불의 사상과 실학 이념은 마땅히 정립된 채 발전해나가야 한민족이 융성할 수 있다는 것이다.……임경업이 또 말했다. "그렇다고 명나라를 우리의 종주국으로 무조건 섬기려는 사조는 옳지 않소이다. 우리는 실학 정신을 조급히 길러야 해요.……[74]

친명배청親明排淸에 충실했던 임경업은 불교는 물론, 생활윤리의 실학, 실학을 통한 조선의 자존 등과는 관계가 멀었다. 그러나 소설에서 조선의 자주성과 개혁은 실학의 배양으로 천명되었고, 임경업은 1960~70년대 근대화의 가치가 체현된 듯한 계몽적 인물로 형상화되었다. 조선 시대의 근검, 실용의 모습을 실학으로 서술하는 경우도 흔했다. 농학자이자 수필가였던 유달영의 개성에 대한 회고이다.

개성인의 근검의 기풍이다. 고려조가 망한 후 5백 년 동안을 그들은 실학적 기풍을 위에서 자신을 탄탄히 지키면서……개성인은 어느 의미에서는 우리나라의 실사구시와 이용후생을 제창한 실학파가 나타나기 훨씬 전부터 이미 실학의 길을 개척한 사람들이라고 나는 믿고 있다.[75]

실학의 통념화나 통속화는 실학의 이미지를 편파적으로 소비할 수 있다는 점에서 오류를 내재한 것이었다. 특히 위험한 활용은 정치적 필요와 연결되는 지점이었다. 실학을 통한 '한국식 근대 이행의 검증'은 국가 주도의 근대화가 본격화하는 1960년대 이래의 사회적 열망에 부응하는 측면이 있었다. 이는 앞서 7장 1절 4항에서 살폈던 바이다.

그 경향은 1970년대에 더욱 노골화되었다. 박종홍의 사례가 대표적이다. 잘 알려져 있다시피 그는 1968년 〈국민교육헌장〉의 초안을 주도했다. 헌장의 제정 취지는 민족중흥을 위한 국민교육 지표의 선언이었고, 그 사상적 배경에 민족사의 찬란한 역사, 문화, 사상이 있었으며, 그중에는 '실사구시의 실학 사상'도 있었다.[76]

한국사를 편리한 대로 취사하여 독재 체제의 정당화에 오용하는 방식은 1972년 유신헌법의 제정에서 극치를 달렸다. 유신헌법의 기반이 되었던 이른바 '한국식 민주주의'에 대한 설명에서 실학은 꽤 유용한 도구였다. 유신헌법 제정 직전 《경향신문》의 사설은 '실학 사상과 민족혼 배양'을 소항목으로 설정했다.

> 차제에 우리는 조국근대화→민족중흥→제2경제→새마을운동으로 이어지는 박 대통령의 줄기찬 집념과 신앙에 가까운 지도자상을 엿볼 수 있다.……16세기 말부터 이 땅에는 〈실학〉이라는 새로운 학문과 사상이 싹텄다. 오랫동안 주자학의 꿈속에서 안일과 나태만을 일삼던 한국이라는 〈은자의 나라〉에 확실히 새 시대의 문이 열렸던 것이다.……만약 이 당시 주자학에 물들었던 유교를 누르고 서구의

과학문물을 받아들였던들 우리의 역사는 틀림없이 달라졌을 것이다. 이러한 아쉬운 전철을 밟지 않고 그날의 몽매에서 눈을 뜨자는 것이 오늘의 10월 유신인 것이며, 새마을운동은 실학 사상에서 그 뿌리를 찾을 수 있는 것으로도 추찰推察되는 것이다.[77]

박정희 정부의 대표적 구호였던 근대화, 민족중흥, 경제발전 등에 실학은 역사적 기원으로 인용되었을 뿐 아니라, '과거의 실학 실패'라는 교훈은 '오늘의 유신 성공'을 위한 전거가 되었다.

1970년대 신문에서 실학자를 한국 역사의 선각자로 부각하고 그들의 무실역행을 되살려 경제개발, 허례허식 탈피 등에 힘쓰자는 식의 기사는 여러 차례 확인할 수 있다. 대표적 사례는 당시 정부에서 대대적으로 추진한 새마을운동이었다. 유정회維政會 회원이기도 했던 정치학자 이성근은 실학에서 유신 이념과 새마을운동의 전거를 찾았다. 그는 서양 근대의 산업과 민주주의 발달은 개별주의 사상에 기초했다면서 우리의 실학이 개별성과 국가 개체성의 논리를 강조했고 개화와 국학으로 이어졌다고 보았다. 결론은 유신 이념은 자율성을 추구한 실학 사상의 지향을 계승 발전시킨 것이며 새마을운동은 국가와 개인의 공리적 합치점을 찾았다는 것이다.[78]

정치에서의 동원보다 큰 영향력은 한국사 국정교과서의 역할이었다. 한국사 교육의 오점으로 평가받는 1974년의 국정교과서는 전반적으로 '민족사관' 정립을 지향했다. 실학과 관련해서는 근대사의 시대

구분을 개항에서 실학 시기로 소급하고, 실학을 중심으로 한 사상과 문화를 강조하였다.[79]

그러나 역사학계는, 정부의 국정교과서 주도는 단정적 기술로 역사를 왜곡시키고 민족의식의 과잉과 역사 보편성의 약화를 불러올 수 있다고 비판하였다. 실학의 인용에 대해서도 마찬가지였다.

> 국사학자들이 먼저 지적하는 우려점은 민족의 주체성을 지나치게 강조한 나머지……국수주의적 사관의 함정에 빠질 수 있다.……단정적으로 기술될 때 국사 교육은 자칫 왜곡화될 우려가 있다.…… 18세기 조선 시대에 사회적 신분 이동이 활발하고 경영농이 성장하여 실학 및 서민 예술이 발전하고 근대성의 일면을 갖고 있지만, 이조 사회의 붕괴 과정 중인 시대를 근대사의 기점으로 잡는다는 데에는 역사학계가 일반적으로 회의 주저하고 있다.[80]

1960년대 이래 실학 연구가 한국사의 근대화 담론을 주도하였지만, 역사학자들의 함의를 굳이 찾자면 당대의 현실을 비판하고 민중의 권리가 신장되고 민생이 진전되어 민주주의의 심화로 이어지는 경로였다. 실학자로 정의된 이들의 논지가 대부분 현실 비판, 개혁 정책, 민생 향상 등이었기 때문이다. 국정교과서 한국사 교육의 취지가 무색하게 교육 현장에서의 실학 수용도 그런 기조였다. 1977년 고교생의 역사의식 조사에서 실학 부분에 대한 평가이다.

조선 후기 실학의 태동에 대해서도 〈현실사회에 대한 자기반성〉(69.6퍼센트), 〈청으로부터의 고증학의 영향〉(10.4퍼센트), 〈영·정조와 같은 국왕의 장려〉(6.9퍼센트), 〈서양 문물의 전래〉(12.4퍼센트)로 이해, 역사발전을 자율적인 자기반성으로 인식하는 고교생이 압도적으로 많았다.[81]

국정교과서에 의한 한국사 교육을 통해 학생들의 민족의식은 깊어졌을지 몰라도, 적어도 실학 교육의 결과는 '현실에 대한 자기반성'이 주요 모티브였다. 실학 교육은 현실에 대한 반성과 개혁의 지향이 본질적임을 가늠할 수 있다.

그러나 1980년대에 정권의 폭압성은 더 강렬해졌고 교육 상황 역시 열악해졌다. 유신 독재를 이어 등장한 이른바 제5공화국 정부 역시 불완전한 정치적 정통성을 보완하기 위해 역사, 전통을 동원했다. 전두환 정부는 이전 박정희 정부를 1인 장기집권으로 비판하며 제5공화국의 이념으로 민주, 복지, 정의를 내세우고 사회 정화 사업을 대대적으로 벌였다. 그 과정에 홍익인간, 화랑 정신, 선비 사상, 세종대왕의 민본주의, 실학 사상, 동학 사상, 3·1 독립 정신 등 자부심을 일깨우는 한국사의 사상들이 아무 맥락도 없이 동원되었다. 실학 사상 또한 '전통의 가치에 외래 사상을 창조적으로 접맥한 한국사의 발전 사상'으로서 단골로 동원되었다.[82]

제5공화국에서 수정된 국정교과서와 유신 시대 교과서의 차이 중의 하나는 실학과 동학 및 개화 사상의 역할을 부각시킨 점이었다. 수정의 취지가 신세력 등장의 당위성을 역사에서 찾아내어 제5공화국의 '새역사 창조'에 등치시키는 것이었다. 이에 따라 '신라 말~고려 초', '고려 말~조선 초'의 변화와 조선 후기 실학에서 조선 말기의 근대화운동을 소상히 밝혀 국사상을 창출하자는 입김[83]이 반영되었다. 실학, 동학, 개화 사상이 역사 창조의 에너지로 부각됨은 두말할 나위 없었다.

교과서의 내용은 물론 필자 또한 문제였다. 당시 고등학교 교과서 근현대 부분의 필자로 참여한 이현희는 실학이 동학과 개화로 직접적으로 연결된다고 주장하고 있었다. 그는 1975년에 《장효근일기張孝根日記》와 1978년에 《묵암비망록黙菴備忘錄》을 발굴했고, 이를 토대로 '실학―동학·개화―독립 사상'의 직접적인 연결을 주장했다. 두 자료의 발굴과 이에 기초한 그의 연구는 신문에도 소개되며 세간의 관심을 끌었다. 그러나 1979년, 진본을 밝히라는 학계의 요구에 대해 그는 돌연 《묵암비망록》을 분실했다며 소동을 벌였다. 최근에 《장효근일기》는 그가 원본을 30~50퍼센트 정도 가필·위작했고, 《묵암비망록》은 위작임이 판명되었다.[84] 원본의 훼손과, 출처가 불분명한 자료의 발굴과 망실, 그에 기초한 날조된 연구 그리고 날조 당사자의 교과서 집필까지 이어진 과정은 실학과 근대 사상사 연구의 희대의 오점이었다.

군사 독재에 맞서 민주화운동을 주도한 측에서도 실학의 신화화를 피해가지 못했다. 검증되지 않은 사실이 부풀려진 대표적인 사례가 베트남의 국부 호치민이 정약용의 《목민심서》를 탐독했다는 이야기이다. 이는 1988년 《한겨레신문》 고은의 칼럼에서 처음으로 공개된 듯하다.[85] 그리고 1990년대 초반 베스트셀러로 일세를 풍미했던 황인경의 《소설 목민심서》(1992), 미술사학자 유홍준의 《나의 문화유산 답사기 1》(1993)에서 언급되었고, 이후 여러 매체에서 유포되고 확대 재생산되었다. 필자 또한 이를 사실로 알고 잡지 기사에 언급했던 씁쓸한 기억이 있다.[86] 최근 연구에 의하면 호치민이 《목민심서》를 읽었다는 사실을 뒷받침할 자료는 호치민박물관 등 베트남에서 찾을 수 없고 그럴 정황이나 개연성도 희박하다.[87] 정약용에 대한 과대한 기대가 빚어낸 또 하나의 스캔들이었다.

3.
반성과 모색

비판과 반성

실학 연구가 달아오르며 과도하게 외연을 확장하거나 지나치게 현실의 기대를 투사하는 경향이 커졌다. 1973년 김용덕은 실학의 공개강좌에서 이이, 이지함, 조헌의 역할을 들어 실학의 기원을 16세기 중반으로 소급하고 그들을 '전기前期 실학파'로 설정하자고 했다.[88] 이이 등이 조선 후기의 실학자에게 미친 영향을 근거로 한 주장이었다. 그 논리대로라면 민생을 강조하거나 또는 조선 후기 실학파에 영향을 준 유학자가 모두 실학자가 된다는 비약도 가능했다.

1979년에는 최창규가 실학에 대해 "국외의 모순 극복이나 민족사 맥락 전체로 실학의 개념을 확장하여, 춘추 정신과 북벌을 제창한 송시열을 실학자로 평가하자"[89]고 주장했다. 주자학을 강고하게 고수하였던 송시열과 탈성리학을 주요 특징으로 설정한 실학과의 연결은, 상식적인 실학 통념으로 보아도 무리가 아닐 수 없었다. 당시 신문 기사를 보면 그는 학술토론에서 "실학을 국내적 모순 개혁에만 초점을 맞춘 논의가 오늘날 한국 사상의 주체성 빈곤을 드러냈고, 대내외 모순을 동시에 파악한 우암尤菴의 역사의식이 오늘에도 필요하다"는 취지를 드러냈다.[90] 유신 말기에 민족주의를 극대화하여 정권 내외의 위기를 돌파하려는 기대가 반영된 것으로 보인다.

두 사례를 단적으로 들었지만 이 주장들이 가능했던 데에는 실학 개념이 함의하는 바가 원래 넓었고, 합의가 없는 채 전가의 보도처럼 쓰였던 사정도 한몫했다. 이 책에서 여러 차례 지적했지만 실학의 의미는 맥락에 따라 다양하게 쓰여왔다. 유교 자체, 복고적 유교에서부터 근대의 실용과 과학까지 걸쳐 있으며, 정치적 입장에 따라 실학을 전유專有할 수도 있었다. 연구자들조차 자신이 사용하는 실학의 정의를 생략하고, '모모某某는 실학자' 또는 '모모의 학문은 실학'으로 사용했다.

실학의 개념에 대한 성찰이나 비판은 당연했다. 앞서 7장 1절 2항에서 본 바와 같이 1950년대 실학의 개념이 정립될 때부터 문제 제기와 논쟁이 있었다. 다만 당시는 실학의 정체성을 세워야 한다는 취지가 암묵적으로 동의되고 있었다. 그러나 1970년대부터의 비판은 실학

자체에 대한 의문은 물론, 실학의 반대편에서 타기되어온 유학의 긍정 그리고 실학을 통해 근대성을 확인하는 열망 자체에 대한 비판까지 다양했다.

본격적인 문제 제기는 철학자 이상은李相殷(1905~1976)이 했다. 그는 1969년에만 해도 "실학파 학자들의 북학 주장이나 천주교 수입을 당시의 일종의 근대화"[91]라고 여길 정도로 실학에 대해 이견을 드러내지 않았다. 그러나 1971년 제1회 실학사상연구회의 발표에서 유학의 천리가 곧 실리임을 강조하며 실학은 유학의 반성이자 전통의 재창조라고 했다.[92] 당시 근대화가 지고至高의 선善으로 표방되고 실학이 주목받는 분위기에서 실학은 유학의 반대자가 아니라 유학 내에서의 반성이었음을 지적한 것이다.

이상은은 1975년에는 성리학과 실학을 '공리공론, 무익 vs 실질, 유익'으로 대립시키는 교과서의 구도가 역사 사실에 부합하지 않고 편파적이라고 보았다.[93] 실학 담론의 근저에 깔린 근대지상주의를 반성하며, 유학에서 강조하는 인의, 도덕과 같은 내면의 윤리 강조를 통해, 서양식 근대와는 다른 보편 이상을 추구할 수 있다고 본 것이다. 유학의 긍정적 기능에 대한 옹호이면서 근대지상주의적 관점에 대한 비판이기도 한 그의 입장은 근대의 기능이 다하는 시기의 '탈근대'적 전망에서도 재평가될 소지가 있었다.[94]

국문학계에서도 질문이 제기되었다. 김윤식과 김현이 저술한《한국문학사》(1973)는 내재적 발전론에 조응하여 근대문학의 기원을 조선 후기에서 시작했다. 조선 후기에서 근대성의 발현을 보는 입장은 대개 고전문학과 실학자를 전공한 학자들에 의해 1950년대부터 전개되었다. 김윤식과 김현의 연구는 현대문학 전공자라는 점에서 획기적이었다. 다만 그들이 근대문학의 기원을 조선 후기에 두었지만 문제적 개인, 문학적 구현의 차이를 중시하는 점에서 실학자의 작품이나 세계관에서 근대의 성격을 도출했던 기존 연구와는 달랐다. 《한국문학사》에 대해서는 다양한 반론이 있었다. 하지만 평론가 다수는 영·정조 시점을 기원으로 잡는 데에는 직간접으로 동의하였는데 그것은 1970년대 실학의 영향을 입증하는 것이었다.

그러나 김주연은 문학의 상대주의적 해석을 강조하며 역사학의 성과를 반영한 김윤식·김현의 견해를 문제삼았다. 김주연의 주장은 문학의 자율성을 지나치게 중시하는 문학지상주의적 경향이 없지 않았지만, 당시에 문학계를 풍미한 민족사의 보편 발전을 지나치게 의식한 문학사를 비판했다는 점에서 의미가 있었다.[95]

실학에 대해 가장 큰 영향력을 발휘해온 한국 사학계에서도 1970년대 중반부터 실학에 대한 문제 제기와 논쟁이 가열되었다. 역사학계의 비판은 유학과의 관련이나 근대의 기점 문제와 더불어 실학을 반反·탈脫주자의 사상으로 규정하고 이를 사회·경제의 발전상과 조응시켰던 내재적 발전론의 시각 전반을 향해 있었다.

김용섭은 1960년대부터 농업기술의 변화에 따른 농업생산력, 농업경영, 농학의 발달 등을 연구하며 이를 통해 성장한 이른바 '경영형 부농富農'의 실체에 주력했다. 이에 호응한 상업사, 사회사도 활발하였으며, 사상사의 실학 연구도 탄력을 얻었다. 그러나 1970년대 중반부터 그의 농업 연구에 대한 비판이 본격화되었다. 안병태는 발전적 요소의 부각에만 주력한 '부조浮彫적 방법'이라고 비판하였고, 한영국과 송찬식은 경영형 부농 및 광작廣作의 주체 등에 대해 이견을 제시했다.[96] 김용섭이 1968년부터 근대적 토지 제도의 수립으로 주장한 광무 양전 연구에 대해서도 신용하, 김홍식, 미야지마 히로시 등이 근대적 성격을 지녔다고 보기 힘들다고 비판했다.[97]

김용섭의 연구는 내재적 발전에 조응하는 1960년대 실학 연구의 토대가 되었기에, 그의 일련의 연구에 대한 1970년대의 비판은 실학 연구에서도 새 방향을 시사하지 않을 수 없었다. 한 신문 기사의 언급처럼 "국사학계 일각에서는 비평 부재의 학술 풍토를 반성하며, 이른바 실학자들에 대한 재조명과 사회경제사학의 방법론 등에 대한 검토가 요청"[98]되는 분위기였던 것이다.

발전론과 그에 입각한 연구들은 바야흐로 조선 후기 연구 전반의 문제로 확장되는 형편이었다. 한영우는 실학 연구의 긍정성을 인정하지만 경제사를 지나치게 의식한 실학 연구로 인해 한국사 자체가 협소해지는 애로점을 지적했다.

(1960년대 사학계에서) 조선 후기에서는 실학과 자본주의 맹아의 검출 문제가 관심의 초점이 되었다.……학문적 성과는 민족적 긍지

와 자신감을 넣어주는 계몽적 의의도 크게 가졌다.……(1970년대
에 들어서) 지나치게 경제 문제에 치중하여 시대 성격을 파악하려
는 태도가 문화 전반에 대한 폭넓은 이해를 가로막았다.……우리가
생각한 세계사는 진정한 세계사가 아니라 서구 열강 중심의 세계사
이며, 우리가 빌려온 세계사적 발전법칙이란 서구인이 만들어낸 서
구사 발전 논리의 특정한 가설에 지나지 않는 것이다. 따라서 우리
가 추구한 한국사의 보편성이란 국사를 서양사 속에 매몰시키고 작
은 서양사로 만드는 결과를 가져왔다.[99]

1960년대의 발전론과 실학 연구가 '조선 후기의 역사적 정체성'을
불식하는 의미가 있었지만 한국사 전반을 서양사에 기반한 경제사관,
발전사관에 맞추게 되어 오히려 문화 전반에 대한 연구를 위축시켰다
는 비판이다. 이후 한국 역사학계에서는 내재적 발전론과 실학에 대한
이론적 검토와 대안을 찾는 연구가 활발해졌다.

연구 풍토에서의 반성과 함께 실학 분야가 과도하게 서술된 교과서
에 대한 재고 여론도 높아졌다. 1984년 국정교과서를 비판하는 신문
기사이다.

고교 교과서 하권 〈실학의 발달〉에서 유형원, 이익, 정약용 등 실학
자의 이름만도 49명이 등장, 누가 무슨 책을 썼고 어떤 주장을 폈으
며 누구에게 어떠한 영향을 끼쳤는지 등을 소개하고 있다. 반면 〈실

학의 배경과 그 성격〉은 전체 13페이지 중 1페이지를 할애, 간략하게 소개하고 있을 뿐이다.[100]

기사는 학교 교육 전반의 문제를 점검하는 기획 중의 하나였는데, 예나 지금이나 고질적인 암기 위주의 교육은 한국사에서도 예외가 아니었다. 그 단적인 예가 고교 교과서의 〈실학의 발달〉 편이었다. 교육 현장에서 실학이 갖는 의미는 생략되었고 실학자로 호명된 수십 명의 학자들과 그들의 주장, 저술, 관계만이 등장했다. 시험의 단골 메뉴였던 이 단원은 학생들에겐 생경한 한자들에 대한 지겨운 암기에 불과했다. 그야말로 본말전도의 현장이었으니, 이에 대한 개선은 응당했다. 1990년 제5차 교육과정에서 실학은 분량이 축소되었고 근대성과의 연관은 보류하는 등으로 수정되었다.[101]

20세기 후반 실학의 추이

실학 연구의 최일선에 있었고, 한국실학학회의 초대 회장을 지냈던 이우성은 1999년에 실학 연구에 대해 다음과 같이 회고했다.

1970년대에는 식민사관의 극복과 자본주의 맹아론에 연계되어 바야흐로 실학 연구의 황금기를 누렸다. 이러한 실학 연구의 흐름은 그대로 이어져 오면서도 1980년대 중후반부터는 물질 지상주의, 경제 제일주의의 폐해에 대한 일반의 피로감과 함께 차츰 학계의 관심이 윤리, 철학 쪽으로 기우는 듯한 감이 없지 않다.[102]

이우성의 소회는 일정한 근거가 있었다. 7장 2절 2항의 〈그림 1〉에서 보듯 실학 관련 신문 기사의 상대 빈도는 1970년대에 정점을 찍은 이래 1980~90년대까지 점차 내려갔다. 현대 신문에 나타난 실학의 공기어共起語는 시기에 따라 실학이 가졌던 의미장의 추세를 알려준다.

〈표 10〉에서 교수, 연구, 박사, 학자 등 학문 연구와 관련한 공기어들은 큰 의미가 없다고 본다. 나머지에서 의미 변화를 이끌었던 공기어로 주목해볼 만한 것은 '사상·정신·강좌·문화', '철학·조선(이조 포함)', '성리학'의 추이이다.

'사상'은 1970~80년대에 실학과 매우 관련이 높은 용어였으나 1990년대부터 조금씩 낮아졌다. '정신·강좌·문화'는 1960년대에는 없거나(정신·강좌) 낮았고(문화), 1970년대에 매우 높거나(강좌) 높거나(정신) 조금 높았다(문화). 그러나 1980년대 이후는 일시 사라졌다가 낮거나(강좌), 낮았다(정신·문화). 네 용어는 실학이 가장 왕성했던 1970년대의 특징을 잘 보여준다. "실학은 사상이고, 강좌가 자주 열렸으며, 정신과 문화의 고양" 식으로 신문에 소개되었음을 짐작할 수 있다. 실제 연세 실학강좌나 실학 학술대회, 박정희 정부의 '정신문화의 부흥' 식의 정책 기사에서 실학이 등장하는 사례가 많았다.

〈표 10〉《동아일보》1945~2014 '실학' 공기어, t-score 생략[103]

	50s'	60s'	70s'	80s'	90s'	00' s	10s'
1		연구	사상	사상	조선	연구	연구
2		사상	연구	연구	연구	조선	다산
3		이조	강좌	성리학	사상	박물관	조선
4		교수	교수	사회	후기	다산	박물관
5		다산	박사	교수	교수	사상	교수
6		후기	다산	후기	성리학	정약용	정약용
7		한국	정신	학자	한국	후기	철학
8		성리학	성리학	조선	정약용	세기	후기
9		정약용	한국	다산	철학	교수	세기
10		세기	세기	세기	다산	시대	사상
11	–	문화	후기	정약용	이익	철학	한국
12		사회	문화	학문	학문	한국	이익
13			학문	한국	시대	성리학	시대
14			사회	이익	근대	정신	성리학
15			조선	근대	세기	학문	근대
16			시대	시대	정신	문화	강좌
17		–	근대	정신	사회	학자	문화
18			학자	문화	문화	사회	정신
19			이익			이익	학문
20			–	–	–	강좌	학자
21						근대	사회

'철학·조선(이조 포함)'은 이와 반대이다. 철학은 1990년대에 처음 등장했고 이후 조금씩 관련성이 높아졌다. 조선은 대체로 1970~80년 대에는 관련성이 낮았다가 1990년대부터 높은 관련성을 유지했다. 거

350

칠게 보면 1980년대까지 실학은 사상과 주로 연관해 사용되었고, 1990년대부터는 사상보다는 '조선의 철학' 식으로 종종 쓰인 것이다. 이 점은 이우성이 "학계의 관심이 철학 쪽으로 기우는 듯하다"고 회고한 것과 상통한다. 마지막으로 '성리학'은 흥미롭게도 실학의 용례가 줄어들었던 1980년대에 가장 관련성이 높았다. 이 시기 실학의 정체성을 둘러싸고 성리학과의 관계가 주로 논의되었음을 보여준다.

이상을 종합하면 실학은 1970년대에 사회의 주목을 받았고, 현실을 움직이는 사상으로서 정부 등 각계에서 자기 식의 의미로 전유專有했고, 1980년대에는 사회적 영향력이 줄고 정체성을 둘러싼 논쟁이 치열했으며, 1990년대 이후는 '근대적 가치' 식의 실천이나 운동성을 탈피하는 경향이었다고 할 수 있다.

1980~90년대의 실학 연구

김영호는 1970년대에 소장 학자로서 실학 연구를 이끌었고, 1975년에 국사편찬위원회가 발간한 《한국사 14; 조선—근대적 사상의 맹아》에서 〈실학 사상의 발흥〉을 집필하기도 했다. 그는 1986년에 실학 연구의 문제점을 세 가지로 지적했다.

첫째, 실학의 폭이 매우 넓어지고 확대되어……이용후생이나 경세치용과 관련한 글만 나오면 실학이라는 이름으로 미화됨으로써 조선 후기의 학자들 가운데에는 오히려 실학자 아닌 사람이 드물게 되어버렸고 그 결과 일정하게 실학과 주자학과의 구별이 없어지고 일정한 무개념화 현상이 나타나게 된 것이다.……

둘째로,……실학의 상한선을 임진왜란 전의 시기로 소급시키는가 하면……실학과 개화 사상의 연속성 문제가 다소 확대되어 그 결과 실학의 하한이 다소 모호해지게 됨으로써…….

셋째, 실학을 근대적 관념에 따라 과잉 해석하는 경우가 문제로 지적될 수 있다.……유학의 위민爲民 사상을 민주 사상에로 쉽게 연결시킨다든지, 주기론을 유물론과 동일사상에서 동일선상에서 파악한다든지, 혹은 실학의 실용 실사를 실용주의 내지는 실리주의와 쉽게 동일시한다든지…….[104]

김영호의 지적은 풍성했던 실학 연구의 이면을 드러냈다. 실학 개념을 인물과 시대의 특성에 대한 섬세한 고려 없이 자의적으로 적용하거나, 현재의 관념이나 가치를 단순하게 대입하는 학계 현상에 대한 비판이었다.

오랫동안 실학 연구를 수행했던 학자들도 성찰이 필요하다고 보았다. 1987년 연세대학교 국학연구원은 20년간 진행한 〈실학 공개강좌〉를 마감했다. 마지막 토론회는 실학을 대표한 연구자 24명이 참여한 큰 규모였다. 토론회에서는 구체적 사실에 대한 논의 못지않게, 실학을 긍정하고 보는 선입견, 진보성 확인의 어려움, 실학자 설정의 애매함, 과장된 위상의 파장, 개념 정립의 어려움 등도 묵직하게 논의되었다.[105]

실학 개념 자체에 대한 질문도 강하게 대두했다. '봉건(적)', '근대(적)' 등처럼 상식이거나 때론 수사修辭가 되어버린 용어에 대해 전후 맥락을 일일이 대조하고 따질 필요는 없을 수도 있다. 그러나 학술 세계에 적용된다면 적어도 남용은 경계해야 했다. 도널드 베이커는 실학 연구의 문제점을 '실학의 실체'보다는 실학을 자의적으로 적용한 연구자들에 초점을 맞추었다. 역사 용어 실학을 규범적으로 사용하는 것이 문제이므로 차라리 기술記述적으로 사용해야 한다는 제안이었다.[106]

김용옥의 비판은 더 직설적이었다. 그는 실학이 역사적 실체가 아니라 허구이고, 그 바탕에는 '서양 진보, 동양 정체'라는 인식이 깔렸으므로 실학 개념을 강조할수록 서양에 대한 종속이 강화된다고 보았다. 그는 메이지 이래 반反주자학, 반反봉건을 내걸고 근대적 일본인 상象을 추구한 일본 사상사의 한국식 전유專有라는 주장까지 전개했다.[107] 실학에 대한 가장 거센 비판이었다.

실학 사용은 역사적 실체가 있다는 점에서 후대의 창작이라는 그의 비판은 오류이고, 동아시아 학계 일반의 서구 근대, 마르크시즘적 이론에의 경사傾斜를 굳이 일본 사상사에 견주었다는 점에서는 논리 비약이었다. 하지만 실학의 전통 시대의 용례와 근대에 의미를 전변한 용례라는 두 지점을 섬세한 고려 없이 사용하였던 풍토에 대한 비판으로서는 일리가 있다. 조선의 근대를 제대로 확인하기 위해서라도 서양의 근대성 자체를 비판적으로 사유하는 태도가 필요하다는 제언 또한 경청할 만했다.

이상의 비판들은 광범위했고, 일제강점기 이후 자명한 전제였던 민족, 근대라는 가치를 문제삼았다는 점에서 실학 연구의 보정補正을 요청하거나 자의적 적용을 비판하는 수준과는 차이가 있었다. 연구자 일각에서는 실학을 굳이 사용하지 않거나, 철학과 같은 다소 중립적인 용어를 사용하는 경향도 커졌다.

국사편찬위원회가 1993년부터 2002년까지 간행한 《신편 한국사》에도 이 흐름이 반영되었다. 《신편 한국사》는 52책으로 기존 《한국사》에 비해 배 이상 분량이 늘어났다. 그런데 《신편 한국사》에서 실학은 2002년에 발간된 제35권 《조선 후기의 문화》에서 'Ⅱ. 학문과 기술의 발달'의 한 절(2. 실학의 발전)로 축소되었다. 하위 목차에서도 '실학 사상의 성립, 실학 사상의 전개, 실학의 연구 과정과 성격'으로 사회 전반과의 연계성이 떨어졌다. 《신편 한국사》의 전반적인 서술은 구체성과 실증성을 강화했다는 점을 감안하면, 이전 서사를 답습하거나 학술사 정리에 국한한 실학 서술은 이질적이기조차 하다. 기존 《한국사》에서의 적극적인 서술과 비교한다면 변화는 더 크게 체감된다.

한편 일군의 연구자들은 반성의 토대 위에서 새 논리를 구축하기도 했다. 지두환은 조선 시대의 실학은 우리의 굳어진 인식과는 달리 경학經學이었고 이 용례는 지속되었으며, 이에 대한 본격적인 반성은 18세기 후반 이른바 북학 그룹에서 찾을 수 있다고 보았다. 그들은 도시화와 상공업 발흥이 진전된 배경 위에서 철학, 역사 인식, 토지개혁론 등에서 기존 유학과는 궤를 달리하는 주장을 전개했으므로 그들 단계에서 실학이 본격화되었다고 보았다.[108]

이영훈은 조선 후기의 사회경제 양상이 자본주의의 맹아적 형태가 아니라 자립적 소농경제와 그에 상응하는 수준의 시장경제로 수렴한다는 이른바 '소농경제론'을 주장했다. 실학은 이에 조응하는 성리학적 사유 체계의 변화에서 빚어진다는 것이다. 18세기 후반까지의 사상은 소농 사회의 영향이 짙어 화이관, 신분 폐지, 상업 진흥 등에서 불충분함이 있었고, 근대적 사유는 19세기 정약용, 최한기 등에서 본격화한다고 보았다.[109]

지두환은 '경학=실학', '18세기 이후의 실학'이란 두 개의 실학을 역사적으로 인정하였고, 이영훈은 자본주의 맹아라는 실학 패러다임의 사회경제적 토대를 수정하고 실학을 재정리했다. 구체적 내용은 달랐지만 실학에 대한 비판을 수용하고 조정하는 역할은 유사했다.

실학이 17세기 이래 사회 변화에 조응하여 탈성리학을 지향했다거나, 내재적 발전론에 입각해야 한다고 기존 입장을 고수하는 연구도 물론 있었다. 김준석은 양란 이후에 조선은 국가 재조再造의 기로에 있었고, 이 시기 유형원의 변법 이념과 실리론實理論은 대표적 진보 개혁 사상으로 실학의 정당성을 보여준다고 했다.[110] 조성을은 사상과 사회경제 변동을 밀접하게 파악하는 관점, 중세 해체와 근대 이행으로 보는 관점은 계속되어야 하며, 그 점에서 실학 연구는 내재적 발전론의 기본 틀을

유지하되, 다만 동아시아적 체제와의 고려가 더 필요하다고 보았다.[111]

한편 철학, 민속, 회화 등 철학과 문화 분야의 연구에서 실학은 조선 후기의 변화와 근대 학문 탄생의 매개로 여전히 설정되고 있었다. 철학에서는 《실학의 철학》을 발간한 것이 대표적이다.[112] 소장학자 18인이 주도한 이 책은 실학의 '발흥, 전개, 심화'를 두어 이수광에서 이제마에 이르는 실학자의 철학, 사상을 살폈다. 한국민속학회는 개론서 《한국 민속학의 이해》에서 민속학의 태동을 조선 후기에서 찾고 그 성과가 20세기 초 최남선, 이능화 등에게 계승되었다고 설명했다.[113] 미술사 분야에서 이태호는 조선 후기 회화에서 나타난 이른바 진경산수화와 풍속화의 특징으로 꼽히는 독창성, 사실주의는 실학과 서로의 경향이 합치된다고 보았다.[114]

실학 연구를 표방하는 본격적인 학회들이 조직된 것도 실학 연구의 지속성을 담보했다. 1990년에 무악실학회(현 역사실학회)가 창립되었고 학회지 《실학 사상연구》(현 《역사와 실학》)를 발간했다. 1991년에는 한국실학연구회(현 한국실학학회)가 창립되었고 학회지 《한국실학연구》를 발간하고 있다. 학회 설립은 21세기에도 활발했다. 2006년에 연세대학교 강진다산실학연구원이 설립되어 학술지 《다산과 현대》를 발간하고 있다. 2010년에는 재단법인 실시학사實是學舍가 설립되어 연구 및 번역 총서를 출간하고 있다.

이상 학회 설립에서 특기할 사항은 한국실학학회와 동아시아 실학 연구의 활성화이다. 한국실학학회는 창립 취지에 '한자문화권 특히 중·일 학자와의 연계 촉구'를 내세웠는데, 이는 학회 창립에 동아시아 실학 학자의 교류가 주요한 계기였기 때문이다.

중국, 일본은 한국처럼 오랫동안 실학을 사용했고, 19세기 후반 실학을 변용하며 근대 학문의 변화에 부응했다. 자기 나라의 역사에서 경험한 실학을 비교하는 연구는 충분히 예견된 바였다. 마침내 1985년에 단국대학교 동양학연구소에서 '한국 근세 문화의 특성—한·중·일 실학의 특성'을 개최하여 한국과 중국·일본의 학자들이 본격적으로 실학을 비교, 토론하는 자리를 마련했다.[115] 1987년에는 베이징 일본학연구센터에서 일본 학자 미나모토 료엔源了圓과 중국 학자 거룽진葛榮晉이 한·중·일 실학 학자의 국제학술회의에 호응하여 분위기가 무르익었다. 마침내 1990년에 성균관대학교 대동문화연구원이 서울에서 '제1회 실학 국제학술대회'를 개최했다. 대회의 주제는 '동아시아 3국에서의 실학 사상의 전개'였고 한국의 정창렬·김태영·임형택·강만길, 일본의 미나모토 료엔·오가와 하루히사小川晴久, 중국의 신관지에辛冠潔·거룽진 등이 발표했다.

이후 격년마다 한·중·일 3국이 순차적으로 대회를 개최하기로 하여, 1992년에 중국 제남에서 제2회 대회가 개최되었고, 1994년에 일본 도쿄에서 제3회 대회가 개최되었다. 제2회 대회에서는 '실학의 현대 전환'을 주제로 물질 지상주의와 환경문제 등 당면한 문제에 능동적으로 대처하는 신新실학이 제창되는 등 실학의 현재적 역할도 강조되었다. 동아시아 실학 국제학술회의는 2022년 제16회 대회까지 순조롭게 진행되었다. 실학을 매개로 30년 이상 지속한 한·중·일 3국의 국제학술대회는 근대 동아시아 학술사의 획기적인 사례이자 학술과 문화 연대를 위한 소중한 자산이다.

'實學연구로 韓·中·日 유대 확인

국내 학자 70여명 「研究會」결성

實學연구가 범아시아권에서 공동으로 진행될 전망이다.

지난 16일 오후2시반 성균관大 계단강의실에서 창립총회를 갖고 정식 발족된 「韓國實學研究會」는 앞으로 實學에 대한 파편적 연구를 벗어나 총체적 연구에 주력하는 것은 물론 實學연구를 통해 韓國 中國 日本등 3국을 포함한 범아시아권 연대를 꾀할 것임을 밝혀 주목되고 있다.

韓·中·日 3개국이 實學연구에 공동보조를 맞추게 된 것은 實學이 아시아권에서 가지는 역사적 의미때문.

각국의 實學이 그 내용이나 융성했던 시기(한국 중국 18세기, 일본 19세기

중반)에서는 차이가 있지만 모두 서구의 근대적 문물 유입 이전에 자주적 근대화의 맹아로 존재했었다는 점은 동일하다는 것이다.

이와관련, 각국마다 개별적으로 적잖은 발전을

보이고 있는 實學연구를 범아시아권으로 묶어 동양의 내재적 학문체계를 새롭게 되살려보자는 데 3개국 학자들이 지난 88년 합의를 본 바 있다.

이에 따라 각국은 實學 관련 학술교류를 추진키로

하고 그것을 위해 우선 국별로 총체적인 實學 모임을 결성키로 했다. 이번에 출범하게 된 「한국實學연구회」는 바로 이런 3국간 합의에 따른 최초 결실이다.

이 연구회의 출범에 주도적 역할을 담당한 宋○成 ○성균관大교수(66○

자주근대화운동 萌芽. 3
학술회의 개최·공동연구

중국과 일본의 동참에 해 「일본은 좀 늦어져 있지만 중국은 지난해 미 중국실학연구회 결성을 위한 준비위원회를 발족시켜 놓고 있어 한국에 이어 조만간 그 결실이 기대된다」고 밝혔다.

「이문열論」간행

「黃色人」작가 李相文

결
론

21세기 실학 풍경과
실학의 미래

지역 사회 문화의
아이콘

해방 후부터 2014년까지 실학 사용은《동아일보》실학 기사의 상대 빈도와 절대 빈도를 나타낸 〈그림 2〉에서 대강을 확인할 수 있다.

상대 빈도에서 실학 사용은 1970년대에 가장 왕성했고 1980년대와 1990년대에 줄어들었음은 앞서 7장 2절과 3절에서 본 바와 같다. 그런데 2000년대에 들어 실학 사용은 다시 증가했다.

2000년대 이후 실학의 증가 원인은 절대 빈도를 통해서 더 자세히 볼 수 있다. 2006년에 실학 관련 기사가 쏟아졌고 2010년과 2012년에도 기사가 활발했다. 무슨 일이 있었던 것일까. 가장 큰 요인은 정약용의 생가가 있는 남양주시를 중심으로 실학과 관련한 일련의 행사가 개

〈그림 2〉《동아일보》1945~2014년 실학 기사의 상대 빈도와 절대 빈도[1]

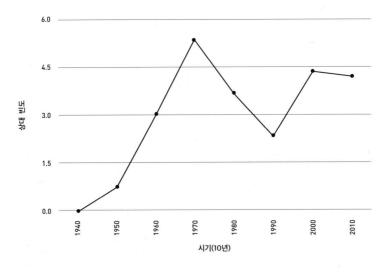

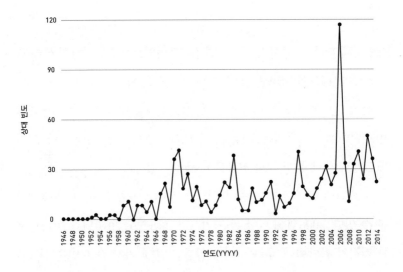

최되었고 실학박물관이 설립되었기 때문이다. 구체적으로 2006년에는 정약용의 생가 인근에 실학박물관이 기공되었고 이와 관련한 학술 대회, 실학 축전 등이 개최되었다. 한편 2006년에는 전라남도 강진에 다산실학연구원이 설립되기도 했다. 실학박물관은 2009년 10월에 개관했고 이듬해인 2010년부터 본격적으로 활동했다. 2010년에 기업인 이헌조가 재단법인 실시학사實是學舍에 거액의 사재를 기부하여 실학 연구를 후원한 일도 특기할 만했다. 2012년은 정약용 탄생 250주년이었으므로 다양한 학술 행사가 개최되었다.

실학과 관련한《동아일보》의 공기어는 이 추세의 내용을 구체적으로 보여준다.

〈표 11〉《동아일보》1945~2014년 '실학' 공기어, t–score 생략[2]

	60s'	70s'	80s'	90s'	00's	10s'
1	연구	사상	사상	조선	연구	연구
2	사상	연구	연구	연구	조선	**다산**
3	이조	강좌	성리학	사상	**박물관**	조선
4	교수	교수	사회	후기	**다산**	**박물관**
5	**다산**	박사	교수	교수	사상	교수
6	후기	**다산**	후기	성리학	**정약용**	**정약용**
7	한국	정신	학자	한국	후기	철학
8	성리학	성리학	조선	**정약용**	세기	후기
9	**정약용**	한국	**다산**	철학	교수	세기
10	세기	세기	세기	**다산**	시대	사상
11	문화	후기	**정약용**	이익	철학	한국
12	사회	문화	학문	학문	한국	이익

2000년대 이후의 가장 큰 특징은 다산과 정약용의 연관성이 높아지고, 이제껏 등장하지 않았던 박물관이 높은 연관어로 등장했다는 점이다. 이 특징은 신문의 범위를 넓히면 더욱 확연해진다. 다음 표는 2000년부터 2013년까지 4개 신문(《동아일보》·《조선일보》·《중앙일보》·《한겨레신문》)의 기사에 나타난 실학과 관련한 상위 1~30위의 공기어이다.

〈표 12〉 동아·조선·중앙·한겨레 2000~2013년 실학 공기어, t-score 생략[3]

1	다산	16	유적지
2	조선	17	실학자
3	박물관	18	선생
4	연구	19	문화
5	후기	20	남양주
6	정약용	21	실사구시
7	사상	22	건립
8	경기도	23	철학
9	시대	24	유물
10	교수	25	성호
11	세기	26	체험
12	학문	27	한국
13	축전	28	책
14	정신	29	모색
15	남양주시	30	도서관

〈표 12〉를 보면 정약용과 실학을 중심으로 달라진 의미장이 확연하다. '다산·정약용'이 상위에 포함된 것은 물론, '경기도·남양주·남양

주시'의 지역명, '박물관·도서관·유적지·유물·건립·체험·축전' 등 실학 관련 기관의 설립과 여러 활동과 관련한 용어들이 등장했다. 20세기에 연구, 교육, 사회운동으로 쓰였던 실학은 이제 연구의 장을 넘어서 지역의 문화·행사 콘텐츠로도 쓰이게 되었다. 이 현상은 지방자치 시대를 맞이하여 실학과 실학자를 문화, 지역 사회의 아이콘으로 쓰는 경향을 반영한 것이다. 다산과 남양주뿐만 아니라, 경기도 안산시에서는 성호 이익을 기리는 '성호 문화재'를 비롯한 각종 행사가 개최되었고, 충청남도 천안시에서는 2014년에 '천안 홍대용과학관'을 개관했다. 이른바 실학자로 지칭되는 학자들을 지역의 자치 단체에서 기념하고 관련 행사를 개최하는 사례는 이밖에도 꽤 많다.

한국에서 21세기에 실학이 지역의 사회와 문화 영역에서 새로운 생명력을 얻는 점은 주목할 만한 현상이다. 지역 혹은 한국을 대표하는 문화 아이콘으로 표방되면서 사회 일반에서의 실학에 대한 통념, 실학과 실학자에 대한 존경은 변하지 않거나 오히려 생활에 밀착하고 있는 것이다. 20세기에 근대를 지향하는 사상으로 각광받았던 실학의 새로운 부활에 대해 시비를 가리는 학문적 판단은 타당하지 않을 듯하다. 그보다는 과거의 새로운 재현과 소비 양상을 인정하고 그 과정에서의 긍정·부정적 측면을 찬찬히 짚어보는 자세가 필요해진 듯하다.

실학 연구의 현황

한국 사학계를 대표하는 학회인 한국사연구회는 2001년에 《한국 실학의 새로운 모색》을 출간했다. 〈간행사〉에는 지난세기를 마감하고 새 출발점에 선 감회가 뚜렷하다.

> 대체로 조선 후기 실학은 민족주의와 근대지향적 성격을 띤 사회개혁 사상으로 인식되고 있다. 이 같은 인식을 바탕으로 하여 실학은 광복 이후 특히 1950년대부터 활발히 연구되어 한국학에서 가장 많은 업적을 낸 분야로 알려져 있다. 그런데 산업사회에서 정보화 사회로 이행되고 있는 오늘의 한국 사회 현실에서 볼 때, 조선 후기 실학이 지향하는 역사적 목표는 거의 실현되었다고 보아야 할 것이다. 이와 동시에 조선 후기 실학에 뒤이을 새로운 실학, 즉 세계주의와 정보화 사회를 지향할 가칭 '근대 실학'이 모색되어야 할 시기에 와 있다는 생각을 하였다.[4]

〈간행사〉는 실학 연구에 대한 비판이나 반성과는 또 다른 차원의 연구 과제를 제시했다. '거의 실현'이란 용어에서 보듯 20세기 전반기의 '조선학, 민족, 독립', 20세기 후반기의 '발전, 국가, 과학, 근대' 등을 지향한 성과는 어느 정도 달성되었다고 보았다. 이를 '조선 후기 실학의 지향'으로 보았고, 세계주의와 '정보화 사회'에 부응하는 실학은

'근대 실학'으로 지칭했다.

  필자는 의견이 좀 다르다. 20세기의 실학 연구야말로 조선 후기의 학문에서 근대 가치를 검증한 '근대 실학'이고, 세계주의나 정보화 시대에서는 그 추세와 함께 등장하는 공존의 가치, 생태주의, 문화 다양성 등의 '탈근대적 가치와 현상'을 의식해야 하므로 '탈근대의 실학'으로 지칭하는 게 타당할 듯하다. 명명이야 어쨌든 2001년의 〈간행사〉를 통해 우리는 실학 연구의 구심력으로 작용했던 '민족적이고 근대성을 검출'하는 목표의 해소와 이후 과제를 모색하였던 당시의 고민을 알 수 있다.

  2003년에 한영우 등이 출간한 《다시, 실학이란 무엇인가》 또한 비슷한 문제의식에서 출발했다.[5] 한영우와 정호훈은 17세기에 부국과 안민 차원에서 국가와 사회 질서 변통을 강조하고, 고학古學을 존중하며, 명말 청초 이래 지속한 문물 교류, 백과전서적 흐름을 여전히 실학 범주에 두었다. 그러나 유봉학, 구만옥, 고동환 등은 도시화, 전문 계층의 증대, 유교적 명분관의 해이, 새로운 문화 양상과 학문 정보의 수용, 지식 정보의 확대에 주목했다. 후자의 주장은 서울의 도시 풍정과 문인 발굴에 주목하는 한국 문학계의 연구와도 기조를 함께했다. 책에서는 17세기 실학과 18세기 실학 사이의 대립이 해소되거나 새로운 실학 개념이 적극적으로 모색되지는 않았지만, 기간의 연구를 계승하고 역사적 실증에 집중하는 자세가 여전히 필요함을 보여주었다.

  탈근대적 현상의 대두 앞에서 실학의 적극적 변신을 주문하는 경우도 있었다. 윤사순은 철학 분야에서 실학의 근대성을 강조한 대표적 학자였다. 그는 1970년대 초부터 실학의 근대성을 밝히는 연구에 착수하여 1980년대에 실학에 내포한 사고의 틀은 경험적·실증적, 자연과 인간의 분리, 인간의 자율 의지 확보, 도덕 윤리의 가변성에 대한 인식, 만민 평등의식 등이며 이는 '경험론적 사고에 기초한 근대 철학'과 유사하다고 하였다.[6] 그러나 1990년대부터 윤사순은 탈근대에 대응하는 '신실학'을 제창했다.[7] 그의 유학, 실학, 신실학 모두 그 요체를 시의변통時宜變通으로 보았다. 조선 후기에 성리학의 경직에 반발한 실학자들이 탈주자의 경향으로 근대의 단초를 열었다면, 20세기 지나친 자연 훼손과 물질주의에 대항하는 운동은 근본적으로 실학의 문제의식과 일치한다는 것이다. 따라서 도덕, 연대, 반反물질·친자연적 경향을 유학과 실학에서 찾고 새 동력을 얻는 것이다. 실학에 한정해 본다면 유학의 근본 정신과 실학의 정신은 본질적으로 다르지 않고 유학사가 곧 실학사가 된다. 실학은 탈역사화한 보편 사유가 되는 것이다.

윤사순 식의 탈역사적 경향에 대해, 역사적 성격을 천착하며 '근대 실학'의 시효가 다했음을 확인한 연구도 있다. 허태용은 근현대 실학 연구의 기저에 깔린 인식틀이 근대 이후 동서양의 자타自他 인식에서 기원한다고 보았다. 그는 실학 연구가 결여된 근대를 보충하려는 근본 지향을 간직했음을 추적했다.[8] 그는 중국과 한국의 "서구에 굴복한 중국에서 자국사 속에서 서구와 유사한 요소를 발굴하여 보편을 찾으려는 노력"과, 일본의 "일본사와 유럽사를 대칭하여 내재한 보편을 확인"하는 과정을 비교했다. 중국에서 실학을 자국의 유학 학술 전통으로 강조하거나, 한국에서 실학을 서양 역사 일반에서 근대성까지 폭넓게 확인하는 지향은 '결여태로서의 중국과 한국'의 모습으로 명명했다. 그에 비해 실학 연구가 소극적인 일본은 '결여태가 아닌 일본'인 것이다. 그의 연구는 근대에 집착한 과거 실학 연구에 대한 깊은 해부이면서, 근대성에 집착한 실학에 더 이상 연연하지 말자는 결별 선언이기도 하다.

21세기 실학 연구는 과거의 그것처럼 실학자 개개인의 학문이나 정체성에 집중한 연구는 지속하지만, 바야흐로 '탈근대 시기의 실학'이란 새로운 화두를 두고 분야를 막론하고 주목할 만한 진전을 이루었다.

사회학자 김상준은 실학에 앞서 실학 논쟁을 도돌이표처럼 되돌린 근대성 자체를 문제삼았다. 그는 근대성의 중핵을 '세계적 윤리 종교라는 원형 근대성을 향한 끊임없는 돌파'로 보고 서구, 비서구 모두 중층적으로 전개된다는 '중층근대성론'을 전개했다. '유교에서는 공자와 맹자가 원형 근대이고, 송대에 역사적 근대가 전개되었다'[9]라며 유교의 근대성을 적극적으로 검출한 기조에서 그는 조선 후기 유교에서 동학에 이르는 역동성을 재평가한다. 실학자로 분류된 정약용 등이 호명될 수는 있지만, 굳이 실학을 호명하지 않거나 혹 하더라도 '유교 체제의 역동성을 선도한 선진적 경향' 식으로 유교에서 분리하지 않는다.[10]

국문학자 박희병은 근대를 근본적으로 성찰하고 실학에 얽매지 않는다는 점에서 김상준과 문제의식이 비슷하다. 그러나 그는 유학을 포괄해 노장, 묵자 등 동아시아 사상 전반을 왕래하고, 근대성보다는 탈근대적 가치와 사유를 적극적으로 평가한다는 점에서 다르다. 그는 동양 혹은 한국의 사상가들 - 홍대용, 박지원, 최한기 등에게서 상대적 가치의 승인, 생태적 지혜, 다원성 존중, 동서취사東西取捨의 자세, 범애와 평등 등의 보편 가치를 찾는다.[11]

두 사람의 논의는 서구=근대라는 오랜 속박을 풀고 조선 후기, 나아가 동아시아 사유의 가능성을 찾았다는 점에서, 실학 연구에서도 퍽 시사적이다. 이상의 문제의식에서 출발해 실학과 근대성을 직접적으로 고찰하는 경우로서는 철학자 이봉규를 주목할 수 있다. 그는 이학理學의 이론과 수행이 심법에 치우침을 비판한 반이학反理學의 조류를 동아시아 차원에서 검토하고 한국의 경세치용적 사상운동을 실학으로 보았다. 여기까지는 유학사 맥락에 충실하다. 그러나 그는 이 흐름을 근대의 공리적 조류에서 발생한 실학과 대비시켰다. 조선 후기의 실학과 근대의 실용·공리적 실학은 연원이 다른 것이었다. 그런데 기존에 두 지점을 무리하게 연결해 실학의 유의미성을 서양 근대에 국한하고 가능성을 제한했다는 것이다.[12] 그의 주장은 실학이 비록 유교의 태내에서 나왔지만 이를 초월하는 의미를 갖고 있다고 여긴다는 점에서, 기독교에서 연원해 중세 말기에 출현하는 서양 인문주의 가치의 동양식 버전을 연상하게 한다. 지속과 변화를 내장한 실학은 그 점에서 16세기 후반 이후에 출현한 동아시아 철학의 진보성을 강하게 검증하는 보기이다.

과학에서는 이학理學과 경세론이 아니라 인간과 사회와 자연을 통일적으로 이해하는 주자학의 세계관에서, 인간과 자연을 분리시키는 단서가 등장한 계기에 주목한다. 도시의 발달, 서학과의 조우, 무엇보다 서양의 수학과 과학 수용에 따른 변화를 중시했다. 구만옥은 18세기 경기의 남인, 양명학자, 북학파에서 특징적으로 나타나는 도리道理와 물리物理의 분리를 사상계의 새로운 바람으로 보고 이를 토대로 수학, 기하학 등 수리과학이 발달하고, 실용과 실증으로 전개되어 이용후생의 결과를 낳는다고 보았다. 한마디로 주자학과 차별화되는 자연관의 등장을 주목하면서, 이러한 새로운 자연관을 내세운 학자들을 주자학자와 차별화하여 실학자로 규정했다.[13]

이상의 흐름은 근대성에 대한 확장, 동아시아 근대성의 가능성을 인정하고 실학의 근대가 서양식 근대의 속박에서 풀려나 동아시아적 근대의 가능성을 일조하거나 재구성한다는 긍정을 지향한다.

최근에는 실학 연구의 개념사, 지식사, 사회사적 의미를 찾는 연구가 한 흐름을 이루고 있어 주목할 만하다. 이들은 실학자에 대한 탐구보다는 실학 발화發話의 맥락, 실학 개념을 둘러싼 담론, 실학의 지식 지형 등을 포괄적으로 고찰했다. 그 고민은 실학을 둘러싼 발화에는 오랜 시간에 걸쳐 다양한 지향이 중첩되어 있고, 19세기 후반 이후 동양 각국이 서양의 근대를 의식하며 자신들의 과거를 복잡한 경로로 재구성했다는 주체적 기획 의도를 중시하는 태도가 깔려 있다. 물론 그 점들에 대한 지적이 없는 바는 아니었다. 일례로 이봉규는 "실학자의 문집에 기술된 언명 자체가 아니라 그들이 지향하였던 구성, 구성된 언명을 매개로 19~20세기 과제에 응답하려 했던 근현대의 지성, 그리고 다시 21세기를 재해석하려는 우리의 구성 속에서 정체성을 갖는다"라고 했다.[14] 이 지적은 실학 연구에서는 언어의 심층, 과거·현재의 시선, 미래에 대한 기대를 모두 염두에 두어야 함을 알려준다.

실학은 끊임없이 재구성되어 의미를 규정받는 시간 속의 개념이자, 일정한 가치 지향을 갖고 사회 실천을 가능케 한 담론 체계임을 중시한다면, 담론과 역사적 개념화 과정을 감안한 일련의 연구들이 전개될 가능성이 생겨난 것이다. 그 점에서 이태훈이 "오늘날과 같은 의미의 실학"이 일제강점기의 조선학 담론, 해방 후와 1960~70년대의 근대화 담론에 상호 조응하는 과정을 지식사회학적으로 고찰한 것은 획기적이다.[15] 실학 연구가 '전근대의 실학자들'에서 '실학자들'을 탄생시킨 근대의 지식인 담론으로 이전했기 때문이다. 정종현이 정약용을 남한과 북한에서 전유하는 과정을 고찰한 것도 비슷한 맥락이다.[16]

필자가 실학에 개념사적 문제의식을 대입하여 연구한 것도 같은 맥락이다. 개념사에서는 전근대의 핵심 개념들이 근현대의 역사적 조건 하에서 의미 변화를 겪는 과정을 다양한 경로에서 포착한다.[17] 재구축의 과정은 근대의 보편 현상이고 맥락과 지역에 따라 차별성을 갖는다. 유교적 맥락 안에서의 실학이 근현대 이후 '근대, 민족'을 향한 '정치성·대중성'을 갖는 실학으로 재구축되는 과정은 애초부터 자연스런 현상이었다. 다만 '한국 실학'의 특징이 없지는 않다. 서양식 근대를 상징하는 많은 개념어가 번역서, 신조어 등임에 반해 실학은 전근대의 언어를 식민지적 상황에서 적극적으로 해석한 사례이기 때문이다.[18]

노관범은 위 두 조류와 일정하게 공감하며 새 영역을 개척하고 있다. 그는 개념의 유동성을 인정한다는 점에서 개념사와 공명하고, 근현대의 실학 지식장에 주목한다는 점에서 지식사회학을 표방한다. 일련의 연구에서 그는 개화기 이래 실학이 특정한 담론장을 형성하고, 근대 이후 실학이 새로운 존재론을 획득하며, 해방 전후 다양한 층위에서 실학이 지식 기반을 마련한 점을 실증했다.[19] 특히 기존 연구에서 놓쳤던 개화기, 근대 초기의 실학 담론을 신문·잡지·통사·대계 등을 적극 활용해 시기와 자료 면에서 연구 폭을 확대하며 실학에 대한 지식 지형을 복원한 점이 인상적이다.

개념과 지식사에 천착한 연구는 근대 패러다임에 대한 객관적 거리 두기와 실학이 안고 있는 장구하고 복잡한 의미의 결을 포괄하며 실증하므로, 실학의 역사 안에서 실학의 탈근대적 전망을 추출한다는 점에서 실학 연구의 새 국면을 열고 있다.

실학의 열린 미래

이 책은 실학 개념의 역사와 사회 풍경을 뼈대로 삼았다. 조선 후기 학자들을 실학자로 전제하고 실학의 전개를 설명하였던 기왕의 학술사적 정리는 적절하게 가감했다. 이 책에서 강조한 점들을 되짚으며 실학의 미래를 전망해본다.

1장과 2장은 실학 어의語義의 특징과 고전적 의미장을 살폈다. 실實의 어원에서 실학의 고전적 용례들 그리고 그와 연동하였던 이용후생, 실사구시, 경세치용 등의 용어는 실학 개념이 오랜 시간 동안 지속하거나 탄력적으로 변용될 수 있었던 동력이었다. 실학은 진리라는 보편과 구체라는 현실에 한 발씩 걸치고 있다. 보편의 담지자로서 스스로를 정당화하고 현실을 추동시킬 수 있으면서, 현실에 적응하거나 개선하는 실용적인 의미까지 가능했다. 실학의 개념적 특성은 유학의 영향 안에서 여러 의미장, 근대 전환기 실학을 매개한 수용과 절충의 인식 그리고 근대 이후 실학 개념의 형성을 가능케 했다.

3장과 4장은 한국에서 실학의 출현과 19세기 전반기까지의 실학 용례를 다루었다. 실학은 한국의 현존 자료에서는 14세기부터 확인할 수 있다. 성리학을 지칭하며 불교 등의 이단을 반대하는 이념적 용법으로 시작했다. 그러나 이내 경학으로 정착되었고 특히 과거를 준비하는 강경講經 공부로서 문장 공부를 뜻하는 사장詞章, 제술과 대비되었다. 16세기 중반 이후 성리학적 이념 실현이 강조되면서 실학은 유학 본연의 정신 또는 성리학, 군주의 성학聖學 등으로 쓰였다. 의미장은 복잡해졌고, 경세의 지향 또한 발아했다.

우리에게 익숙한 실학 개념을 확인하려면 17세기 이래 성장한 경세의 지향과 18세기에 형성된 학파 혹은 학자군의 학문 특징부터 조명해

야 한다. 그들이 내세웠던 경세제민의 추구나 현실에 조응하는 시의변
통의 논리는 유학 본연의 정신이기도 했다. 그러나 17~18세기의 조선
에서 그들이 제기한 경세론과 변통론, 실용에 대한 강조 등은 복고적
개혁으로만 해석할 수 없는, 진전을 내포한 현상이었다. 18~19세기
학자들이 성리학적 인식에 가했던 균열과 고증학과 서학까지 아울러
전개한 세계관 차원의 새로운 구상은 훗날 그들을 '실학자'로 호명할
수 있는 내용의 변화였다.

5장은 근대 전환기 실학 개념의 변화이다. 이 시기는 최근의 실학
연구에서야 비로소 조명된 바이기도 하다. 1880년대 《한성순보》를 통
해 유학과는 전혀 다른 개념의 실학이 급작스레 등장했다. 이를 가능
케 한 서양의 학문은 19세기 중반까지 중국이나 일본을 통해 제한적으
로 수용했던 서학과는 차원이 다른, 압도적인 물리력을 동반한 충격이
었다. 전통적 의미의 실학과 서양 학문의 영향으로 등장한 실학은 의
미의 진폭을 확대시켰다. 전통적 용법이 여전했지만, 서양의 과학이나
실용 학문을 지칭하는 격치학·과학·실업학 등도 실학으로 쓰이곤 했
다. 또한 구舊 용법은 문집-구학문-유학-전통 교육의 장에서, 신新 용
법은 신문·잡지-신학문-과학-신교육의 장에서 병립했다.

그러나 어느 용례이건 '동양과 서양의 대립'이라는 새로 구축된 환
경을 의식하며 발화했다. 한·중·일 삼국에서 공통적으로 실학을 매개
로 서양과 동양을 절충하려는 사고가 생겨났기도 했다. 그 논리는, 동
양은 고대에 융성했고 중세에는 쇠퇴했으나, 현재는 서양이 오히려 동

양 고대의 핵심을 계승했으며, 따라서 서양 학문의 수용은 바로 '잃어버린 우리'를 복원할 수 있다는 것이었다. 이 논리에서 고대의 이상적 학문이었고 중세 이후에 우리가 잃어버렸으며, 저들[서양]이 현재의 융성함을 자랑하게 만든 학문 정신이 바로 실학이었다. 다시 말해 실학은 소환된 고대의 정신이자 현재에 진행되는 개혁, 서양 문물 수용의 정당성을 확보하는 개념이었다.

19세기 중반 이후의 이른바 근대 전환기에 실학을 둘러싼 담론은 근대 동아시아 개념들의 역사에서 이채로운 위치에 있다. 서양학의 수용을 위한 전통의 재구성과 동·서양 차이를 넘어선 새 보편 개념의 구상을 보여주었기 때문이다. 한국의 경우에는 이에 더해 유학자들의 실학 용례가 상당히 병존하였던 독특한 현상까지 있었다. 고종처럼 유학-실학을 국교로 내세우는가 하면, 시의변통의 유학-실학을 바탕에 두고 교합의 지대를 만들기도 했고, 개신 유학-실학을 강조하며 허문의 유학을 비판하기도 했다.

6장과 7장은 1920년대 이후 현재까지 실학 개념의 성립과 전개이다. 한국에서 실학은 오랫동안 유지한 유학 안에서의 실학, 급격하게 등장한 과학과 실용을 강조한 실학, 동양 고대의 이용후생과 서양학을 절충한 실학 등을 경험으로 갖고 있었다. 일제강점기 이후 민족 독립이 지상 과제로 설정되면서 이상의 유산들은 취사되거나 선택되었다. 최남선은 조선학을 강조하면서 조선 후기의 새 학문으로 실학풍을 강조했고, 정인보는 유학과 양명학의 보편성을 실학으로 강조했다. 1930

년대에는 학문 분야를 막론하고 실학에서 민족과 근대성을 찾는 노력을 기울였다. 민족주의 지향에서 비롯한 한국사의 주체화 노력 그리고 한국사에서 서양의 근대성 발굴은 식민지 상황이 반영된 한국의 현상이기도 했다.

해방 후 남북한 모두 한국적 근대인 민주주의 혹은 사회주의를 건설하면서 실학은 유용한 개념-담론으로서 전용되었다. 남한에서는 1960년대에 사회경제사 분야에서의 이른바 '자본주의 맹아론'과 함께 조선 후기의 내재적 발전을 설명하는 양대 축으로 설정되었다. 실학은 주체적 근대화의 강력한 원천으로서 근대 패러다임의 강력한 지지대였다. 1970년대까지 많은 학자·학회의 개별적 연구를 비롯해 통사·교과서의 설명, 한국학 여러 분야에서 조선 후기 변화의 설명틀, 신문을 통한 소개 등으로 실학은 단순한 역사 용어를 넘어 운동성을 지닌 개념이자 담론이 되었다. 실학과 그를 통해 파생한 조선 후기의 이미지는 정치, 사회, 문화 전반에 영향을 미쳤다. 이면에서 왜곡과 오용이 있었음도 물론이다. 1980년대 이후는 실학의 과도한 열기와 기대에 대한 반성과 성찰이 또한 일어났다. 21세기에는 근대성과 거리를 두면서 탈근대의 대안을 찾거나 새로운 학술사적 시도가 전개되고 있다. 지방자치와 맞물려 기념과 문화로 소비되는 것도 간과할 수 없는 현상이다.

이상의 연구를 통해 필자는 두 가지 전망을 갖는다. 하나는 근대에 규정된 실학 개념 또는 실학 연구의 시효가 다하고 있다는 점이다. 일제강점기에 시작해 1960년대에 개념으로서 정점에 오르고 1970년대에 왕성했던 실학 혹은 실학 연구는 이제 수사적으로나 기능하는 게 아닌가 한다. 실학을 자의적으로 호명하고, 호명된 실학으로 조선 후기를 해석했던 역사 인식의 틀 또한 해소되는 시점이다.

둘째는 실학의 새로운 가능성이다. 애초 실학의 발화는 단수가 아니었고 시기와 맥락에 따라 다양해지는 복수의 경로를 걸었다. 특히 한국에서 상식화된 실학 또한 한국의 근대 여정에 따른 '특정한 장소와 시기에서의 실학'이었다. 경로의 다양성이 동의된다면, 이제 근대의 실학을 탈각시켜 보통명사로 쓰건, 이른바 '21세기의 신실학'을 새로 정립하건 그것은 발화자들의 선택일 것이다. 실학을 여전히 한국학의 한 축으로 담당케 하거나, 실학자를 문화와 일상의 기호로 전용하는 것도 선택의 폭을 넓히고 있다.

변천을 거듭하며 새 의미를 부여받아온 실학이 근대 패러다임이 구축한 의미를 희석시키고 탈근대의 지평을 열 가능성은 충분하다. 그 앞날이 어떨지 전망할 수는 없지만 한 가지 기준은 명백하다. 시대마다 진실을 향했던 발언들이 실학의 지속을 가능케 했듯, 현실을 정확하게 인식하고 진실을 향한 성의誠意에 깃든 실학이라야 새 지평을 마주하리란 것이다.

주

1장 — 실학 인식의 세 층위

¹ 《단종실록》 즉위년 8월 23일 3번째 기사, "石通對, 以讀四書詩書易春秋通鑑. 鈍曰, 怕不許多. 邊曰, 皆實學, 非許多也, 大人講則可知."

² 《경종실록》, 4년 1월 28일 2번째 기사, "前贊善李喜朝, 卒于謫路. 喜朝, 副提學端相子也. 少廢擧, 出入諸巨儒之門, 有時名. 晚年, 朝廷至待以儒賢, 然無實學, 但筆札贍敏, 頃刻立草數千言, 曲盡辭情而已."

³ 레이먼드 윌리엄스, 김성기·유리 옮김, 《키워드》, 민음사, 2010, 392~394쪽.

⁴ 레이먼드 윌리엄스, 《키워드》, 399쪽.

⁵ 개념사는 독일의 역사학자 라인하르트 코젤렉이 주창한 역사철학 방법론이다. 한국에는 1990년대 이후 소개되었고 이에 공명하는 연구가 활발하게 진행되어 한국과 동아시아 근대의 특징을 조명하는 유용한 이론틀이 되었다. 개론적으로는 나인호의 《개념사란 무엇인가—역사와 언어의 새로운 만남》(역사비평사, 2011)을 참조할 수 있다. 한림대학교 한림과학원은 코젤렉 등이 주도한 개념사의 노작 《역사적 기본개념—독일 정치·사회 언어 역사 사전》(1972~1997)에 수록된 119개의 개념 중에서 한국에서 주목할 만한 개념 25개를 선정하여 《코젤렉의 개념사 사전》 1~25(푸른역사, 2010~2022)를 출간하여 유럽에서의 개념사 성과를 소개했다.

⁶ 임화, 〈槪說 新文學史(17)〉, 《조선일보》 1939년 10월 10일.

⁷ 개념과 은유의 관계에 대해서는 박근갑의 〈개념의 역사에서 은유의 역사로〉, 《개념과 소통》 6, 2010 참조.

8 《중종실록》, 31년 2월 6일 1번째 기사, "臣爲儒時見之, 人性不能周徧, 或近於實學, 或近於詞章. 故其性長於詞章者, 務詞章, 近於實學者, 務實學. 其只治實學而不爲詞章者, 不能通暢, 故終爲無氣之人, 而只任訓誨之職而已. 其長於詞章者, 多有發揮之事, 故該通於事理, 是故國家之任用, 亦多其人. 今則經學詞章, 俱不爲之, 安有如此之時乎? 常時以專尙詩章, 爲不可者, 恐末流之弊, 或至於浮靡……況我國乃事大之邦, 尤不可專尙實學也, 而無一人能爲詞章者, 不知何以爲之然後可也."

9 김용섭, 〈最近의 實學硏究에 對하여〉, 《역사교육》 6, 1962, 136쪽.

10 이태훈, 〈실학 담론에 대한 지식사회학적 고찰―근대성 개념을 중심으로〉, 전남대학교 박사학위 논문, 2004.

11 이태훈, 〈실학 담론에 대한 지식사회학적 고찰―근대성 개념을 중심으로〉, 7~16쪽.

12 내재적 발전론에 대해 근대화론자, 탈근대론자 등의 비판과, 발전론의 진로에 대해서는 박찬승의 〈한국학 연구 패러다임을 둘러싼 논의〉, 《한국학논집》 35, 2007 참조.

13 박찬승(2007)의 연구 외에도 이헌창, 〈한국사 파악에서 내재적 발전론의 문제점〉, 《한국사 시민강좌》 40, 2007; 김정인, 〈내재적 발전론과 민족주의〉, 《역사와 현실》 77, 2010; 이영호, 〈'내재적 발전론' 역사 인식의 궤적과 전망〉, 《한국사연구》 152, 2011 등을 참조할 수 있다.

14 나인호, 《개념사란 무엇인가》, 20~31쪽.

15 박상섭, 〈한국 개념사 연구의 과제와 문제점〉, 《개념과 소통》 4, 2009, 242쪽.

16 폴 A. 코헨, 이남희 옮김, 《학문의 제국주의》, 산해, 2003, 30·63쪽.

17 오세진, 〈조선 시대 동유東儒 전통의 형성과 그 함의〉, 《유학연구》 56, 2021.

18 나인호, 《개념사란 무엇인가》, 31~33쪽.

19 나인호, 《개념사란 무엇인가》, 40쪽.

20 이봉규, 〈총설; 21세기 실학 연구의 문법〉, 《한국실학사상연구 1》, 연세대 국학연구원, 2006, 29~31쪽; 신종화, 〈현대성과 실학의 '개념적' 재구성―대안적 기획의 이론적 지평 확보를 위하여〉, 《사회와 이론》 8, 2006, 29쪽.

2장 — 실학의 고전적 의미

1 《周易》, 〈歸妹〉, "上六, 女承筐無實."

2 《老子》, "是以聖人之治, 虛其心, 實其腹, 弱其志, 强其骨."

3 吳澄, 《吳文正集》 권7, 〈王學心字說〉, "詞章記誦, 華學也, 非實學也. 政事功業, 外學也, 非內學也. 知必眞知, 行必力行, 實矣內矣."

4 《孟子》, 〈滕文公上〉, "夏后氏五十而貢, 殷人七十而助, 周人百畝而徹, 其實皆什一也."

5 《莊子》, 〈逍遙遊〉, "名者, 實之賓也."

6 《莊子》, 〈應帝王〉, "吾與汝旣其文, 未旣其實, 而固得道與?"; 〈至樂〉, "名止于實, 義設于適, 是之謂條達而福持."

7 《莊子》, 〈天下〉, "建之以常無有, 主之以太一, 以濡弱謙下爲表, 以空虛不毀萬物爲實."

8 《淮南子》, 〈精神訓〉, "衆人以爲虛言, 吾將擧類而實之."

9 《春秋 左傳》, 〈宣公十二年〉, "實其言, 必長晉國."

10 《莊子》 外篇 〈繕性〉, "中純實而反乎情, 樂也."

11 이하 불교에서의 실과 관련한 내용은 김진무의 《중국 불교사상사—유불도 통섭을 통한 인도불교의 중국적 전용》, 운주사, 2015와 이종철의 《중국 불경의 탄생—인도 불경의 번역과 두 문화의 만남》, 창비, 2008 및 사전 일반을 참조했다.

12 "一切實一切非實, 及一切實亦非實, 一切非實非不實, 是名諸法之實相"(김진무, 《중국 불교사상사》, 130쪽 재인용).

13 이종철, 《중국 불경의 탄생》, 91~92쪽.

14 《朱子語類》 권4, 39, "邵堯夫說, '性者, 道之形體, 心者, 性之郭郭.' 此說甚好. 蓋道無形體, 只性便是道之形體. 然若無箇心, 卻將性在甚處. 須是有箇心, 便收拾得這性, 發用出來. 蓋性中所有道理, 只是仁義禮智, 便是實理. 吾儒以性爲實, 釋氏以性爲空."

15 《朱子語類》 권5, 59, "在天爲命, 稟於人爲性, 旣發爲情, 此其脈理甚實, 仍更分明易曉……性則具仁義禮智之端, 實而易察. 知此實理, 則心無不盡, 盡亦只是盡曉得耳."

16 《朱子語類》 권5, 45, "性則有一箇根苗, 生出君臣之義, 父子之仁. 性雖虛, 都是實理. 心雖是一物, 卻虛, 故能包含萬理. 這箇要人自體察始得."

17 《朱子語類》 권27, 86, "忠卽是實理. 忠則一理, 恕則萬殊."

18 《朱子語類》권16, 205, "忠, 只是實心, 直是眞實不僞. 到應接事物, 也只是推這箇心去. 直是忠, 方能恕."

19 《朱子語類》권69, 46, "內積忠信是實心, 擇言篤志是實事."

20 《朱子語類》권19, 14, "論語不說心, 只說實事."

21 《朱子語類》권27, 39, "聖人敎人, 都是敎人實做. 將實事敎人, 如格物致知以至洒掃應對, 無非就實地上拈出敎人."

22 《朱子語類》권124, 36, "蓋釋氏之言見性, 只是虛見. 儒者之言性, 止是仁義禮智, 皆是實事."

23 王充, 《論衡》, 〈非韓〉, "韓子非儒, 謂之無益有損. 蓋謂俗儒無行操, 擧措不重禮, 以儒名而俗行, 以實學而僞說, 貪官尊榮, 故不足貴."

24 王充, 《論衡》, 〈對作〉, "是故論衡之造也, 起衆書並失實, 虛妄之言勝眞美也."

25 王充, 《論衡》, 〈書虛〉; 〈變虛〉; 〈異虛〉; 〈感虛〉; 〈福虛〉; 〈禍虛〉; 〈龍虛〉; 〈雷虛〉; 〈道虛〉.

26 《舊唐書》권119, 列傳69 〈楊綰〉, "所冀數年之間, 人倫一變, 旣歸實學, 當識大猷, 居家者必修德業, 從政者皆知廉恥, 浮競自止, 敦龐自勸, 敎人之本, 實在玆焉."

27 劉禹錫, 《劉賓客文集》권17, 〈薦處士嚴𧦬狀〉, "儻弘文集賢史氏之館, 採其實學, 有勸諸生."

28 楊士奇 等 撰, 《歷代名臣奏議》권164, 〈方平又上選格論〉, "今二科之弊, 獨在乎泛濫猥多而取之不能精, 或實學而見遺, 或下材而高第."

29 朱必大, 《文忠集》권136, 〈論科擧代筆〉; 《宋史》권156, 選擧志10, 〈選擧〉2.

30 洪邁, 《容齋隨筆》권16, 〈一世人才〉, "今之議者, 多以科擧經義詩賦爲言, 以爲詩賦浮華無根柢, 不能致實學, 故其說常右經而左賦."

31 《二程文集》권8, 〈論改學制事目〉, "若朝廷選通儒, 爲敎導之官, 去利誘, 來實學之士, 人數雖減, 成才必多."

32 《歷代名臣奏議》권170, 〈乞寢罷版行時文疏〉.

33 朱熹, 《晦庵集》권69, 〈學校貢擧私議〉.

34 朱熹, 《朱子語類》권5, 68, "今人自無實學, 見得說這一般好, 也投降, 那一般好, 也投降."

35 《宋史》권418, 列傳177, 〈程元鳳〉, "遷右曹郎官, 疏言實學實政國本人才吏治生民財計兵威八事."

36 吳澄, 《吳文正集》 권15, 〈許士廣詩序〉, "窮經有實學, 修身有實行, 經世有實用. 三實者, 盈乎中而溢乎外, 詩其支流爾."

37 2장 주석 3(吳澄, 《吳文正集》 권7, 〈王學心字說〉) 참조.

38 鄭樵, 《通志》 권72, 圖譜略1, 〈原學〉, "耽義理者, 則以辭章之士, 爲不達淵源, 玩辭章者, 則以義理之士, 爲無文彩……二者殊塗而同歸, 是皆從事於語言之末, 而非爲實學也."

39 鄭樵, 通志》 권72, 圖譜略1, 〈原學〉, "以圖譜之學不傳, 則實學盡化爲虛文矣……實一代 典章文物法度紀綱之盟主也."

40 '眞才實學'은 《수호전水滸傳》을 비롯하여 청대 소설인 《홍루몽紅樓夢》, 《경화연鏡花緣》, 《야담수록夜譚隨錄》, 《설악전전說嶽全傳》 등에 보인다.

41 《二程遺書》 권1, 〈端伯傳師說〉, "正叔先生曰, 治經實學也. 譬諸草木, 區以別矣……如中 庸一卷書, 自至理便推之於事, 如國家有九經, 及歷代聖人之跡, 莫非實學也……爲學治 經最好, 苟不自得, 則盡治五經, 亦是空言."

42 《中庸》 20, "凡爲天下國家有九經曰, 修身也, 尊賢也, 親親也, 敬大臣也, 體群臣也, 子庶 民也, 來百工也, 柔遠人也, 懷諸侯也."

43 朱熹, 《中庸章句》, "子程子曰,……此篇, 乃孔門傳授心法……其書始言一理, 中散爲萬 事, 末復合爲一理, 放之則彌六合, 卷之則退藏於密, 其味無窮, 皆實學也."

44 朱熹, 《大學或問》 傳五章, "別爲一種幽深恍惚艱難阻絶之論, 務使學者, 莽然措其心於文 字言語之外, 而曰道必如此然後可以得之, 則是近世佛學詖淫邪遁之尤者, 而欲移之以亂 古人明德新民之實學, 其亦誤矣."

45 許衡, 《魯齋遺書》 권5, 〈中庸直解〉, "都是着實有用的學問, 不比那虛無寂滅之教"

46 朱熹, 《晦庵集》 권46, 〈答汪太初〉, "然間嘗竊病近世學者, 不知聖門實學之根本次第, 而 溺於老佛之說."

47 吳澄, 《吳文正集》 권41, 〈十賢祠堂記〉, "夫果能遵許文正之教, 而上達於司馬, 以行天下 之達道. 循朱張呂之言, 而上達於程張周邵, 以立天下之大本, 此實學也."

48 陸九淵, 《陸九淵集》 권35, 〈語錄下〉, "道在邇而求諸遠, 事在易而求諸難. 只就近易處着着 就實, 無尙虛見, 無貪高務遠."

49 《陸九淵集》 권34, 〈語錄上〉, "吾平生學問無他, 只是一實"; 권35, 〈語錄下〉, "一實了, 萬 虛皆碎."

50 《陸九淵集》권12, 〈與趙詠道-二〉, "然必一意實學, 不事空言, 然後可以謂之講明. 若謂口
   耳之學爲講明, 則又非聖人之徒矣"; 권2, 〈與曹廷之〉, "旣着實作工夫, 後來遇師友, 卻有
   日用中着實事可商量, 不至爲此等虛論也."

51 이 편지는 《陸九淵集》 2권의 〈與朱元晦-二〉를 말한다.

52 《陸九淵集》권1, 〈與曾宅之〉, "古人自得之, 故有其實. 言理則是實理, 言事則是實事, 德
   則實德, 行則實行. 吾與晦翁書, 所謂'古人質實, 不尙智巧, 言論未詳, 事實先著, 知之爲
   知之, 不知爲不知. 所謂先知覺後知, 先覺覺後覺者, 以其事實, 覺其事實, 故言卽其事, 事
   卽其言, 所謂言顧行, 行顧言.'"

53 《陸九淵集》권2, 〈與朱元晦-二〉, "太極皇極, 乃是實字, 所指之實, 豈容有二."

54 王陽明, 정인재·한정길 역주, 《傳習錄》1·2, 청계, 2001, 11조, "天下之大亂, 由虛文勝而
   實行衰也."; 105조, "名與實對. 務實之心重一分, 則務名之心輕一分. 全是務實之心, 卽全
   無務名之心. 若務實之心, 如饑之求食, 渴之求飮, 安得更有工夫好名?"

55 王陽明, 《傳習錄》131조, "區區格致誠正之說, 是就學者本心日用事爲間, 體究踐履, 實地
   用功. 是多少次第, 多少積累在, 正與空虛頓悟之說相反"; 269조, "仙家說到虛, 聖人豈能
   虛上加得一毫實?"

56 王陽明, 《傳習錄》281조, "誠是實理, 只是一箇良知"; 317조, "然亦不是懸空的致知, 致
   知在於實事上格. 如意在於爲善, 便就這件事上去爲, 意在於去惡, 便就這件事上去不爲."

57 王陽明, 《傳習錄》218조, "我何嘗敎爾離了簿書訟獄, 懸空去講學? 爾旣有官司之事, 便從
   官司的事上爲學, 纔是眞格物……簿書訟獄之間, 無非實學, 若離了事物爲學, 却是著空."

58 王陽明, 《傳習錄》143조, "良知之明, 萬古一日, 則其聞吾拔本塞源之論, ……憤然而起,
   沛然若決江河, 而有所不可禦者矣."

59 王陽明, 《王文成全書》권4, 〈與陸元靜-丙子〉, "使在我果無功利之心, 雖錢穀兵甲搬柴運
   水, 何往而非實學? 何事而非天理?……使在我尙存功利之心, 則雖日談道德仁義, 亦只是
   功利之事."

60 《書經》, 〈大禹謨〉, "禹曰, 於帝念哉. 德惟善政, 政在養民, 水火金木土穀, 惟修, 正德利用
   厚生, 惟和, 九功, 惟敍."

61 《書經集傳》, 〈大禹謨〉, "正德者, 父慈子孝兄友弟恭夫義婦聽, 所以正民之德也, 利用者,
   工作什器, 商通貨財之類, 所以利民之用也, 厚生者, 衣帛食肉, 不飢不寒之類, 所以厚民

386

之生也."

62 《書經集傳》,〈大禹謨〉, "六者旣修, 民生始遂, 不可以逸居而無敎."

63 《春秋左氏傳》,〈文公七年〉, "正德利用厚生, 謂之三事."

64 《春秋左氏傳》,〈成公十六年〉, "民生厚而德正, 用利而事節."

65 《管子》,〈牧民〉에 나온다. 원문은 "倉廩實則知禮節, 衣食足則知榮辱"이다.

66 《論語》,〈顏淵〉편에 있다. 원문은 "雖有粟, 吾得而食諸"이다.

67 蘇軾, 《書傳》 권3, 〈正德利用厚生惟和〉, "春秋傳曰, '民生厚而德正, 用利而事節.' 正德
者, 管子所謂'倉廩實而知禮節. 衣食足而知榮辱也.' 利用, 利器用也. 厚生, 時使薄斂也.
使民之賴其生也者, 厚也. 民薄其生, 則不難犯上矣. 利用厚生而後民德正. 先言正德者,
德不正, '雖有粟, 吾得而食諸.'"

68 《周易》,〈繫辭上〉, "子曰, 夫易, 何爲者也. 夫易, 開物成務, 冒天下之道, 如斯而已者也."

69 왕필, 임채우 옮김, 《주역 왕필주》, 길, 1998, 525쪽, "言易通萬物之志, 成天下之務, 其道
可以覆冒天下也."

70 程頤, 《伊川易傳》,〈序〉, "其爲書也, 廣大悉備, 將以順性命之理, 通幽明之故, 盡事物之
情, 而示開物成務之道也."

71 《近思錄集解》 권3, 〈致知〉, "開物者, 使其知之明, 成務者, 使其行之就也."

72 《近思錄集解》 권14, 〈觀聖賢〉, "今之害, 老佛是也, ……自謂之窮神知化, 而不足以開物成
務. 自謂通達玄妙, 實則不可以有爲於天下."

73 黃宗羲, 《明儒學案》 권37, 〈文簡湛甘泉先生若水〉, "吾儒開物成務之學, 異於佛老者此
也."; 권46, 〈司成蔡虛齋先生淸〉, "此可見陸學未盡符於大中至正之矩. 使當日得究其用,
恐於開物成務之實, 終必有疎處. 苟其疎也, 則其所自受用, 亦恐其不覺而近於老佛."

74 황종희, 김덕균 옮김, 《명이대방록》, 한길사, 2000, 49쪽, 51쪽.

75 康有爲, 《大同書》, 辛部 12장, "所獎勵者, 惟智與仁而已. 智以開物成務, 利用前民. 仁以
博施濟衆, 愛人利物."

76 《황성신문》 1898년 9월 23일, 〈客이 余다려 問ᄒ여 曰開化라ᄒᄂᆞᆫ 者ᄂᆞᆫ 何物을 指흠이며
何事를 謂홈이뇨〉.

77 화민성속化民成俗은 《예기禮記》,〈학기學記〉편에 나온다. 원문은 "君子如欲化民成俗,
其必由學乎!"이다. 군자가 백성을 교화하고 좋은 풍속을 이루려면 반드시 배움이 있어

야 한다는 뜻이다. 경세를 강조하는 용어로서 개물성무와 통할 여지가 있었고 19세기 이전에는 한 텍스트에서 함께 사용되기도 했다. 《황성신문》에서 1898년부터 1902년까지 개화에 대해 "개물성무하며 화민성속을 개화라 이른다"고 몇 차례 풀이했다. 일견 독창적이고 신선하다. 하지만 개화를 개물성무와 화민성속의 줄임말로 보는 용례는 《황성신문》의 사례 외에는 없다. 당시 유학자 기우만도 개화를 개물성무와 화민성속에 빗대 쓰는 것에 대해 이름을 훔쳤다고 비판했다(《松沙先生文集》 권2, 〈乙未疏〉).

[78] 《漢書》, 〈河間獻王傳〉, "修學好古, 實事求是."

[79] 朱鶴齡, 《愚菴小集》 권7, 〈輯注杜工部集序〉; 권12, 〈春王正月辨〉.

[80] 錢大昕, 《潛研堂集》, 〈戴震傳〉; 凌廷堪, 《校禮堂集》, 〈事略狀〉(량치차오, 《淸代學術槪論》 11장 재인용).

[81] 阮元, 《揅經室集》, 〈自序〉, "余之說經, 推明古訓, 實事求是而已."

[82] 최식, 〈19세기 '實事求是'의 다양한 층위와 학적 지향〉, 《한국실학연구》 19, 2010, 268~269쪽.

[83] 梁啓超, 《淸代學術槪論》, 〈自序〉, "有淸學者, 以實事求是爲學鵠."

[84] 梁啓超, 《淸代學術槪論》 2장, "其治學根本方法, 在實事求是無徵不信"; 20장, "要之淸學 以提倡一實字以盛, 以不能貫徹一實字而衰."

[85] 梁啓超, 《淸代學術槪論》 7장, "以實學代虛學."

[86] 마오쩌둥과 덩샤오핑의 실사구시 강조와 동이점에 대해서는 이철승의 〈중국 마르크스주의 철학에 나타난 진리관 문제―모택동과 등소평의 '실사구시'론 비교를 중심으로〉, 《시대와 철학》 12, 2001 참조.

[87] 許薰, 《舫山先生文集》 권23, 附錄 〈家狀〉, "禮樂政刑田賦鹽鐵兵車之制, 以至醫藥卜筮天 地日月星辰之躔度, ……與夫閭巷民庶稼穡之艱難, 莫不瞭然而心識, 蓋莫非經世致用之 術也."

[88] 梁白華, 〈中國文學革命의 先驅―靜庵王國維 (三)〉, 《조선일보》 1930년 3월 16일.

[89] 《莊子》, 〈齊物論〉, "春秋經世先王之志, 聖人議而不辨."

[90] 葛洪, 《抱朴子》, 〈審擧〉, "故披洪範而知箕子有經世之器."

[91] 《書經》, 〈武成〉, "惟爾有神, 尙克相予, 以濟兆民, 無作神羞."

[92] economics의 기원과 19세기 일본, 중국, 한국에서 경제經濟, 이재理財 등으로 번역되었

다가 경제로 정착하는 과정에 대해서는 이헌창의 《경제·경제학》, 소화, 2015 참조.

[93] 《周易》, 〈繫辭上〉, "備物致用, 立成器以爲天下利, 莫大乎聖人."

[94] 孔穎達, 《周易正義》, "謂備天下之物, 招致天下所用."

[95] 梁啓超, 《淸代學術槪論》 2장, "啓蒙派抱通經致用之觀念, 故喜言成敗得失經世之務."

[96] 梁啓超, 《淸代學術槪論》 2장, 4장, 6장, 20장.

[97] 梁啓超, 《淸代學術槪論》 33장, "所謂經世致用之一學派, 其根本觀念, 傳自孔孟, 歷代多倡道之, 而淸代之啓蒙派晩出派, 益擴張其範圍. 此派所揭櫫之旗幟, 謂學問有當講究者, 在改良社會增其幸福, 其通行語所謂國計民生者, 是也."

[98] 韋政通 編著, 《中國哲學辭典》, 大林出版社, 1977.

[99] 趙宗正 主編, 《儒學大辭典》, 山東友誼出版社, 1995.
溝口雄三·丸山松幸·池田知久 編, 《中國思想文化事典》, 東京大學出版會, 2001.

3장 — 14~18세기 실학

[1] 지두환은 〈朝鮮後期 實學硏究의 問題點과 방향〉, 《태동고전연구》 3, 1987에서 조선 시대 실학의 용례를 구체적으로 분석하며 실학이 강경 공부로 사용되고 있음을 밝혔다. 이경구는 〈개념사와 내재적 발전: '실학' 개념을 중심으로〉, 《역사학보》 213, 2012에서 실학과 연관어를 조사해 15~16세기에는 강경 공부 중심이었고, 16세기 후반부터 유학, 성리학, 성학聖學 등이 나타났다고 보았다.

[2] 〈표 3〉~〈표 8〉(〈표 5〉 제외)에 기초한 연구는 2019년 서울대학교 규장각 한국학연구원 워크숍에서 〈전근대 빅데이터 분석사례─실학〉으로 처음 소개했다. 이후 2019년 제15회 동아시아 국제실학학회, 2020년 한림대학교 한림과학원 제91회 개념소통포럼 등에서도 발표했다. 그리고 〈조선 시대 실학 용법에 대한 거시적 일고찰〉(《개념과소통》 26, 2020)로 일부 수정해 출간했다. 하지만 실험적인 작업임을 밝힌다. 무엇보다 한자 사전에 기반해 분절할 경우 분절의 기준과 검수가 필요함을 알 수 있었다. 일례로 《태종실록》의 태종 7년 (1407) 3월 24일 첫 번째 기사에서 "文科初場, 罷疑義試講論, 是抑詞章蹈襲之弊, 務得窮經實學之士, 誠爲令典"을 분절하면 "文科|初場|, 罷|疑義|試|講論|, 是|抑|詞章|蹈襲

|之|弊|, 務|得|窮|經|實|學|之|士|, 誠|爲|令|典|"이 되었다. 분절은 대체적으로 적절
했지만, 밑줄 부분은 '罷|疑|義……務|得|窮|經|實|學|之|士|, 誠|爲|令|典|'으로 되어야
한다고 본다. 앞으로 분절 대상이 되는 기사에 대한 시기 등에 대한 정보 구축, 분절을 위
한 한자어 소스, 분절과 검수의 기준 등에 대해 일정한 원칙이 수립되고 이에 기반해 많
은 한문 자료가 정밀하게 분절된 코퍼스가 구축되어 전근대의 주요 개념·용어 등의 관계
가 입체적으로 드러난다면 한국에서 언어·사유의 거시적이고 장기적인 분석이 가능하다
고 생각한다.

3 李齊賢,《益齋集》,〈櫟翁稗說〉, 前一, "今殿下, 誠能廣學校謹庠序, 尊六藝明五敎, 以闡先
   王之道, 孰有背眞儒而從釋子, 捨實學而習章句者哉?"

4 李齊賢,《益齋集》부록,〈益齋先生年譜〉.

5 鄭道傳,《三峯集》권5,〈佛氏雜辨〉, 儒釋同異之辨, "而欲移之以亂古人明德新民之實學,
   其亦誤矣. 朱子之言, 反復論辨, 親切著明, 學者於此, 潛心而自得之可也."

6 2장 주석 44 朱熹,《大學或問》傳五章 참조.

7 安軸,《謹齋集》권1,〈天曆三年五月, 受江陵道存撫使之命. 是月三十日, 發松京宿白嶺驛,
   夜半雨作, 有懷〉, "讀書求道竟無成, 自愧明時有此行. 但盡汪疏施實學, 敢將崖異盜虛
   名."

8 李穡,《牧隱集》,《牧隱詩藁》권12,〈英豪行〉, "眞才實學非畫餠, 食禮之起由大羹."

9 金守溫,《拭疣集》권4,〈上河東府院君〉, "濂洛諸儒翼素王, 分明性理滕遺芳. 縱然釋老眞
   空說, 其奈程朱實學光."

10 《太宗實錄》7년 3월 24일 첫 번째 기사, "文科初場, 罷疑義試講論, 是抑詞章踏襲之弊, 務
   得窮經實學之士, 誠爲令典. 然行此法, 今已數科, 未有經學傑然之才出於其間, 而其文才
   氣習, 反爲猥瑣……乞自今罷講論, 復試疑義,……"

11 《世宗實錄》즉위년 10월 7일 두 번째 기사; 1년 2월 17일 두 번째 기사.

12 《世宗實錄》12년 8월 22일 두 번째 기사, "唐虞人材之所以盛者, 由其所學之有其實也, 漢
   唐人才之不古若者, 由其所學之無其實也.……學無其實, 則文藝雖工, 於誠正乎何
   補?……然自文科初場, 罷講論試疑義之後, 凡入國學者, 徒慕虛名, 不務實學,……且今之
   學者, 爲名而不務實學, 工於文辭者, 見稱於朝著, 名爲經學者, 卒老於敎授, 故爲子弟者,
   先有心於文辭, 而未嘗有志於經學, 間有勤於讀書者, 則反受侮於朋友矣."

13 《세종실록》1년 2월 17일 두 번째 기사.

14 《세종실록》12년 10월 25일 첫 번째 기사.

15 《세조실록》2년 4월 15일 두 번째 기사, "人當務實學, 實學根本也. 國家以詞章切於用, 故不得已用此取人, 在自爲之道, 捨實學不可也. 今日汝等論經, 無有暢達者, 亦可自愧…… 予時時親講."

16 1장 주석 1(《단종실록》즉위년 8월 23일 세 번째 기사) 참조.

17 《중종실록》5년 8월 9일 첫 번째 기사, "實學則有章句, 讀之不可中絶, 史記則讀遍全傳, 方知首末, 宜倍舊進講."

18 《세종실록》12년 8월 13일 첫 번째 기사; 12년 8월 22일 두 번째 기사; 《성종실록》8년 11월 20일 네 번째 기사; 15년 4월 18일 세 번째 기사; 《중종실록》11년 10월 9일 일곱 번째 기사.

19 《중종실록》22년 9월 5일 첫 번째 기사, "領事張順孫曰, 擇差師長, 固當也. 祖宗朝則爲師長者, 或以經術或以詞章, 幷取擇差, 而精攻實學者, 主敎誨, 善爲詞章者, 典製述, 各以其所能, 敎誨之."

20 柳希春, 《眉巖集》권18, 〈經筵日記 丙子〉, "人言讀實學, 則不能作文. 予殊怪其說."

21 趙翼, 《浦渚集》권11, 〈因求言條陳固邊備改弊政箚〉, "以是士之治經應擧者, 只求口熟音吐而已…… 故爲是者率多不識義理不識文字, 終於庸陋同然也. 世稱不通於文理者, 謂之實學及第."

22 李睟光, 《芝峯類說》권4, 〈科目〉, "而但講經之人, 旣無致用之實, 又或不能屬文. 故俗數慢必曰實學及第有以致之也."

23 《현종개수실록》1년 1월 25일 첫 번째 기사, "鄕試尤甚, 擧子中實學有名, 則 [國人, 以業講經, 爲實學] 製述雖無形, 訪問而取之, 良可寒心."

24 《승정원일기》영조 29년 10월 29일 22번째 기사, "上曰, 今番十八歲及第者, 爲人何如? 晦曰, 臣招見則渠言自十歲治經云矣. 上曰, 此所謂圻袴下實學矣. 今番放榜時, 予若氣好則當招見."

25 《승정원일기》영조 42년 9월 20일 14번째 기사, "上曰, 卜台鎭, 卽脚袴實學矣.……上曰, 金鳳著, 亦脚袴實學也."

26 《승정원일기》영조 35년 10월 29일 11번째 기사, "上曰, 昨日金一淳, 以講經入之而不通.

此則可謂都令實學也."

27 1장 주석 8(《중종실록》31년 2월 6일 첫 번째 기사) 참조.

28 《중종실록》13년 7월 27일 세 번째 기사, "上曰, 三代之學, 皆所以明人倫也. 在後世, 但爲口讀而已, 夫孰知所以明人倫乎? 爲學而知所以明人倫, 則是實學也."

29 《중종실록》15년 5월 15일 두 번째 기사, "今之儒者, 自謂探理, 開卷默視. 不屑口讀之學, 務高議論, 不事實學, 故如此."

30 《중종실록》34년 8월 4일 첫 번째 기사, "且國家, 以實學取人者, 所以重經學也……其後以理學爲名, 科擧之外, 又有出身之路, 不事讀書……祖宗朝, 出身必由科第, 故人人力於學文. 自己卯年以後, 名爲性理之學, 雖不務經學詞章, 而或爲六品官, 或爲堂上官, 故不學之弊, 因此成習矣."

31 《선조실록》14년 10월 16일 첫 번째 기사, "夫人君將大有爲者, 必立心遠大, 不拘於俗論, 以三代爲期, 而必務實學, 躬行心得, 以一身爲一世表準可也."

32 《선조수정실록》5년 1월 1일 첫 번째 기사, "嘗與友人, 讀性理大全……乃惕然發憤, 篤志實學, 因斷棄擧業."

33 김길환, 〈栗谷性理學에 있어서 實學槪念과 體系〉, 《아세아연구》15, 1972.

34 《선조실록》14년 10월 16일 첫 번째 기사.

35 17세기 조선에서 중화를 계승한 유교 문명국으로 정위定位하고 이에 조응하는 사상적 분위기와 실천이 전개된 데 대해서는 정옥자, 《조선 후기 조선 중화사상 연구》, 일지사, 1998; 허태용, 《조선 후기 중화론과 역사인식》, 아카넷, 2009; 우경섭, 《조선 중화주의의 성립과 동아시아》, 유니스토리, 2013 참조.

36 효종 대에 국가 정책을 둘러싼 국왕 등의 입장과 안민론자들에 대해서는 배우성의 〈17세기 政策論議構造와 金堉의 社會經濟政策觀〉, 《민족문화》24, 2001 참조.

37 尹根壽, 《月汀集-別集》권1, 朱陸論難, 〈與陸學正書〉, "而眩於陽明誣謗聖賢之言, 同聲和之, 肆爲異說, 則吾恐其無補於身心之實學, 而反有以重得罪於聖賢之門也. 至以釋氏本心之學, 爲未可盡非者, 殊不可曉, 此殆援儒入釋而不自知其非也."

38 宋時烈, 《宋子大全》권92, 〈答金仲和-丙辰八月十六日〉, "至於大明則又道術分裂, 幾於蓁蕪. 惟本朝專守朱門餘法, 而未有所謂異端者矣. 不幸近日攻斥朱子之說, 肆行而不可遏, 此正有志之士, 隱憂而浩歎者也. 然但能憂之, 而不脩在我之實學, 則亦終爲徃委之禽

矣."

39 尹拯,《明齋遺稿》권19,〈與朴泰輔士元-壬子二月二十八日〉, "泛觀雜書, 博洽則有之, 不濟於事, 須着工於實學, 庶免外馳之弊也."; 권19,〈與朴泰輔士元-十六日〉, "聞頗用功於醫書,……然豈不聞致遠恐泥之聖訓耶? 餘力旁及則可矣, 欲專治則恐妨實學, 如何? 醫猶如此, 況卜命小數, 尤在所略者耶."

40 尹拯,《明齋遺稿》권35,〈朴士元墓表-己卯〉, "自世道之降, 士鮮實學, 人鮮實才. 如吾士元者, 何可復見也?"

41 尹拯,《明齋遺稿》권23,〈答朴壽岡-丁卯八月二十一日〉, "今日吾黨之所共勉者, 唯當就吾實學, 潛究力行, 庶幾傳扶一脈, 不至斷絶而已."

42 정인보,〈茶山先生의 一生〉,《동아일보》1935년 7월 16일.

43 문일평,〈西勢東漸의 先驅(4) 西洋敎學에 대한 朝鮮識者의 態度〉,《조선일보》1929년 11월 2일.

44 김태준,〈春香傳의 現代的 解釋〉,《동아일보》1935년 1월 9일;《동아일보》의 이 논문은 1939년에 출간된《增補 朝鮮小說史》(학예사)의 '제6장 걸작〈춘향전〉의 출현'에 추가되었다.

45 李睟光,《芝峯集》권22,〈條陳懋實箚子 乙丑〉.

46 최남선,〈朝鮮歷史講話(25)-제33장 文化의 振興-97 學風이 變함〉,《동아일보》1930년 2월 8일.

47 柳馨遠,《磻溪隨錄補遺》권1,〈郡縣制〉, 各邑, "公私各得其分, 萬事皆歸於正,……浮浪之習, 變爲檢飭, 文詞之習, 變爲實學, 而人才皆爲實用, 三代之盛, 自可復矣."

48 유형원의 실리實理 인식과 경세론에 대한 최근의 연구 경향에 대해서는 나종현의〈17세기 磻溪 柳馨遠의 實理 개념과 古禮 추구〉,《한국사론》57, 2011 참조.

49 趙聖期,《拙修齋集》권7,〈答林德涵書〉, "凡天下之事萬物之理, 無不欲深思力索目見心得, 庶幾措之用, 而有救世澤物之功, 垂範俗牖後之益矣……而若或有深追古人之學, 力矯衰世之俗, 所知皆實事實理, 所存皆實心實行,……眞箇有實學有實用,……則必爲之攘臂詬毁, 洗瘢索瑕, 或笑以爲粗雜, 或詆之爲事功, 或斥之爲好勝, 使不得容喙而後已."

50 조성기의 학문과 낙론-북학파에 미친 영향은 유봉학의《燕巖一派 北學思想 硏究》, 일지사, 1995 참조.

51 李埈,《蒼石續集》권5,〈三陟告諭父老子弟文〉, "可見其以實學而濟實用. 寧患於科名之不可得也."; 권6,〈玉成祠宇上梁文〉, "實學濟時, 經綸乃其抱負."

52 《승정원일기》영조 5년 윤7월 9일 20번 째기사, "所謂實學者, 旣以學聖爲志, 而讀聖人之書, 誦聖人之言……應物處事, 無一不誠, 無一不實, 穩穩至於聖人地位, 此所謂爲己之實學也."

53 《영조실록》10년 1월 12일 세 번째 기사.

54 鄭齊斗,《霞谷集》附錄 諸疏,〈再疏〉, "伏以窮至性篤純行, 實學也, 表悼德樹風聲, 實政也. 迺者臣等敢擧先正之實學, 仰贊聖朝之實政……蓋誠之爲言, 卽心中實理之名也, 天以此實理賦於人. 人得之以爲心, 以此致知則爲眞知, 以此力行則爲實行, 以眞知爲實行則斯爲實學. 惟此實學, 得之者蓋寡, 惟我先正臣鄭齊斗以金精玉潤之質, 積臨淵履氷之工, 盡捨公車, 潛心精進……天地陰陽禮樂刑政, 萬事之麽萬理之賾, 莫不精勘窮索, 曲暢旁通. 以至六典五禮, 祖宗繩尺, 亦皆研究參合, 會通折衷, 要可以精義致用, 擧而措之, 先輩知德之論, 咸以經世佐王之姿歸之,……惟我殿下嗣服以後, 控名責實, 授方任能, 建官則求實才, 綏民則務實惠, 庶幾乎吏稱其職, 人樂其業, 而獨於崇儒重道之名, 則有時乎不究其實, 而一槩報罷,……誠使今日赫然下令曰, 如鄭某之實學, 予所尊尙, 特爲之建宇設享, 以爲學者之標準云爾, 則一國之士, 曉然咸知聖意之所存, 而皆務實修其身,……亟許臣等所請 以光實學 以責實政 不勝千萬大幸."

55 《정조실록》4년 3월 27일 세 번째 기사, "今日千疵百弊, 不可枚擧, 而求其受病之源, 專由於君臣上下, 不以一實字做去耳. 聖學無成就之實, 世道無丕變之實, 群工無策勵之實, 小民無懷保之實, 人才無收用之實, 言路無洞開之實."

56 호락논쟁의 전개와 노론 학계의 동향에 대해서는 이경구의《조선, 철학의 왕국 - 호락논쟁 이야기》, 푸른역사, 2018과 조성산의《조선 후기 낙론계 학풍의 형성과 전개》, 지식산업사, 2007 참조.

57 호론의 중심이었던 한원진의 학문과 정학正學 수호를 위한 노력은 김태년의〈南塘 韓元震의 '正學' 形成에 대한 硏究〉, 고려대학교 박사학위 논문, 2006 참조.

58 尹鳳九,《屛溪集》권59,〈南塘韓公-元震-行狀〉, "蓋公學於先正, 門路甚正. 其學以居敬窮理實踐修行爲務, 該精粗具本末, 可謂有用之實學也, 需世之通儒也."

59 李箕鎭,《牧谷集》권6,〈辭左參贊仍陳戒上書〉, "夫古人所以應天之道, 不過一實字. 若徒

394

有恐懼之心, 而無實德以充之, 徒有修省之言, 而無實政以行之, 則抄不爲欺人欺天之歸, 甚可畏也. 臣願邸下講經傳, 則毋事口耳, 必切問近思, 體驗身心, 克懋爲己之實學.……克究及民之實惠, 率是以往, 無處無事而非實, 則天將回災爲祥, 而邦其永孚于休矣."

60 洪大容,《湛軒書》外集, 권1,〈與鐵橋書〉, "惟科宦以梏之, 物慾以蔽之, 宴安而毒之, 由是而能脫然從事於古學者, 鮮矣. 詞章以靡之, 記誦以夸之, 訓詁以拘之, 由是而能闇然用力於實學者, 鮮矣. 功利以襍其術, 老佛以淫其心, 陸王以亂其眞, 由是而能卓然壁立於正學者, 尤鮮矣."

61 홍대용, 소재영 등 주해,《주해 을병연행록》, 태학사, 1997, 374~375쪽.; 소재영 등이 대본으로 삼은 숭실대학교 기독교박물관 소장본에서 '진짓 학문'이 쓰인 문장은 한국학중앙연구원 장서각 소장본(K2-4532)에는 빠져있다(10책 16장). 또 한문으로 쓰인《湛軒燕記》에는 이 부분이 크게 요약되어 '진짓 공부'를 지칭하는 한문도 확인할 수 없다(홍대용,《湛軒書》외집 7권,〈吳彭問答〉).

62 《정조실록》7년 1월 5일 7번째 기사, "自今以後, 內而廟堂, 外而方伯, 廣搜博訪, 各擧一二人, 勿拘色目, 勿論地閥, 專以有實德有實才者, 愼選應薦, 而朝廷亦不必遽然除職, 先以白衣招見, 叩其眞才實學, 授以內外之職, 以寓考績之意. 必待其望實相孚, 名行無疵, 然後任以國事, 加以尊官, 亦無有不可."

63 아이케 볼가스트, 백승종 역,《코젤렉의 개념사 사전 8—개혁과 (종교)개혁》, 푸른역사, 2014, 35쪽.

64 李晩秀,《展園遺稿》권2,〈答聖問〉, "古之學者, 學有年數, 今之學者, 到老無成. 古之學者, 幼學壯行, 今之學者, 果於忘世.……爲學之方, 貴在濟世, 而一命之士, 亦無存愛物之意.……甚至近年以來, 士風日弊,……儒家之厄, 噫亦甚矣. 宜乎, 我殿下惓惓於實學正道,……今欲使世之學者, 皆學孔孟而服程朱, 則莫若先治三代學校之政."

65 이용후생 및 그와 관련한 용어들의 쓰임에 대해서는 이경구의〈조선 후기 '주자주의'의 동향과 이용후생 개념의 부상〉,《개념과 소통》10, 2012와 노관범의〈조선 시대 '利用厚生'의 용법과 어휘 추세〉,《한국실학연구》40, 2020 참조.

66 이용후생, 개물성무, 실사구시의 용례, 횟수 등은 노관범의〈조선 시대 '利用厚生'의 용법과 어휘 추세〉,《한국실학연구》40, 2020 참조.

67 《승정원일기》영조 5년 2월 6일 33번째 기사.

68 《영조실록》5년 2월 10일 첫 번째 기사; 10년 1월 18일 일곱 번째 기사; 46년 2월 27일 두 번째 기사.

69 梁得中,《德村集》권2,〈辭別諭召命疏-丁巳〉, "大抵居天位治天職食天祿, 乃三皇五帝開 物成務之實事, 自與生民之利用厚生, 同條而共貫.……伏願殿下, 惟以實事求是爲務.…… 是知盈天地之間, 只是一箇實理而已. 理則實理, 心則實心, 學則實學, 事則實事, 無一毫 私僞參錯於其間, 則實心淡然虛明, 而實理潔靜精微矣."

70 《헌종실록》부록,〈誌文〉;《고종실록》21년 6월 15일 첫 번째 기사.

71 李瀷,《星湖全集》권37,〈答秉休-甲戌〉, "汝旣實學, 須留心事務, 不爲鑿空之歸也. '子曰 誦詩三百, 授之以政不達, 使於四方不能專對, 雖多亦奚以爲.' 如近世叉手低眉, 謂致力 于本原者, 何異啞羊僧?"

72 黃德吉,《下廬集》권2,〈上順菴先生別紙-乙巳〉, "答曰四七理氣, 爲東方一大文字. 前後 言之者, 可謂充棟汗牛, 而徒長爭端. 雖云性命之原, 實無益於實學, 姑置之, 以待下學功 成, 然後可以漸次上達."

73 이익의 형세론에 대한 강조는 원재린의《조선 후기 星湖學派의 학풍 연구》, 혜안, 2003을 참조할 수 있고, 의리론에 대해서는 신항수의〈李瀷(1681~1763)의 經·史解釋과 現實認 識〉, 고려대학교 박사학위 논문, 2001을 참조할 수 있다.

74 이익의 지식 체계와 수학에 대한 관심은 심경호의〈성호의 사설과 지식 구축 방식〉1·2, 《민족문화》49·50, 2017 참조.

75 朴趾源,《燕巖集》권16,〈課農小抄〉,〈諸家總論〉, "士之爲業尙矣. 農工商賈之事, 其始亦 出於聖人之耳目心思.……以爲後世農工賈之失業, 卽士無實學之過也.……莫不有裕民益 國之效, 此皆農之故實而古聖人開物成務之遺業也.……逮至豫泰盈盛之日久, 而駸駸然 文滅其質, 末傾其本, 士或高談性命而遺於經濟, 或空尙詞華而罔施有政.……今以浮華不 學之士, 率其惰窳無知之甿, 卽何異於使醉人相替哉. 是故漢之二千石, 必有孝悌力田之 擧, 安定學規, 乃設農田水利之科, 無他貴實學也."

76 박지원의 후생 철학은 김은정의〈연암 박지원의 후생厚生철학—연암 성론性論의 사회적 확장〉, 이화여대 박사학위 논문, 2019 참조.

77 박제가, 정민 외 옮김,《정유각집貞蕤閣集》하, 돌베개, 2010, 198~199쪽.

78 金鍾正,《雲溪漫稿》권4,〈春坊故事-乙未〉, "只是實志不立, 實學不講, 實政不行故

耳.……盖實志者, 治道之體, 而實政者, 治道之用, 擴充其體而推行其用, 又惟在乎講明實學. 然則欲復三代之治, 捨斯學而何以哉?……而臣則以爲邸下苟專心實學, 以堯舜禹湯文武爲己師, 以三代事業爲己任."

79 正祖, 《弘齋全書》 권163, 〈日得錄〉 三, "今人言經學, 但知談性說理之爲經學, 而不知事事物物, 無非舍經學不得. 試以近日華城築城言之, 凡臨事而不知措處之方者, 皆昧於經學而見識不明故耳."

80 正祖, 《弘齋全書》 권164, 〈日得錄〉 四.

81 《정조실록》 15년 7월 17일 두 번째 기사, "人皆以富國强兵爲霸道, 而如欲闢土地朝秦楚, 則固非王者當務. 至於疆場之內, 裕財而卓民, 訓兵而禦暴, 豈有王霸之可論乎?"

82 李德懋, 《靑莊館全書》 권24, 〈武藝圖譜通志附進說〉, "朝廷講實用之政, 黎庶守實用之業, 文苑撰實用之書, 卒伍肄實用之技, 商賈通實用之貨, 工匠作實用之器, 則何慮乎衛國, 何患乎保民也哉?"

83 《정조실록》 16년 10월 24일 세 번째 기사, "先是丁未年間, 相璜與金祖淳伴直翰苑, 取唐宋百家小說及平山冷燕等書, 以遣閑. 上偶使入侍注書, 視相璜所事, 相璜方閱是書, 命取入焚之, 戒兩人專力經傳, 勿看雜書.……蓋以諸人年少有才, 欲其懋實學, 而視其志趣也."

84 正祖, 《弘齋全書》 권163, 〈日得錄〉 三, "經義貴活法, 學問將致用, ……學問貴在活法, 而近來學者, 多欠此箇工夫."

85 正祖, 《弘齋全書》 권129, 〈故寔〉 一, 〈大學-甲寅〉, "予之二十年一副苦心, 在於絜矩二字. 欲使今世之人, 關畦畛調酸鹹, 平物我公好惡, 咸歸於大中至正之域……予之心, 卽爾等之心, 爾等之心, 卽一國之心, 一國之心, 卽萬古之心. 以實心講實學, 以實學行實事, 卽今日之急先務, 卽予求助於爾等者也."

86 정조의 국가 기획을 文, 武, 예禮, 법法이란 당대의 맥락에서 살핀 최근의 연구로는 백승호, 《정조의 문치》, 휴머니스트, 2020; 허태구, 《정조의 무치》, 휴머니스트, 2020; 김지영, 《정조의 예치》, 휴머니스트, 2020; 김호, 《정조의 법치》, 휴머니스트, 2020 참조.

4장 — 19세기 전반기 실학의 전개

1 19세기 지식인의 동향과 특징은 이경구의 〈18세기 말~19세기 초 지식인과 지식계의 동향〉, 《한국사상사학》 46, 2014 참조.

2 천주교를 믿었던 남인 학자들의 저작은 물론, 노론에 속했던 김이안金履安의 저술, 박제가의 저술 일부에서 서학 관련 내용이 삭제되었다(이경구, 〈18세기 말~19세기 초 지식인과 지식계의 동향〉, 2014, 주석 3). 《열하일기》의 초고 역시 후대 판본에서는 서학 관련 내용이 빠졌고(김명호, 《熱河日記 硏究》, 창비, 1990, 29~32·45~46쪽) 소론의 학자 서호수徐浩修가 1790년에 연행했던 기록인 《熱河紀遊》의 풍부한 서학 관련 기록은 또 다른 판본인 《燕行記》에서 빠졌다(조창록, 〈鶴山 徐浩修와 《熱河紀遊》—18세기 西學史의 수준과 지향〉, 《동방학지》 135, 2006).

3 《순조실록》 3년 12월 27일 두 번째 기사; 4년 10월 9일 2번째 기사; 7년 10월 23일 첫 번째 기사.

4 洪直弼, 《梅山集》 권28, 〈長鬐竹林書院重修記-己卯〉, "盖設院者, 所以講學, 而絃誦之絶已久. 此弊之所由生也, 興替衰旺, 自有相因之勢. 替因於興, 衰因於旺, 亦乘除之理然也. 興之於旣衰, 撥之於將廢者, 亦惟以實心講實學而已."

5 洪直弼, 《梅山集》 권17, 〈答安子三養曾-庚辰七月〉, "以實心爲實學, 一洗末俗虛浮之弊."

6 李元培, 《龜巖集》 권16 附錄, 〈祭文-再從弟永培〉, "公惟自奮於斯文否晦之餘, 積習蔽痼之中, 慨然以實學爲己任, ……而愼獨二字, 最公終身喫緊之符訣. 其門路之正, 範圍之大, 力踐之篤, 盖近世學者鮮見其比也."

7 李樹仁, 《懼庵集》 권4, 〈龜岡書院請額疏〉.

8 崔瑆煥, 《顧問備略》 권4, 〈學校〉, "學校之設, ……必選實有道德之人, 使爲學官, 以來實學之士, 朝夕相與講明正學. ……自科擧之制, 詞賦重而實學輕, 世不尙經術, 因未聞有讀書講道之士."

9 《고종실록》 28년 12월 30일 다섯 번째 기사.

10 《고종실록》 11년 4월 29일 두 번째 기사, "帝王求治之要, 惟在實學, 如求實學, 必資於山林宿德. 顧今招延咨訪, 非不勤摯, 而尙未見殿下實心聘致. 誠敬之道, 修齊之方, 無所日陳於前者."

11 柳致皜,《東林集》권11,〈墓碣銘-幷序-金興洛〉, "嘗汎博於天文地理律曆筭數莊騷班馬, 旣而曰於實學無益, 遂將經傳濂洛朱退之書."

12 성해응을 비롯한 서울 학자들의 한송절충론은 김문식의《朝鮮後期 經學思想 硏究—正祖 와 京畿學人을 중심으로》, 일조각, 1996을 참조. 성해응이 고염무의 고증학을 수용한 양 상은 손혜리의〈조선 후기 문인들의 顧炎武에 대한 인식과 수용—硏經齋 成海應을 중심 으로〉,《대동문화연구》73, 2010 참조.

13 成海應,《硏經齋全集續集》권12,〈貢擧私議〉, "夫經明則必學博, 學博則必言和, 言和則 必行篤. 夫彼移誦讀之工, 而探賾精義, 移講劘之業, 而究理實學, 則工省而義明, 業約而 學篤."

14 成海應,《硏經齋全集續集》권13,〈讀大戴禮〉, "漢之儒生, 多言秦漢之事, 以對人主之 問.……然則大戴所蒐輯, 未必皆孔子弟子後學者所紀也, 然其所取材者, 多古聖賢所遺 者, 故皆實學也, 非後學之所可及也."

15 成海應,《硏經齋全集續集》권13,〈讀弟子職〉, "弟子職見管子, 管子稱權謀之書, 此宜不 急於用, 而乃取之, 得以傳于後, 古人之敎於實學, 乃如是也. 其事雖細節, 卽三代敎人之 法也."

16 成海應,《硏經齋全集》권11,〈柳惠甫哀辭〉, "然公務實學, 所著多地理名物之書."

17 19세기 전반기 한학의 유행과 실사구시 담론은 최식의〈19세기 '實事求是'의 다양한 충 위와 학적 지향〉,《한국실학연구》19, 2010 참조.

18 金正喜,《阮堂全集》권1,〈實事求是說〉.

19 金正喜,《阮堂全集》권3,〈與權彝齋-十八〉.

20 김문식,《朝鮮後期 經學思想 硏究》, 일조각, 1996; 이규필,《臺山 金邁淳의 學問과 散文 硏究》, 성균관대학교 박사학위 논문, 2011. 이규필의 연구는 실사구시를 둘러싼 고증학· 한학과 성리학 사이의 견해차를 동아시아 차원에서 밝힌 점이 주목할 만하다. 예컨대 김 매순의 실사구시와 흡사한 견해를 동시대 중국의 학자 방동수方東樹(1772~1851)에서도 찾았다(이규필, 100쪽).

21 金邁淳,《臺山集》권17,〈闕餘散筆〉, 榕村第三, "近日學者, 動稱漢儒, 所積憾於朱子者, 以其不純用古註. 而開卷第一義, 朱子之所尊尙者, 却又掉頭不講, 畢竟其學, 非宋非漢, 只是自己之私見. 實事求是者, 果如是乎?"

22 洪奭周, 《淵泉集》 권25, 〈實事求是說〉.

23 金正喜, 《阮堂全集》 권1, 〈實事求是說-附後叙-此爲閔杞園魯行所作云〉, "漢世學者, 尙能求之於實用是非者如此.……而善善惡惡之實, 一變至於東京之名節者, 亦有耶基本耳. 雖然三代之學, 皆以實也, 實者道義也德行也, 實正而名無不正."

24 金正喜, 《阮堂全集》 卷首, 〈阮堂金公小傳-閔奎鎬〉.

25 홍한주, 김윤조 등 옮김, 《19세기 견문 지식의 축적과 지식의 탄생—지수염필》 하, 소명출판, 2013, 185쪽.

26 홍한주, 김윤조 등 옮김, 《19세기 견문 지식의 축적과 지식의 탄생—지수염필》 상, 71쪽.

27 姜必孝, 《海隱遺稿》 附錄 권1, 〈行狀-成近默〉, "明齋先生之立志務實, 爲一揆心法, 則門路之純正, 有如此者矣."

28 姜必孝, 《海隱遺稿》 續 권1, 〈贈尹生東朝序〉, "大學者學爲人, 學爲人在於學古人. 故必讀古人書, 以求至焉. 然人自有一箇心學, 所謂良知良能是也. 以本然之知與能, 加學而習之之工, 則內外交養, 學便在妓矣. 然而人或有始勤而終怠, 進銳而退速, 皆非實學也."

29 鄭齊斗, 《霞谷集》 권7, 〈壬戌遺敎〉, "良志之學, 直是眞實,……終勿廢實學."

30 심대윤의 저작은 당대에 거의 알려지지 않았고 20세기에 접어들어 정인보, 다카하시 도루를 통해 단편적으로 소개되었다가 1990년대 이후 성균관대 대동문화연구원의 저작 집성·출간과 임형택, 장병한, 진재교 등의 연구로 비로소 전모가 밝혀지고 있다. 심대윤의 학문에 대해서는 임형택, 《실사구시의 한국학》, 창비, 2000; 장병한, 〈심대윤 경학에 대한 연구〉, 성균관대 박사학위 논문, 1995와 〈白雲 沈大允의 근대성 사유 체계 일고찰—19세기 실학 정신과 근대성과의 관련성 파악을 중심으로〉, 《한국실학연구》 18, 2009; 진재교 외, 《19세기 한 실학자의 발견—사상사의 이단아, 백운 심대윤》, 성균관대학교 대동문화연구원, 2016 등 참조.

31 장병한, 〈白雲 沈大允의 근대성 사유체계 일고찰〉, 《한국실학연구》 18, 2009, 610~613쪽.

32 沈大允, 《論語》, "自晉人以來, 談虛義而不審之於事實. 置其事實而談虛義, 故其言日遠於事實, 而不相準.……是以其學也, 始乎知天知人, 而博乎物之理, 其用工也, 格乎人物之情, 而達乎事之幾. 是故明於事實, 而不可眩以僞, 乃可以修身也, 乃可以治人也"(장병한, 〈白雲 沈大允의 근대성 사유 체계 일고찰〉, 주석 24·25 재인용).

33 沈大允,《國語定論》,"後世之士君子, 具曰我務實矣, 然而其行反焉, 由不知虛實之辨也. 利者, 實也, 不利者, 虛也.……人之生也, 惟利與名, 利有公私之分, 名有虛實之異, 君子 小人之判也. 利者, 實德也, 所以利之者, 文德也"(장병한,〈白雲 沈大允의 근대성 사유체계 일 고찰〉, 주석 44 재인용).

34 서명응 집안의 가학에 대해서는 노대환의〈18세기 후반~19세기 전반 名物學의 전개와 성격〉,《한국학연구》31, 2013 참조.

35 徐浩修,《燕行記》3권,〈起圓明園至燕京−九月二日己卯〉, "大抵目今中朝士大夫, 徒以聲 律書畫, 爲釣譽媒進之階. 禮樂度數, 視如弁髦, 稍欲務實者, 亦不過掇拾亭林竹坨之緖餘 而已."

36 徐有榘,《楓石全集》,《金華知非集》권3,〈杏蒲志序〉, "余獨弊弊乎農家者流, 竆老盡氣而 不之止者, 是誠何爲也. 吾嘗治經藝之學矣, 可言者昔之人言之已盡, 吾又再言之三言之 何益也. 吾嘗爲經世之學矣, 處士揣摩之言, 土羹焉已矣, 紙餠焉已矣, 工亦何益也. 於是 乎廢然匍匐于氾勝之賈思勰樹蓺之術, 妄謂在今日坐可言起可措之實用者, 惟此爲然, 而 其少酬天地祿養之恩, 亦在此而不在彼."

37 李圭景,《五洲衍文長箋散稿》,〈人事篇ㅇ治道類〉, 科擧,〈科擧誤人辨證說〉, "今之學者, 大槪虛談理學, 專事雕鏤之文, 而置六藝時務於不講, 及臨事應變, 茫然不知不能.……如 禮樂射御書數及曆象兵刑錢糧治河之類, 必精鍊習硏, 實實可以措諸事業, 不徒空談其影 響而已也, 此皆經濟實學."

38 李圭景,《五洲衍文長箋散稿》,〈人事篇ㅇ治道類〉學校,〈習六藝育英才辨證說—附講會契 約〉.

39 남병철의 학문에 대해서는 노대환의〈조선 후기 '西學中國源流說'의 전개와 그 성격〉, 《역사학보》178, 2003 참조.

40 南秉哲,《圭齋遺藁》권5,〈書推步續解後〉, "阮芸臺……實用是務,……錄爲疇人傳,……後 來讀者, 始知曆算本是儒者之實學."

41 丁若鏞,《與猶堂全書》1집,《詩文集》권12,〈小學珠串序〉.

42 丁若鏞,《與猶堂全書》1집,《詩文集》권12,〈俗儒論〉.

43 朴齊家,《貞蕤閣集》권1,〈養虛堂記〉.

44 정약용의 서학 개념 활용에 대해서는 김선희의《마테오 리치와 주희, 그리고 정약용—《천

주실의〉와 동아시아 유학의 지평》, 심산, 2012 참조.

45 정약용, 이지형 역주, 《맹자요의》, 현대실학사, 1994, 214~215쪽.

46 정약용과 정조, 노론 학자들의 경연 논의에 대해서는 백민정의 〈다산과 노소론 학자의 인성론 비교 연구: 다산 《맹자요의》와 《경사강의·맹자》 세 조목의 條對 내용을 중심으로〉, 《동양철학연구》 59, 2009 참조.

47 정약용, 이지형 역주, 《맹자요의》, 377~382쪽.

48 정약용의 예법 병행 논리에 대해서는 전성건의 〈다산 정약용의 경학과 《경세유표》〉, 《다산학》 31, 2017 참조.

49 노관범, 〈조선 시대 '利用厚生'의 용법과 어휘 추세—한국문집총간 정집을 중심으로〉, 《한국실학연구》 40, 2020, 596~599쪽.

50 丁若鏞, 《詩文集》 권18, 家誡, 〈贐學游家誡〉, "聖人之所以開物成務, 彌綸天地."

51 丁若鏞, 《尙書古訓》 권2, 〈堯典〉, "鏞案, 上古之世, 開物成務, 制器利用, 須明於物理, 通於數理, 審曲面勢, 以詔百工者, 可居此職."

52 백민정, 《정약용의 철학—주희와 마테오 리치를 넘어 새로운 체계로》, 이학사, 2007, 387~394쪽.

53 노관범, 〈조선 시대 '利用厚生'의 용법과 어휘 추세—한국문집총간 정집을 중심으로〉, 《한국실학연구》 40, 2020.

54 朴趾源, 《燕巖集》 권17, 別集 〈課農小抄〉, 胡麻 葉名靑蘘; 播穀.

55 朴趾源, 《燕巖集》 권1, 〈洪範羽翼序〉; 권2, 〈答李仲存書〉; 권12, 〈熱河日記〉, 馹汛隨筆.

56 朴趾源, 《燕巖集》 권1, 〈洪範羽翼序〉; 권11, 〈熱河日記〉 渡江錄; 한편 〈課農小抄〉 編題에서는 '厚生利用'이란 전혀 새로운 표현을 쓰기도 했다.

57 朴趾源, 《燕巖集》 권7, 別集 〈北學議序〉.

58 丁若鏞, 《小學珠串》, 三之類, 三事; 《梅氏書平》, 大禹謨; 《經世遺表》 권2, 冬官工曹, 利用監.

59 丁若鏞, 《茶山詩文集》 권9, 〈考績議〉; 권11, 〈技藝論三〉; 권13, 〈送李參判基讓使燕京序〉; 권13, 〈送沈奎魯校理李重蓮翰林游金剛山序〉.

60 이경구, 〈조선 후기 '주자주의朱子主義'의 동향과 이용후생利用厚生 개념의 부상〉, 《개념과 소통》 10, 2012, 87쪽.

61 丁若鏞,《經世遺表》권2,〈利用監〉.

62 홍한주, 김윤조 등 번역,《19세기 견문 지식의 축적과 지식의 탄생―지수염필》하, 319~320쪽.

63 최한기의 학문, 개념 사용에 대해서는 박희병,《운화와 근대―최한기 사상에 대한 음미》, 돌베개, 2003; 김시천,〈도덕 형이상학'(心性論)'에서 '과학'(物論)으로―개념 친화성 모델을 통해 본 조선 후기 '기론'(氣論)의 변화〉,《시대와 철학》14. 2003; 이행훈,〈崔漢綺의 運化論的 世界觀과 近代性에 관한 硏究〉, 성균관대 박사학위 논문, 2004; 김선희,〈최한기를 읽기 위한 제언―근대성과 과학의 관점에서〉,《철학사상》52, 2007 참조.

64 안외순,〈유가적 군주정과 서구 민주정에 대한 조선 실학자의 인식〉,《한국정치학회보》35, 2002.

65 박희병,《운화와 근대》, 돌베개, 2003.

66 최한기가 실학을 사용한 용례 등에 대해서는 이행훈의〈최한기의 기학과 사상적 지향〉, 《동방문화와 사상》2, 2017 참조.

67 崔漢綺,《氣測體義》,〈神氣通〉권1,〈天下敎法 就天人而質正〉, "敎染於各國之俗而有渝, 又緣乎後人之通而有變. 渝變之間, 漸有祛虛就實."

68 崔漢綺,《氣測體義》,〈推測錄〉권6,〈東西取捨〉, "畢竟勝絀, 不在於風俗禮敎. 惟在於務實用者勝, 尙虛文者絀, 取於人而爲利者勝, 非諸人而守陋者絀……西方諸國, 以器械之精利, 貿遷之贏羨, 始得周行天下,……是以西敎之蔓延天下, 不須憂也, 實用之不盡取用, 乃可憂也."

69 崔漢綺,《人政》권11,〈學問虛實〉, "以實較實, 輕重長短, 立判顏前, 自無是非之端. 以虛較虛, 各肆己見, 是非難定.……若夫學問一款, 從實得來, 爲實學問. 從虛飯飣, 爲虛學問. 虛實之判, 在於神氣見得之源. 率循天氣運化, 漸次收聚於神氣, 又自神氣發用, 驗試運化, 得一符合, 可推其十, 依此積累, 是爲實學問."

70 崔漢綺,《人政》권25,〈行實而尙虛〉, "運化大道, 無一毫之虛, 有萬端之實. 不見充滿氣之從古論說爲虛爲空, 後世先入之見, 在此傳習成實……至使擧國尙虛, 反有訾訪於誠實……而所行則皆承實氣, 而人自不知也. 不知之中, 做出虛理, 將欲區處萬事. 以我之虛, 用人之實, 不可合矣, 以我之虛, 用人之虛, 無奈太虛乎."

71 崔漢綺,《人政》권25,〈行實而尙虛〉, "尙虛之國, 實學難得爲用. 以虛爲實, 文藻參於用人

之實, 虛理沒於用人之蹟.……若不知實而做事, 皆是有害之事, 凡世間大小事務, 從虛而敗, 循實而成."

72 백민정의 〈주자학적 독법에서 본 최한기 철학의 특징〉, 《대동문화연구》 102, 2018 참조.

73 崔漢綺, 《人政》 권9, 〈虛無誠實學〉, "自古流傳之學, 有虛無誠實.……人生於世, 自有所當行之人道, 自修齊至治平, 承順運化, 爲誠實之學.……天下之人, 盡學誠實, 可致泰平."

74 崔漢綺, 《人政》 권13, 〈諸學之弊〉, "一切學問, 莫不有弊. 虛無學之弊, 馳騖於無準的之地, 其弊難救. 誠實學之弊, 漸篤於自縛束之境, 其弊難解. 運化學之弊, 在於違越, 而救弊至易, 旣有運化之形質, 擧所學而考準差誤與過不及, 其則不遠, 惠迪不難."

75 崔漢綺, 《人政》 권9, 〈虛無誠實學〉, "誠實之中, 未盡其宜者, 或有淺陋固滯之學, 是當磨琢遷改. 虛無之中, 或有得其實者, 學雖虛無, 行有實事, 於此可見誠實之不可廢也."

76 崔漢綺, 《人政》 권5, 〈誤入歸正〉, "早年沈溺外道, 非仙佛卽老莊. 歷爽達入虛無, 自能悔悟, 轉入實學, 其所補益, 有深於早習實學之人."

5장 — 근대 전환기 실학 용례와 개념의 충돌

1 이 시기의 실학 개념을 본격적으로 다룬 연구는 노관범의 〈대한제국기 실학 개념의 역사적 이해〉, 《한국실학연구》 25, 2013이다. 그는 대한제국기의 실학 개념을 '형식/정책, 내용/범주, 지역성/교류'의 세 측면에서 분석하여 이전, 이후 시기와 다른 점을 정밀하게 실증했다.

2 《고종실록》 21년 7월 22일 세 번째 기사.

3 《고종실록》 36년 4월 27일 두 번째 기사, "奈之何挽近以來, 世級日降, 其始也尙口耳而外身心, 崇虛文而昧實學, 今則竝與其文而闕不講, 絃誦不聞於庠序, 經籍徒抛於案閣."

4 《고종실록》 36년 6월 24일 두 번째 기사, "商工學校敎育商業工業之必要實學, 分置商業工業兩科, 修學年限定以四箇年."

5 《漢城旬報》, 1884년 3월 27일, 〈伊國日盛〉.

6 이상재, 〈《漢城旬報》 구성의 연원과 학술기사의 재구성 양상〉, 서울대 석사학위 논문, 2017, 51~53쪽.

7 金玉均, 〈治道略論〉, 《漢城旬報》, 1884년 7월 3일.

8 朴戴陽, 《東槎漫錄》, 을유 정월 2일, "曩者年少輩……一經游覽, 心神動盪,……至於富强, 亦可立而致, 動欲縱性, 浪費公財, 以至倡亂, 禍人家國. 此皆由平日心地上, 無實學之致 也. 由是觀之, 世之謂經術无益於國家者, 實爲亂賊之前茅矣."

9 《漢城周報》, 1886년 10월 11일, 〈廣學校〉.

10 安駉壽, 〈獨立協會序〉, 《大朝鮮獨立協會會報》 1, 1896년 11월 30일.

11 鄭觀應, 《易言》, 〈論考試〉.

12 鄭觀應, 《易言》, 〈附論洋學〉.

13 페데리코 마시니, 이정재 옮김, 《근대 중국의 언어와 역사》, 소명출판, 2005, 90쪽.

14 명 말 이래 science의 번역어는 격치格致가 압도적이었다. 과학科學은 일본이 1870년대에 번역하였고 20세기 초에 중국에 소개되었다. 진관타오 등의 분석에 의하면 1905년 이전 에는 중국에서 격치格致가 우세했으나 1905년 과거제 폐지를 기점으로 과학科學이 격치 를 갑작스레 압도하게 되었다고 한다(진관타오·류칭펑, 양일모 등 번역, 《관념사란 무엇인가》 2, 푸른역사, 2010, 388~449쪽). 진관타오의 저서에서 실학은 고려되고 있지 않다. 그러나 이 책에서는 과학이 정착하기 전의 실학은, 격치와는 좀 다른 맥락에서 사이언스의 번역 어로 사용되었음에 유의했다.

15 郭嵩燾, 《倫敦與巴黎日記》 권5, 光緖三年二月二十日.

16 郭嵩燾, 《倫敦與巴黎日記》 권13, 光緖三年十月十七日.

17 盧戇章, 〈中國第一快切音新字〉〈序〉(양세욱·이은정, 〈동아시아 共同文語 시대의 재구성〉, 《중 국어문학논집》 46, 2007, 169쪽 재인용)

18 梁啓超, 《飮冰室文集-点校》 제1집, 〈變法通議; 學校悤論〉.

19 梁啓超, 《飮冰室文集-点校》 제1집, 〈變法通議; 論科擧〉; 〈變法通議; 論學會〉.

20 량치차오, 강중기 외 옮김, 《음빙실자유서》, 푸른역사, 2017, 37~39쪽.

21 梁啓超, 《飮冰室文集-点校》 제1집, 〈論學術之勢力左右世界〉.

22 梁啓超, 《飮冰室文集-点校》 제1집, 〈近世文明初祖二大家之學說〉.

23 5장 주석 21, 梁啓超, 《飮冰室文集-点校》 제1집, 〈論學術之勢力左右世界〉 참조.

24 梁啓超, 《飮冰室文集-点校》 제1집, 《《西學書目表》 後序.

25 구메 구니타케, 방광석 옮김, 《특명전권대사 미구회람실기》 제2권, 소명출판, 2011,

285～286쪽.

26 후쿠자와 유키치, 남상영·사사가와 고이치 옮김, 《학문의 권장》, 소화, 2003, 23～24쪽.

27 加藤弘之, 《天則百話》, 博文館, 1899, 〈實學空理の辯〉.

28 申箕善, 《儒學經緯》, 〈理氣〉.

29 申箕善, 《儒學經緯》, 〈宇宙述贊〉.

30 《황성신문》, 1898년 10월 27일, 別報.

31 《매일신문》, 1898년 12월 7일, 론셜.

32 《황성신문》, 1899년 3월 4일, 博士議案.

33 申箕善, 《陽園遺集》 卷8, 〈咸興郡種育會座目序〉, "至於農工商賈, 又莫不勤執其職, 爭效 其功, 而灑掃應對之節, 愛親事上之道, 則已皆講習於入小學之日矣. 故敎化大同, 治隆俗 美, 民皆安生樂業,……降自秦漢以後, 經殘敎弛,……逮至近代, 文弊喪質,……昧實學廢 實業, 文恬武嬉, 農蕪工荒,……而乃者歐美諸國學校之政, 日新月盛, 其敎之本末模範, 雖異於東亞學規. 要之正德利用厚生三者, 大槩暗合而無闕, 貴賤男女有生之類, 無不入 塾, 農商工藝法律軍制一應日用之事, 莫不有學."

34 申有善, 〈興學論〉, 《기호흥학회월보》 제2호, 1908년 9월 25일.

35 柳靖鉉, 〈時勢論〉, 《기호흥학회월보》 제5호, 1908년 12월 25일.

36 《대조선독립협회회보》 제14호, 1897년 6월 15일, 〈興新學說〉.

37 安明善, 〈北米合衆國의 獨立史를 閱ᄒ다가 我大朝鮮國獨立을 論홈이라〉, 《대조선독립협 회회보》 제4호, 1897년 1월 15일.

38 《매일신문》 1898년 11월 5일, 론셜.

39 《독립신문》 1899년 1월 24일, 〈진본의견〉.

40 《독립신문》 1899년 3월 13일, 〈셩품 길을 일〉.

41 玄檃, 〈殖産部〉, 《대한자강회월보》 제1호, 1906년 07월 31일.

42 呂炳鉉, 〈格致學의 功用〉, 《대한협회회보》 제5호, 1908년 08월 25일.

43 5장 주석 14 참조.

44 呂炳鉉, 〈格致學의 功用〉, 《대한협회회보》 제5호.

45 《황성신문》 1902년 12월 8일, 論說.

46 《황성신문》 1903년 2월 18일, 外報.

47 許薰,《舫山集》권13,〈李寒洲論語箚義辨〉, 博文約禮章, "今之博者泛而雜, 約者滯而陋, 泛而雜者, 人只以文士目之, 爲害卻淺. 滯而陋者, 人多以實學名之, 其害卻深. 以窮格爲疲精神, 以講究爲邀名譽, 兀然退坐, 隱然自處以約禮, 而其實則陰爲不善, 反甚於向所謂雜者."

48 《高宗實錄》36년 4월 27일 두 번째 기사, "我國之宗敎, 非吾孔夫子之道乎?……奈之何挽近以來, 世級日降, 其始也向口耳而外身心, 崇虛文而昧實學, 今則並與其文而闕不講,……朕與東宮, 將爲一國儒敎宗主, 闡箕孔之道, 紹聖祖之志."

49 金平默,《重菴集》권45,〈祭華西李先生文-再祭文〉.

50 柳麟錫,《毅菴集》권27,〈雜錄〉; 권35,〈經傳講義〉.

51 金平默,《重菴別集》권6,〈消長說〉, "自初門閥爲主而賢才爲賓, 文藝爲主而德行爲賓, 科業爲主而實學爲賓, 故內自國都外至八路, 家家而利誘, 人人而利心, 則小學收心養性之敎, 大學明德新民之術, 付之笆籬而不知爲何物."

52 柳重敎,《省齋集》권37, 柯下散筆,〈送江陵二辛君序〉, "夷狄猾夏之極, 元淸來據天位, 而世界入於腥羶矣. 禽獸逼人之極, 西洋薄蝕人極, 而天地爲之閉塞矣.……然所謂學問者, 能以爲己爲心, 慥慥乎彝倫之實, 斬斬乎義利之判, 日征月邁而有所立焉. 則雖在窮陰之世, 內可以爲不食之果, 外可以爲野戰之龍, 此所謂實學也."

53 郭鍾錫,《俛宇集》권39,〈答河殷巨-丁亥〉.

54 郭鍾錫,《俛宇集》권63,〈答郭孟潤 丁酉〉; 권68,〈答崔仁卿 戊戌〉; 권104,〈答郭景陽 來坤○己亥〉.

55 郭鍾錫,《俛宇集》권86,〈答鄭敬魯奎○戊戌〉; 권88,〈答權子皦-己亥〉; 권144,〈實齋箴 辛丑〉.

56 郭鍾錫,《俛宇集》권32,〈與李啓道-庚寅〉.

57 郭鍾錫,《俛宇集》권75,〈答尹晉淸-乙巳〉; 권127,〈答愚溪堂僉座-己酉〉;《俛宇集續》권10, '答文允明-允植○庚戌〉.

58 郭鍾錫,《俛宇集》권96,〈答丁重叔-日宅○乙巳〉.

59 郭鍾錫,《俛宇集》권99,〈答權浩仲-乙巳〉.

60 郭鍾錫,《俛宇集》권93,〈答河聖權-丙午〉, "頃所謂實學實業者, 初非別樣奇事, 只觀古聖人所以爲敎者. 自洒掃應對, 禮樂射御書數, 一一皆有節度課程, 不以空談, 長而進於大

수 407

學, 亦必卽事卽物以窮.……則如近日之列國史誌及政律公法兵制農務工藝氣化等書, 皆
不妨購看而料理之, 以資來頭之實用."

61 郭鍾錫, 《俛宇集》 권36, 〈答李子翼〉.

62 김윤경, 〈근대 전환기 실심실학의 다층적 함의〉, 《양명학》 53, 2019, 91~93쪽.

63 田愚, 《艮齋集後編》 권16, 〈海上散筆三〉.

64 田愚, 《艮齋集前編》 권9, 〈答朴健和-壬寅〉.

65 田愚, 《艮齋集前編》 권11, 〈答李鼎九-戊申〉; 권16, 〈的尼齋記-癸卯〉.

66 田愚, 《艮齋集前編續》 권2, 〈與金振玉-丙午〉.

67 曹兢燮, 《巖棲集》 卷18, 〈近菴說-壬申〉.

68 김호, 〈새로운 중세인가 혹은 포스트모던인가—20세기 초 주자학자 조긍섭의 정약용 비
판〉, 《한국실학연구》 32, 2016 참조.

69 김윤경, 〈근대 전환기 實心實學의 다층적 함의〉, 《양명학》 53, 2019, 90~93쪽.

6장 ─ 일제강점기 실학의 역사 개념화

1 대한제국기 실학의 교육, 학제, 지역성 등 여러 층위에서 개념의 내포와 외연에 대해서는
노관범의 〈대한제국기 실학 개념의 역사적 이해〉, 《한국실학연구》 25, 2013 참조.

2 《고종실록》 32년 2월 2일, 첫 번째 기사.

3 《독립신문》 1897년 10월 5일, 잡보.

4 《황성신문》 1898년 11월 3일, 論說.

5 《순종실록》 1년 5월 20일 두 번째 기사.

6 《황성신문》 1905년 9월 8일, 〈學校와 會社의 並興〉.

7 《황성신문》 1907년 5월 24일, 〈樂一學校趣旨書〉; 1907년 6월 1일, 〈全校運動盛況〉; 1907
년 7월 16일, 〈金倅勸學〉.

8 《경남일보》 1911년 3월 3일, 〈巨濟郡實學發展〉; 《매일신보》 1924년 3월 30일, 〈北靑儒道
實學盛況〉.

9 朴漢榮, 〈警告關北一路〉, 《西北學會月報》 제3호, 1908년 8월 1일.

10 《대한매일신보》 1907년 4월 10일, 〈平妓志學〉.

11 《대한매일신보》 1906년 8월 15일. 〈南明學校趣旨書〉.

12 金英哉, 〈科學의 急務〉, 《太極學報》 제20호, 1908년 5월 24일.

13 松南, 〈舊染汚俗咸與維新〉, 《太極學報》 제24호, 1908년 9월 24일.

14 尹柱赫, 〈靑年同胞〉, 《湖南學報》 제4호, 1908년 10월 25일.

15 李承喬, 〈實業論〉, 《西友》 제17호, 1908년 5월 1일.

16 李輔相, 〈學無新舊로 勸告不學諸公〉, 《畿湖興學會月報》 제7호, 1909년 2월 25일.

17 于罔生, 〈喜車君豊鎬遊學日에 實業注意〉, 《西北學會月報》 제12호, 1909년 5월 1일.

18 〈日本教育界思想의 特點〉, 《大韓興學報》 제13호, 1910년 5월 20일.

19 《매일신보》 1917년 3월 27일, 〈朝鮮教育革正論(1)—朝鮮教育革正의 過渡期〉.

20 《매일신보》 1917년 4월 6일, 〈朝鮮教育革正論(8)—實學教育의 本義〉.

21 《매일신보》 1917년 4월 7일, 〈朝鮮教育革正論(9)—戊申詔書와 實學教育〉.

22 玄山 權齋生, 〈新舊學界의 調和〉, 《조선일보》 1921년 8월 27일.

23 《경향신문》 1949년 7월 23일, 〈中等教育의 義務制〉.

24 《경향신문》 1949년 8월 30일, 〈商業計畫性〉; 1950년 4월 16일, 〈民主教育과 後援費問題〉.

25 《조선일보》 1950년 5월 10일, 〈八面鋒〉.

26 《경향신문》 1949년 11월 27일, 〈國民教育의 新局面〉.

27 안대회의 《임하필기》 해제, 한국고전번역원, 1999 참조.

28 《황성신문》 1905년 9월 16일, 〈警告儒林 續〉.

29 장지연, 〈朝鮮儒教淵源〉(77)~(81), 《매일신보》 1917년 8월 25~30일.

30 노관범, 〈한국 통사로 보는 '실학'의 지식사 시론〉, 《한국문화》 88, 2019, 213~219쪽.

31 최남선, 〈朝鮮歷史講話 (25) 第三十三章 文化의 振興—一九七. 學風이 變함〉, 《동아일보》 1930년 2월 8일.

32 최남선, 〈朝鮮歷史講話 (25) 第三十三章 文化의 振興—一九九. 北學論〉, 《동아일보》 1930년 2월 8일.

33 최남선과 근대 개념 실학의 출발은 이태훈의 〈실학 담론에 대한 지식사회학적 고찰〉, 전남대학교 박사학위 논문, 2004와 노관범의 〈한국 통사로 보는 '실학'의 지식사 시론〉, 《한국문화》 88, 2019 참조.

[34] 1929년에 문광서림에서 간행한 《星湖僿說》은 정확하게는 안정복이 이익의 《성호사설》을 정리한 《星湖僿說類選》이다. 서문은 변영만과 정인보가 썼다. 변영만의 서문은 그의 문집 《山康齋文鈔》에 실렸는데, 정인보의 서문은 그의 전집(《薝園鄭寅普全集》)에서 누락되었다. 출판 경위에 대해서는 김진균의 〈성호 이익을 바라보는 한문학 근대의 두 시선―1929년 문광서림 판 《성호사설》에 게재된 변영만과 정인보의 서문 비교 연구〉, 《반교어문연구》 28, 2010 참조.

[35] 李瀷, 《星湖僿說》, 문광서림, 1929, 〈序-鄭寅普〉, "夫所貴乎學術者, 以疏明微密, 縣本末終始, 以左右斯民. 而其能以致此, 則亶在於得其理. 理不可以虛造, 故必依於實, 實不可以汎類, 故必求其獨, 獨則實, 實則理得, 而疏明之效, 著於民物, 而不可掩已."

[36] 李瀷, 《星湖僿說》, 문광서림, 1929, 〈序-鄭寅普〉, "論議長而性情隱, 徵引繁而本質亡, 惡覩所謂實與獨者哉? 獨之爲言, 不定隨處而有者也. 小之虫多塵芥, 大之邦國, 近之心性之驗, 遠之星曆之推, 皆各有其實, 而獨以之生. 今乃去其獨, 而合於人之獨, 本根已喪矣.……學術之假謬而無實, 而影響暨胸府, 是非不本於天良, 而馳騖衆人之所奔趨, 傀儡自憙, 幾何其不覆敗也."

[37] 정인보의 '依實求獨'의 정리를 일부 연구에서는 '依獨求實의 실학'으로 소개하곤 한다. 그러나 원문에 '依實求獨之學' 또는 '依於實, 求其獨'이 여러 차례 쓰였고 논지 또한 '실상에 기반하여 독자성을 구한다'고 전개했으므로 정정해야 한다. '依獨求實'은 천관우가 1958년에 〈實學의 槪念 再論〉(서울대학교 대학신문 1958년 12월)에서 처음 사용하고, 이후 〈朝鮮後期 實學의 槪念 再檢討〉(1969), 〈實學 槪念 成立에 관한 史學史的 考察〉(1969), 〈韓國實學思想史〉(1970) 등에서도 계속 사용했는데, 이를 인용하면서 굳어진 듯하다.

[38] 이병도, 〈李朝初期의 儒學(1)〉, 《동아일보》 1930년 2월 25일.

[39] 노관범, 〈한국 통사로 보는 '실학'의 지식사 시론〉, 《한국문화》 88, 2019, 231~231쪽.

[40] 김태준, 〈朝鮮小說史(39)―英正時代의 小說(一)〉, 《동아일보》 1931년 1월 16일.

[41] 강지은, 〈조선 시대 '실학' 개념에 대한 고찰〉, 《한국사학보》 75, 2019, 140쪽; 이나바 이와키치의 논문은 〈圭齋南秉哲を手にして-實學派の表彰如何〉, 《朝鮮》 166, 1929이다.

[42] 김태준, 〈朝鮮小說史(40)―英正時代의 小說(二)〉, 《동아일보》 1931년 1월 17일.

[43] 김태준, 〈朝鮮小說史(46)―大文豪 朴趾源(燕巖)과 그의 作品(三)〉, 《동아일보》 1931년 1월 27일.

44 《경향신문》1972년 5월 19일, 〈내가 겪은 卄世紀 20─庸齋 白樂濬 박사〉.

45 정인보, 〈朝鮮古典解題(十二)─洪湛軒大容의 《湛軒書》〉, 《동아일보》1931년 3월 23일.

46 정인보, 〈陽明學演論 22─四. 大學問, 拔本塞源論 (三)〉, 《동아일보》1933년 10월 6일; 〈陽明學演論 30─四. 大學問, 拔本塞源論(十一)〉, 《동아일보》1933년 10월 17일.

47 정인보, 〈陽明學演論 55─六. 朝鮮陽明學派(七)〉, 《동아일보》1933년 11월 30일; 〈陽明學演論 63─六. 朝鮮陽明學派(十五)〉, 《동아일보》1933년 12월 14일.

48 정인보의 양명학과 실학의 관계에 대해서는 한정길의 〈조선 양명학의 實心實學과 조선후기 實學─爲堂 鄭寅普의 陽明學觀에 대한 비판적 성찰을 중심으로〉, 《한국실학연구》28, 2014 참조.

49 정인보, 〈茶山先生의 一生〉, 《동아일보》1935년 7월 16일.

50 문일평, 〈朝鮮의 至寶 阮堂先生(2)〉, 《조선일보》1934년 6월 29일.

51 《동아일보》1939년 9월 22일, 〈社說─旅庵 全書의 出現〉.

52 《동아일보》1939년 9월 22일, 〈이 땅 實學界의 結晶－申旅庵遺著 刊行〉.

53 《삼천리》제12권 제6호, 1940년 6월 1일, 〈《作品 愛讀》 年代記─朴鐘和〉.

54 金允植, 《雲養集》권10, 〈燕巖集序─壬寅〉, "天將啓開物成務之運, 必挺生異人於數世之前, 以肇發其端. 而其效乃著於數世之後. 在昔歐西之蒙氏盧氏政治家說, 當時人皆不顧, 今則爲環球所尙之書, 奉若金石, 論者以爲世界政變之一大樞紐……其知者以爲經濟之文, ……今試考集中所言, 與今日最要最重之時務諸學, 不謀相合者.……農說曰, 四民之業, 皆待士而成. 後世農工賈之失業, 卽士無實學之過也. 北學議序曰, ……而至於利用厚生之具, 日趨於困窮, 此無他, 不知學問之過也. 此今日農學工學商學之意也.……泰西善法, 未嘗不暗合於六經, 先生儒者也, 其經術文章, 皆自六經中來, 其言之相符, 曷足異也. 但患世儒滯於空理, 不究實事, 士大夫不留心於經濟, 以致國勢日卑, 民生困瘁, 至使西人疑六經爲無用之書, 可勝歎哉."

55 金允植, 《雲養續集》권3, 〈答末松謙澄書〉, "竊聞預是選者, 非經術博聞之士, 則必專門實學之家, 著書發明新理, 要皆有益於世者也. 腐儒陳談, 何足有無而濫廁於其間哉?"

56 金允植, 《雲養集》권6, 〈次韻和竹添光鴻……─原韻〉.

57 강지은, 〈조선 시대 실학 개념에 대한 고찰〉, 《한국사학보》75, 2019, 140~142쪽.

58 다카하시 도루의 논저는 《朝鮮儒學大觀》(1925), 《李朝儒學史に於ける主理派主氣派の發

達〉(1929), 《朝鮮に於ける朱子學》(1931), 《朝鮮の儒敎》(1935), 《朝鮮學者の土地平分說と
共産說》(1937) 등이다.

59 李建芳, 《蘭谷存稿》 권3, 〈邦禮草本序〉(정호훈, 〈한국 근·현대 실학 연구의 추이와 그 문제의
식〉, 《다산과 현대》 2, 2009, 348쪽 재인용).

60 1900~1920년대 정약용 저술 출판에 대해서는 노경희의 〈20세기 초 다산 정약용 저술의
신활자본 출판과 의미〉, 《다산학》 41, 2022 참조.

61 정인보, 〈唯一한 政法家 丁茶山先生 敍論(一)〉, 《동아일보》 1934년 9월 10일.

62 정인보, 〈唯一한 政法家 丁茶山先生 敍論(三)〉, 《동아일보》 1934년 9월 12일.

63 문일평, 1934년 9월 9일 일기(이한수 옮김, 《문일평 1934—식민지 시대 한 지식인의 일기》, 살
림, 2009, 124쪽 재인용).

64 문일평, 〈丁茶山의 偉績—九十九年忌에 際하야〉, 《조선일보》 1934년 9월 10일.

65 문일평, 〈李朝文化史의 別頁–實事求是派의 學風〉(上)·(下), 《조선일보》 1938년 1월 3
일·5일.

66 안재홍, 〈우리 文化의 大河流–現代에 빛나는 偉業〉, 《조선일보》 1935년 7월 16일.

67 안재홍, 〈우리 文化의 大河流〉, 《조선일보》 1935년 7월 16일.

68 최익한, 〈與猶堂全書를 讀함(六十)·(六三)—茶山思想에 對한 槪評〉, 《동아일보》 1939년 5
월 29일·31일.

69 《동아일보》 1939년 1월 1일, 〈自彊不息, 學問에 精進〉.

70 滄海生, 〈種痘術과 丁茶山先生(三)〉, 《동아일보》 1940년 3월 3일.

71 안재홍, 〈朝鮮, 體系, 英雄〉, 《삼천리》 제8권 제6호, 1936년 6월 1일.

72 안호상, 〈茶山先生과 現代와의 關係〉, 《동아일보》 1938년 12월 9일.

73 백남운, 〈丁茶山의 思想〉, 《동아일보》 1935년 7월 16일.

74 임화, 〈槪說 新文學史(十四)–第二章 第二節 精神的準備—一, 禁壓下의 '實學'〉, 《조선일
보》 1939년 10월 5일.

75 임화, 〈槪說 新文學史(十五)–第二章 第二節 精神的準備—一, 禁壓下의 '實學'(續)〉, 《조
선일보》 1939년 10월 6일.

76 《民族革命》 제3호, 1936년 7월 1일, 〈本黨의 基本綱領과 現段階의 中心任務〉.

77 유진오, 〈長篇小說 華想譜(16)—篤志家(二)〉, 《동아일보》 1939년 12월 23일.

78 유진오, 〈長篇小說 華想譜(61) —現實의 論理(三)〉,《동아일보》1940년 2월 8일.

79 유진오, 〈李朝の實學派について〉,《文獻報國》8-8, 1942.

7장 — 20세기 중·후반 실학 개념의 정립, 확장, 반성

1 李沂,《海鶴遺書》,〈序-정인보〉.

2 李沂,《海鶴遺書》,〈序-이선근〉.

3 張志淵,《韋庵文稿》, 국사편찬위원회,《한국사료총서》, 1956, 〈解說-신석호〉.

4 노관범, 〈한국 통사로 보는 '실학'의 지식사 시론〉,《한국문화》88, 2019, 233~237쪽.

5 현상윤, 〈李朝儒學史上의 丁茶山과 그 位置〉,《동아일보》1935년 7월 16일.

6 현상윤,《朝鮮儒學史》, 민중서관, 1949, 〈제12장 제2절 經濟學派의 學風〉;〈제13장 제1절 經濟學派運動의 不振〉.

7 홍이섭은 과학사 연구는 1942년《朝光》에 '원시~고려 시기'로 선을 보였고, 1944년에 조선 시대를 다룬 후반부를 완성해 도쿄에서 일본어로 출판했다. 이 책이 해방 후 1946년에 정음사에서 출판되었다.

8 문중양, 〈홍이섭의 과학사 연구를 넘어서〉,《동방학지》130, 2005, 35~37쪽.

9 전해종, 〈硏究機關이 必要〉,《조선일보》1958년 12월 28일.

10 천관우, 〈磻溪 柳馨遠 硏究〉 상·하,《역사학보》제2호·제3호, 1952·1953.

11 천관우의 연구 동향에 대해서는 허태용의 〈千寬宇의 시대구분과 조선 시대 연구〉,《백산학보》107, 2017 참조.

12 한우근, 〈李朝實學의 槪念에 對하여〉,《진단학보》19, 1958.

13 이가원, 〈思想의 巨潮—性理學〉,《조선일보》1959년 10월 9일.

14 천관우, 〈實學에 관한 메모—必要한 前近代的과 近代의 連結〉,《조선일보》1959년 10월 10일.

15 전해종, 〈釋實學〉,《진단학보》20, 1959.

16 천관우, 〈'實學' 槪念 成立에 關한 史學史的 考察〉(1969),《근세조선사연구》, 일조각, 1979, 395쪽.

17 한우근,〈農銀調査部刊 國譯〈磻溪隨錄〉(田制篇〉,《조선일보》1959년 7월 13일.

18 이우성,〈18世紀 서울의 都市的 樣相─燕巖學派~利用厚生學派의 成立 背景〉,《향토서 울》17, 1963.

19 임형택,〈벽사 이우성의 삶과 학문〉,《창작과 비평》177, 2017, 342쪽.

20 유홍렬,〈國史上에 미친 西學〉,《조선일보》1955년 2월 16일.

21 유홍렬,〈天主敎區設定一二五周年을 맞이하여 (上)〉,《경향신문》1956년 9월 9일.

22 송찬섭의〈최익한과 다산 연구〉,《실학파와 정다산》, 청년사, 1990 참조.

23 정종현의〈'茶山'의 초상과 남·북한의 '實學' 전유─1950년대 최익한과 홍이섭의 정약 용 연구를 중심으로〉,《서강인문논총》42, 2015 참조.

24 김용섭,〈最近의 實學硏究에 對하여〉,《역사교육》6, 1962, 137~139쪽.

25 이우성,〈實學派의 文學─朴燕巖의 경우〉,《국어국문학》16, 1957.

26 이우성,〈18世紀 서울의 都市的 樣相─燕巖學派~利用厚生學派의 成立背景〉,《향토서 울》17, 1963, 8쪽.

27 역사학회 편,《實學硏究入門》, 일조각, 1973,〈實學硏究 序說─李佑成〉.

28 이광린,《韓國開化史硏究》, 일조각, 1969.

29 이광린의 입장은〈開化思想의 形成과 그 發展〉,《한국사 시민강좌》4, 일조각, 1989 참조.

30 이을호,《茶山經學思想硏究》, 을유문화사, 1973.

31 이을호,《茶山經學思想硏究》, 20~31쪽.

32 조지훈,〈結實된 獨裁에의 抵抗─共同廣場 마련이 當面課題〉,《경향신문》1961년 4월 12 일.

33 백철,〈主體性의 確立時代─3·1 民族運動을 回顧하는 現實〉,《동아일보》1962년 3월 2 일.

34 박종홍,〈實事求是의 實學思想〉,《哲學槪說》, 백영사, 1954.

35 박종홍,〈民族文化의 位置와 方向(二)~(六)〉,《동아일보》1963년 1월 4일~9일.

36 박종홍,〈民族文化의 位置와 方向(完)〉,《동아일보》1963년 1월 11일.

37 이태훈,〈실학 담론에 대한 지식사회학적 고찰〉, 88~92쪽.

38 《조선일보》1966년 10월 1일,〈만물상〉.

39 《조선일보》1967년 5월 12일,〈사설─栗谷祠堂 撤去說과 文化財 保護策〉; 1967년 6월 29

일, 〈栗谷祠堂을 지키자〉.

[40] 이병도, 〈어제와 오늘의 時代相과 人材〉, 《매일경제신문》 1975년 3월 24일; 배종호, 〈국민 經濟와 敎育 강조〉, 《경향신문》 1978년 11월 28일.

[41] 신일철, 〈崔水雲의 民衆思想〉, 《동아일보》 1964년 3월 16일; 김형석, 〈韓國을 찾자 ⑨─韓國의 思想〉, 《매일경제신문》 1967년 8월 30일.

[42] 이규태, 〈人物로 본 韓國學 人脈⑼〉 《조선일보》 1969년 3월 11일; 〈人物로 본 韓國學 人脈⑽〉, 《조선일보》 1969년 3월 18일; 〈人物로 본 韓國學 人脈⑿〉, 《조선일보》 1969년 3월 25일.

[43] 이기백, 《國史新論》, 태성사, 1961, 제5편 제7장 〈文化의 革新的 氣運〉; 노관범은 이기백이 《朝鮮史槪說》(서울대학교 국사연구실, 1949), 《國史大觀》(이병도, 1948), 《國史新講》(이홍식 등, 1958)의 서술을 종합한 것으로 보았다(노관범, 〈한국 통사로 보는 '실학'의 지식사 시론〉, 《한국문화》 88, 2019, 242쪽). 한편 1963년에 이우성이 성호 학파를 경세치용 학파, 북학파를 이용후생 학파, 김정희의 고증학을 실사구시 학파로 정리했음은 이 책 7장 1절 3항에서 본 바다. 대체로 1960년대 초에 실학의 정신이 경세치용, 이용후생, 실사구시로 정리되고, 학파의 정체성으로 규정되었음을 알 수 있다.

[44] 이기백, 《韓國史新論》, 일조각, 1967, 〈제11장 農村의 分化와 商業資本의 發達〉, 〈제5절 實學의 發達〉.

[45] 《조선일보》 1963년 6월 4일, 〈李朝後期의 社會─韓國史學會 〈심포지움〉에서〉.

[46] 《동아일보》 1965년 9월 18일, 〈實學硏究會 창립─會長에 洪以燮 씨〉.

[47] 김일근, 〈燕巖小說의 近代的 性格〉, 《경북대학교 논문집》 1, 1956; 이우성, 〈實學派의 文學─朴燕巖의 境遇〉, 《국어국문학》 16, 1957.

[48] 1960년대 실학과 문학론에 대해서는 김주현의 〈실학 수용과 1960년대 민족문학론의 전개〉, 《어문연구》 34, 2006 참조.

[49] 이숭녕, 〈한글날을 맞이하여─한글의 걸어온 자취〉, 《조선일보》 1955년 10월 8일.

[50] 조윤제, 〈五洲衍文長箋散稿〉, 《조선일보》 1959년 4월 17일.

[51] 신일철, 〈한국 思想─60年代에 겨우 〈自己思索〉의 길 터〉, 《조선일보》 1967년 8월 16일.

[52] 고려대학교 아세아문제연구소 한국연구실 편, 《實學思想의 探究》, 현암사, 1974.

[53] 조지훈, 〈韓國民俗學小史─解放前〉, 《민족문화연구》 1, 1964, 235쪽.

54 조기준, 〈經濟史學에 뜻을 두고 40여 년〉, 《한국사시민강좌》 9, 일조각, 1991, 169~170
    쪽.

55 조기준, 《韓國資本主義成立史論》, 대왕사, 1973.

56 《동아일보》 1968년 4월 16일, 〈女流長篇小說 발견—孤山선생 生家서〉.

57 《경향신문》 1974년 3월 18일, 〈韓國의 再發見(54)—朝鮮後期의 風俗畫〉; 1974년 3월 25
    일, 〈韓國의 再發見(55)—謙齋一派의 韓國山水〉; 1974년 5월 31일, 〈韓國의 再發見
    (63)—李朝時代 木造建物 ④〉.

58 역사학회 편, 《實學研究入門》, 일조각, 1973; 고려대학교 아세아문제연구소 한국연구실
    편, 《實學思想의 探究》, 현암사, 1974.

59 《實學研究入門》은 유형원의 《磻溪隧錄》, 이익의 《星湖僿說》, 이중환의 《擇里志》, 유수원
    의 《迂書》, 박지원의 《燕巖集》, 우하영의 《千一錄》, 박제가의 《北學議》, 정약용의 《與猶
    堂全書》, 최한기의 《明南樓集》을 소개했다.

60 고려대학교 민족문화연구소 편, 《韓國文化史大系Ⅵ—宗敎·哲學史》, 1970.

61 성균관대학교 대동문화연구원 편, 《韓國思想大系》Ⅰ·Ⅱ·Ⅲ, 1973·1976·1979.

62 국사편찬위원회 편, 《한국사 14 조선—근대적 사상의 맹아》, 〈개요〉, 1975.

63 이기백, 《韓國史新論—개정판》, 일조각, 1976.

64 해방 후 1980년대 초까지 한국사 교과서의 실학 서술 동향은 정재정의 〈조선 후기 실학
    연구의 동향과 국사 교과서 서술의 변천〉, 《역사교육》 39, 1986 참조.

65 김용덕이 1961년에 박제가의 상업과 통상에 대해 '근대 경제사상적인 견해'라고 표현하긴 했
    지만 '중상주의'라고 쓰지는 않았다(김용덕, 〈貞蕤 朴齊家 研究–朴齊家의 思想〉, 《사학연구》
    10, 1961, 24쪽). 이가원은 1962년에 박지원의 〈穢德先生傳〉의 사상 특징으로 '重農主義·
    重農思想'을 제시했다(이가원, 〈燕巖小說 研究–第一期作 九傳에 대하여〉, 《연세논총》 1, 1962,
    29~31쪽). 이재수는 1966년에 박지원의 〈허생전〉을 분석하고 중상주의를 특징으로 꼽았
    다(이재수, 〈朴燕巖 小說論考—虎叱과 許生傳을 중심으로〉, 《경북대학교 논문집》 10, 1966, 9~10
    쪽). 송주영은 박지원의 경제사상을 중농사상으로 보았지만 서양의 중상주의와는 차이가
    크다고 했다(송주영, 〈燕巖 朴趾源의 經濟思想〉, 《아세안연구》 10, 1967, 33~34쪽).

66 한우근, 《韓國通史》, 을유문화사, 1970, 제5편 〈近世〉, 제6장 〈近代的 思想의 萌芽〉, 〈實
    學思想의 發展〉.

67 이성무는 1970년에 박제가의 경제관을 '중상적 경제이론'으로 보고 서양 근대 중상주의 사상가들과 근사하다고 평가했다(이성무, 〈朴齊家의 經濟思想〉, 《李海南博士華甲紀念史學論叢》, 1970). 천관우 등이 참여한 《한국 실학의 개척자 10인》(신구문화사, 1974)에서는 유형원, 이익, 정약용을 중농학파로 분류해 소개했다.

68 고려대학교 민족문화연구원, 디지털인문학 코퍼스 분석도구(http://corpus.korea.ac.kr/).

69 《동아일보》 1970년 11월 9일, 〈近代化의 精神的 기초 〈實學〉〉.

70 연세대학교 국학연구원 편, 《연세 실학강좌》 I · II, 혜안, 2003.

71 국제학술회의는 《동아일보》가 행사 4개월 전인 1971년 2월에 이미 소식을 알렸고(《동아일보》 1971년 2월 2일, 〈오는 6월 하와이大서 國際學術會議〉, 6월 6일부터 약 일주일 동안 열린 행사 기간과 그 이후에 《동아일보》와 《경향신문》 등에서 여러 차례 소식을 전했다.

72 《동아일보》 1971년 6월 15일, 〈하와이 國際學術會議 폐막―〈韓國學〉 發展의 한고비〉.

73 김용덕, 〈北學의 意義(上)〉, 《조선일보》 1959년 2월 6일.

74 유주현, 〈慟哭(684)〉, 《동아일보》 1971년 10월 15일.

75 유달영, 〈근검의 송도인들〉, 《조선일보》 1978년 10월 8일.

76 《동아일보》 1968년 8월 1일, 〈뚜렷한 理念浮刻을―國民教育憲章과 各界意見〉.

77 《경향신문》 1972년 11월 24일, 〈사설-維新憲法과 社會正義〉.

78 이성근, 〈發展史 속의 韓國 維新〉, 《경향신문》 1977년 10월 14일.

79 《조선일보》 1974년 2월 23일, 〈國史교과서를 개편-새학기부터-民族史觀 확립 生活史 (國校 思想史(高校) 중심).

80 《동아일보》 1974년 2월 27일, 〈生活史 중심의 主體意識 강조 初中高校 國定 國史교과서의 문제점〉.

81 《경향신문》 1977년 5월 3일, 〈高校生들 主體의식 높아졌다〉.

82 《경향신문》 1981년 5월 18일, 〈改革……그 후 ①-主導理念〉; 1981년 5월 23일, 〈改革……그 후 ⑤-民主自主性의 회복〉; 1981년 6월 11일, 〈"創造的 개발만이 歷史前進시킨다"―이文公, 延世大 강연……〈傳統文化의 계승發展〉.

83 《경향신문》 1982년 1월 19일, 〈民族을 歷史발전 主體로―國史敎科書 개편의 배경과 意義〉.

84 《장효근일기》와 《묵암비망록》의 발굴 및 위작 과정 등에 대해서는 정욱재의 〈이현희본

《張孝根日記》 비판—1916~1920년을 중심으로〉, 《한국독립운동사연구》 76, 2021과 최우석의 〈만들어진 자료, 《묵암비망록》 비판〉, 《한국독립운동사연구》 77, 2022 참조.

85 고은, 〈손문과 호지명과 김구〉, 《한겨레신문》 1988년 11월 3일.

86 이경구, 〈정약용〉, 《월간중앙》, 2007년 4월호(통권 377호).

87 호치민이 《목민심서》를 애독했다는 이야기의 전말에 대해서는 최근식의 〈호치민의 《목민심서》 애독 여부와 인정설의 한계〉, 《평화학연구》 11, 2010 참조.

88 《동아일보》 1973년 11월 5일, 〈實學 공개 講座—16세기 中葉 〈前期實學〉 存立 증명〉. 김용덕은 1965년부터 조헌이 북학파에 끼친 영향을 통해 이른바 '전기 실학'을 구상했다. 공개강좌의 발표는 이듬해 〈北學派 思想의 源流研究—第一部 重峯의 實學思想〉, 《동방학지》 15, 1974에 논문으로 게재되었다.

89 최창규, 〈尤庵學의 民族史的 再定立—朝鮮朝 道學과 韓國學의 正脈〉, 《백제연구》 10, 1979.

90 《경향신문》 1979년 6월 13일, 〈尤庵의 학문·思想을 再照明〉.

91 이상은, 〈韓國思想史를 論함—그 著述에 있어서의 問題點〉, 《아세아연구》 12(3), 1970, 7쪽.

92 《매일경제신문》 1971년 11월 29일, 〈"天理 곧 實理"—제1회 實學思想研究 발표회〉.

93 이상은, 〈《국사》教科書의 性理學敍述批判—우리나라 性理學의 性格과 그 實學과의 關係를 中心으로〉, 《퇴계학보》 5, 1975.

94 이상은의 근대성 비판은 김형찬의 〈이상은 선생의 '근대' 연구와 '탈근대'의 전망〉, 《한국사상과 문화》 82, 2016 참조.

95 《한국문학사》를 둘러싼 김윤식·김현과 김주연의 논쟁은 이현석의 〈근대화론과 1970년대 문학사 서술〉, 《한국현대문학연구》 47, 2015와 허선애의 〈탈─근대적 문학사의 가능성과 제안들—《한국문학사》 논쟁과 그 이후의 문학사 방법 논의를 중심으로〉, 《어문론총》 78, 2018 참조.

96 김용섭의 농업사 연구와 이에 대한 비판은 염정섭의 〈1960~70년대 조선 시대 농업사 연구와 내재적 발전론, 근세사회론〉, 《한국사연구》 184, 2019 참조.

97 김용섭의 광무양안 연구에 대한 논쟁은 이윤갑의 〈대한제국의 양전·지계 발급사업을 둘러싼 제2단계 광무개혁 논쟁〉, 《역사와 현실》 16, 1995 참조.

98 《경향신문》1976년 10월 7일, 〈"光武개혁 있었다" "없었다"―史學界에 近代史 논쟁〉.

99 한영우, 〈우리는 어디에 서 있는가(26)―다시 찾는 〈民族의 正體〉, 《조선일보》 1978년 9월 17일.

100 《조선일보》 1984년 2월 1일, 〈敎科書에도 問題 있다〉.

101 1970년대 이후 제3~6차 인문계 고등학교 교육과정에서 실학의 서술은 조건의 〈제3~6차 교육과정기 《국사》 교과서의 실학 서술과 특징〉, 《역사와 교육》 35, 2022 참조.

102 이우성, 〈창간사〉, 《한국실학연구》 1, 1999.

103 고려대학교 민족문화연구원, Trends21 코퍼스(http://corpus.korea.ac.kr/donga).

104 김영호, 〈實學의 改新儒學的 구조〉, 《韓國思想의 深層 研究》, 우석, 1986, 288~289쪽.

105 연세대학교 국학연구원 편, 《연세 실학강좌 I》, 혜안, 2003, 〈제20회 실학 공개강좌 종합토론〉.

106 도널드 베이커, 《조선 후기 유교와 천주교의 대립》, 일조각, 1997, 〈실학 개념의 사용과 오용〉.

107 김용옥, 《독기학설: 최한기의 삶과 생각》, 통나무, 1990.

108 지두환, 〈朝鮮後期 實學研究의 問題點과 방향〉, 《태동고전연구》 3, 1987.

109 이영훈, 〈조선 후기 사회변동과 실학〉, 《한국 실학의 새로운 모색》, 경인문화사, 2001.

110 김준석, 〈유형원의 변법관과 실리론〉, 《동방학지》 75, 1992.

111 조성을, 〈근대의 모색과 실학사상―연구사와 과제〉, 《한국사상사학》 19, 2002.

112 한국사상사연구회 편, 《실학의 철학》, 예문서원, 1996.

113 민속학회 편, 《한국 민속학의 이해》, 문화아카데미, 1994.

114 이태호, 《조선 후기 회화의 사실 정신》, 학고재, 1996.

115 《조선일보》 1985년 10월 13일, 〈조선實學규명 첫 국제학술대회〉.

결론 ― 21세기 실학 풍경과 실학의 미래

1 고려대학교 민족문화연구원, 디지털인문학 코퍼스 분석도구(http://corpus.korea.ac.kr/).

2 고려대학교 민족문화연구원, Trends 21 코퍼스 (http://corpus.korea.ac.kr/donga).

3 고려대학교 민족문화연구원, Trends 21 코퍼스 (http://corpus.korea.ac.kr).

4 한국사연구회 편,《韓國實學의 새로운 摸索》, 경인문화사, 2001, 〈간행사〉.

5 한영우 등,《다시, 실학이란 무엇인가》, 푸른역사, 2007.

6 윤사순, 〈실학의 철학적 기반〉,《한국사상사학》1, 1987, 229~230쪽.

7 윤사순,《신실학사상론―한국 사상의 새 지평》, 예문서원, 1996.

8 허태용, 〈'實學'이라는 틀의 歷史的 鳥瞰〉,《조선시대사학회》103, 2022.

9 김상준,《맹자의 땀 성왕의 피》, 아카넷, 2011, 76~80쪽.

10 김상준, 〈實學은 하나인가, 여럿인가, 아니면 애초에 없었던 것인가―'미래 실학'을 위한
방향 모색〉,《한국실학연구》32, 2016.

11 박희병의 주장은《한국의 생태사상》, 돌베개, 1999;《운화와 근대》, 돌베개, 2003;《범애
와 평등》, 돌베개, 2013 참조.

12 이봉규, 〈실학의 유교사적 맥락과 유교 연구 탐색〉,《태동고전연구》35, 2015.

13 구만옥, 〈조선 후기 과학사 연구에서 '실학'의 문제〉,《한국실학연구》36, 2018.

14 이봉규, 〈총설―21세기 실학 연구의 문법〉,《한국실학사상연구 1》, 혜안, 2006.

15 이태훈, 〈실학 담론에 대한 지식사회학적 고찰―근대성 개념을 중심으로〉, 전남대학교 박
사학위 논문, 2004.

16 정종현, 〈'茶山'의 초상과 남·북한의 '實學' 전유―1950년대 최익한과 홍이섭의 정약용
연구를 중심으로〉,《서강인문논총》42, 2015.

17 나인호,《개념사란 무엇인가》, 역사비평사, 2011.

18 이경구, 〈개념사와 내재적 발전―'실학' 개념을 중심으로〉,《역사학보》213, 2012; 〈19세
기 말~20세기 초 한·중·일 삼국의 실학 개념〉,《개념과 소통》15, 2015; 〈조선 시대 실학
용법에 대한 거시적 일고찰〉,《개념과 소통》26, 2020.

19 노관범, 〈대한제국기 실학 개념의 역사적 이해〉,《한국실학연구》25, 2013; 〈한국 통사로
보는 '실학'의 지식사 시론〉,《한국문화》88, 2019; 〈조선 시대 '利用厚生'의 용법과 어휘
추세―한국문집총간 전집을 중심으로〉,《한국실학연구》40, 2020.

참고문헌

【기초자료 사이트】

고려대학교 민족문화연구원, Trends21 코퍼스 http://corpus.korea.ac.kr
고려대학교 민족문화연구원, Trends21 코퍼스 http://corpus.korea.ac.kr/donga
국립중앙도서관, 대한민국신문아카이브 https://nl.go.kr/newspaper
국사편찬위원회, 한국사데이터베이스 https://db.history.go.kr
네이버뉴스라이브러리 https://newslibrary.naver.com
동아일보, 동아디지털아카이브 https://www.donga.com/archive/newslibrary
조선일보, 조선 뉴스 라이브러리 100 https://newslibrary.chosun.com
한국고전번역원, 한국고전종합DB https://db.itkc.or.kr
한국학중앙연구원, 한국학종합정보서비스 http://rinks.aks.ac.kr

【국내외 자료, 번역서】

加藤弘之,《天則百話》, 博文館, 1899.
康有爲,《大同書》.
郭嵩燾,《倫敦與巴黎日記》.
溝口雄三·丸山松幸·池田知久 編,《中國思想文化事典》, 東京大學出版會, 2001.
구메 구니타케, 방광석 옮김,《특명전권대사 미구회람실기》, 소명출판, 2011.

梁啓超,《飮冰室文集-点校》.

梁啓超,《淸代學術槪論》.

량치차오, 강중기 외 옮김,《음빙실자유서》, 푸른역사, 2017.

레이먼드 윌리엄스, 김성기·유리 옮김,《키워드》, 민음사, 2010.

문일평, 이한수 옮김,《문일평 1934―식민지 시대 한 지식인의 일기》, 살림, 2009.

박대양,《東槎漫錄》.

아이케 볼가스트, 백승종 옮김,《코젤렉의 개념사 사전 8―개혁과 (종교) 개혁》, 푸른역사,
    2014.

왕양명, 정인재·한정길 역주,《傳習錄》1·2, 청계, 2001.

왕필, 임채우 옮김,《주역 왕필주》, 길, 1998.

韋政通 編著,《中國哲學辭典》, 大林出版社, 1977.

鄭觀應,《易言》.

정약용, 이지형 역주,《맹자요의》, 현대실학사, 1994.

趙宗正 主編,《儒學大辭典》, 山東友誼出版社, 1995.

진관타오·류칭펑, 양일모 등 옮김,《관념사란 무엇인가》1·2, 푸른역사, 2010.

페데리코 마시니 지음, 이정재 옮김,《근대 중국의 언어와 역사》, 소명출판, 2005.

폴 A. 코헨, 이남희 옮김,《학문의 제국주의》, 산해, 2003.

홍대용, 소재영 등 주해,《주해 을병연행록》, 태학사, 1997.

홍한주, 김윤조 등 옮김,《19세기 견문 지식의 축적과 지식의 탄생―지수염필》상·하, 소명
    출판, 2013.

황종희, 김덕균 옮김,《명이대방록》, 한길사, 2000.

후쿠자와 유키치, 남상영·사사가와 고이치 옮김,《학문의 권장》, 소화, 2003.

《四庫全書》.

【국내 참고논저】

강지은,〈조선 시대 '실학' 개념에 대한 고찰〉,《한국사학보》75, 2019.

고려대학교 민족문화연구소 편, 《韓國文化史大系 Ⅵ—宗敎·哲學史》, 1970.

고려대학교 아세아문제연구소 한국연구실 편, 《實學思想의 探究》, 현암사, 1974.

구만옥, 〈조선 후기 과학사 연구에서 '실학'의 문제〉, 《한국실학연구》 36, 2018.

국사편찬위원회 편, 《한국사 14 조선—근대적 사상의 맹아》, 1975.

국사편찬위원회 편, 《신편 한국사 35—조선 후기의 문화》, 2002.

김길환, 〈栗谷性理學에 있어서 實學槪念과 體系〉, 《아세아연구》 15, 1972.

김명호, 《熱河日記 研究》, 창비, 1990.

김문식, 《朝鮮後期 經學思想 研究—正祖와 京畿學人을 중심으로》, 일조각, 1996.

김상준, 《맹자의 땀 성왕의 피》, 아카넷, 2011.

김상준, 〈實學은 하나인가, 여럿인가, 아니면 애초에 없었던 것인가—'미래 실학'을 위한 방
　　향 모색〉, 《한국실학연구》 32, 2016.

김선희, 〈최한기를 읽기 위한 제언—근대성과 과학의 관점에서〉, 《철학사상》 52, 2007.

김선희, 《마테오 리치와 주희, 그리고 정약용—《천주실의》와 동아시아 유학의 지평》, 심산,
　　2012.

김시천, 〈'도덕 형이상학'(心性論)에서 '과학'(物論)으로—개념 친화성 모델을 통해 본 조선
　　후기 '기론'(氣論)의 변화〉, 《시대와 철학》 14, 2003.

김영호, 〈實學의 改新儒學的 구조〉, 《韓國思想의 深層 研究》, 우석, 1986.

김용덕, 〈貞蕤 朴齊家 研究—朴齊家의 思想〉, 《사학연구》 10, 1961.

김용덕, 〈北學派 思想의 源流研究—第一部 重峯의 實學思想〉, 《동방학지》 15, 1974.

김용섭, 〈最近의 實學研究에 對하여〉, 《역사교육》 6, 1962.

김용옥, 《독기학설—최한기의 삶과 생각》, 통나무, 1990.

김윤경, 〈근대 전환기 實心實學의 다층적 함의〉, 《양명학》 53, 2019.

김은정, 〈연암 박지원의 후생厚生철학—연암 성론性論의 사회적 확장〉, 이화여대 박사학위
　　논문, 2019.

김일근, 〈燕巖小說의 近代的 性格〉, 《경북대학교 논문집》 1, 1956.

김정인, 〈내재적 발전론과 민족주의〉, 《역사와 현실》 77, 2010.

김주현, 〈실학 수용과 1960년대 민족문학론의 전개〉, 《어문연구》 34, 2006.

김준석, 〈유형원의 변법관과 실리론〉, 《동방학지》 75, 1992.

김지영, 《정조의 예치》, 휴머니스트, 2020.

김진균, 〈성호 이익을 바라보는 한문학 근대의 두 시선—1929년 문광서림 판《성호사설》에
　　게재된 변영만과 정인보의 서문 비교 연구〉, 《반교어문연구》 28, 2010.

김진무, 《중국 불교사상사—유불도 통섭을 통한 인도불교의 중국적 전용》, 운주사, 2015.

김태준, 《增補 朝鮮小說史》, 학예사, 1939.

김태년, 〈南塘 韓元震의 '正學' 形成에 대한 硏究〉, 고려대학교 박사학위 논문, 2006.

김형찬, 〈이상은 선생의 '근대' 연구와 '탈근대'의 전망〉, 《한국사상과 문화》 82, 2016.

김호, 〈새로운 중세인가 혹은 포스트모던인가—20세기 초 주자학자 조긍섭의 정약용 비판〉,
　　《한국실학연구》 32, 2016.

김호, 《정조의 법치》, 휴머니스트, 2020.

나인호, 《개념사란 무엇인가—역사와 언어의 새로운 만남》, 역사비평사, 2011.

나종현, 〈17세기 磻溪 柳馨遠의 實理 개념과 古禮 추구〉, 《한국사론》 57, 2011.

노경희, 〈20세기 초 다산 정약용 저술의 신활자본 출판과 의미〉, 《다산학》 41, 2022.

노관범, 〈대한제국기 실학 개념의 역사적 이해〉, 《한국실학연구》 25, 2013.

노관범, 〈한국 통사로 보는 '실학'의 지식사 시론〉, 《한국문화》 88, 2019.

노관범, 〈조선 시대 '利用厚生'의 용법과 어휘 추세—한국문집총간 정집을 중심으로〉, 《한국
　　실학연구》 40, 2020,

노대환, 〈조선 후기 '西學中國源流說'의 전개와 그 성격〉, 《역사학보》 178, 2003.

노대환, 〈18세기 후반~19세기 전반 名物學의 전개와 성격〉, 《한국학연구》 31, 2013.

도널드 베이커, 《朝鮮後期 儒教와 天主教의 대립》, 일조각, 1997.

문중양, 〈홍이섭의 과학사 연구를 넘어서〉, 《동방학지》 130, 2005.

민속학회 편, 《한국 민속학의 이해》, 문화아카데미, 1994.

박근갑, 〈개념의 역사에서 은유의 역사로〉, 《개념과 소통》 6, 2010.

박상섭, 〈한국 개념사 연구의 과제와 문제점〉, 《개념과 소통》 4, 2009.

박종홍, 《哲學槪說》, 백영사, 1954.

박찬승, 〈한국학 연구 패러다임을 둘러싼 논의〉, 《한국학논집》 35, 2007.

박희병, 《한국의 생태 사상》, 돌베개, 1999.

박희병, 《운화와 근대—최한기 사상에 대한 음미》, 돌베개, 2003.

박희병, 《범애와 평등》, 돌베개, 2013.

배우성, 〈17세기 政策論議構造와 金堉의 社會經濟政策觀〉, 《민족문화》 24, 2001.

백민정, 《정약용의 철학—주희와 마테오 리치를 넘어 새로운 체계로》, 이학사, 2007.

백민정, 〈다산과 노소론 학자의 인성론 비교 연구—다산 《맹자요의》와 《경사강의·맹자》 세 조목의 條對 내용을 중심으로〉, 《동양철학연구》 59, 2009.

백민정, 〈주자학적 독법에서 본 최한기 철학의 특징〉, 《대동문화연구》 102, 2018.

백승호, 《정조의 문치》, 휴머니스트, 2020.

성균관대학교 대동문화연구원 편, 《韓國思想大系》 I·II·III, 1973·1976·1979.

손혜리, 〈조선 후기 문인들의 顧炎武에 대한 인식과 수용—研經齋 成海應을 중심으로〉, 《대동문화연구》 73, 2010.

송주영, 〈燕巖 朴趾源의 經濟思想〉, 《아세안연구》 10, 1967.

송찬섭, 〈최익한과 다산 연구〉, 《실학파와 정다산》, 청년사, 1990.

신종화, 〈현대성과 실학의 '개념적' 재구성—대안적 기획의 이론적 지평 확보를 위하여〉, 《사회와 이론》 8, 2006.

신항수, 〈李瀷(1681~1763)의 經·史解釋과 現實認識〉, 고려대학교 박사학위 논문, 2001.

심경호, 〈성호의 사설과 지식 구축 방식〉 1·2, 《민족문화》 49·50, 2017.

안대회, 《《임하필기》 해제》, 한국고전번역원, 1999.

안외순, 〈유가적 군주정과 서구 민주정에 대한 조선 실학자의 인식—惠岡 崔漢綺를 중심으로〉, 《한국정치학회보》 35, 2002.

양세욱·이은정, 〈동아시아 共同文語 시대의 재구성〉, 《중국어문학논집》 46, 2007.

역사학회 편, 《實學研究入門》, 일조각, 1973.

연세대학교 국학연구원 편, 《연세 실학강좌》 I·II, 혜안, 2003.

염정섭, 〈1960~70년대 조선 시대 농업사 연구와 내재적 발전론, 근세사회론〉, 《한국사연구》 184, 2019.

오세진, 〈조선 시대 동유東儒 전통의 형성과 그 함의〉, 《유학연구》 56, 2021.

우경섭, 《조선중화주의의 성립과 동아시아》, 유니스토리, 2013.

원재린, 《조선 후기 星湖學派의 학풍 연구》, 혜안, 2003.

유봉학, 《燕巖一派 北學思想 研究》, 일지사, 1995.

윤사순, 〈實學의 哲學的 基盤〉, 《한국사상사학》 1, 1987.

윤사순, 《신실학사상론─한국 사상의 새 지평》, 예문서원, 1996.

이가원, 〈燕巖小說 研究─第一期作 九傳에 대하여〉, 《연세논총》 1, 1962.

이경구, 〈개념사와 내재적 발전─'실학' 개념을 중심으로〉, 《역사학보》 213, 2012.

이경구, 〈조선 후기 '주자주의'의 동향과 이용후생 개념의 부상〉, 《개념과 소통》 10, 2012.

이경구, 〈18세기 말~19세기 초 지식인과 지식계의 동향〉, 《한국사상사학》 46, 2014.

이경구, 〈19세기 말~20세기 초 한·중·일 삼국의 실학 개념〉, 《개념과 소통》 15, 2015.

이경구, 《조선 철학의 왕국─호락논쟁 이야기》, 푸른역사, 2018.

이경구, 〈조선 시대 실학 용법에 대한 거시적 일고찰〉, 《개념과 소통》 26, 2020.

이광린, 《韓國開化史研究》, 일조각, 1969.

이광린, 〈開化思想의 形成과 그 發展〉, 《한국사시민강좌》 4, 일조각, 1989.

이규필, 《臺山 金邁淳의 學問과 散文 研究》, 성균관대학교 박사학위 논문, 2011.

이기백, 《國史新論》, 태성사, 1961.

이기백, 《韓國史新論》, 일조각, 1967.

이기백, 《韓國史新論(개정판)》, 일조각, 1976.

이봉규, 〈총설─21세기 실학연구의 문법〉, 《한국실학사상연구 1》, 혜안, 2006.

이봉규, 〈실학의 유교사적 맥락과 유교 연구 탐색〉, 《태동고전연구》 35, 2015.

이상은, 〈韓國思想史를 論함─그 著述에 있어서의 問題點〉, 《아세아연구》 12(3, 1970.

이상은, 〈《국사》教科書의 性理學敍述批判─우리나라 性理學의 性格과 그 實學과의 關係를 中心으로〉, 《퇴계학보》 5, 1975.

이상재, 《《漢城旬報》 구성의 연원과 학술기사의 재구성 양상》, 서울대 석사학위 논문, 2017.

이성무, 〈朴齊家의 經濟思想〉, 《李海南博士華甲紀念史學論叢》, 1970.

이영호, 〈'내재적 발전론' 역사 인식의 궤적과 전망〉, 《한국사연구》 152, 2011.

이영훈, 〈조선 후기 사회변동과 실학〉, 《한국 실학의 새로운 모색》, 경인문화사, 2001.

이우성, 〈實學派의 文學─朴燕巖의 境遇〉, 《국어국문학》 16, 1957.

이우성, 〈18世紀 서울의 都市的 樣相─燕巖學派~利用厚生學派의 成立背景〉, 《향토서울》 17, 1963.

이우성, 〈창간사〉, 《한국실학연구》 1, 1999.

이윤갑, 〈대한제국의 양전·지계 발급사업을 둘러싼 제2단계 광무개혁 논쟁〉, 《역사와 현실》 16, 1995.

이을호, 《茶山經學思想硏究》, 을유문화사, 1973.

이재수, 〈朴燕巖 小說論考—虎叱과 許生傳을 중심으로〉, 《경북대학교논문집》 10, 1966.

이종철, 《중국 불교의 탄생—인도 불경의 번역과 두 문화의 만남》, 창비, 2008.

이철승, 〈중국 마르크스주의 철학에 나타난 진리관 문제—모택동과 등소평의 '실사구시'론 비교를 중심으로〉, 《시대와 철학》 12, 2001.

이태호, 《조선 후기 회화의 사실 정신》, 학고재, 1996.

이태훈, 〈실학 담론에 대한 지식사회학적 고찰—근대성 개념을 중심으로〉, 전남대학교 박사 학위 논문, 2004.

이행훈, 〈崔漢綺의 運化論的 世界觀과 近代性에 관한 硏究〉, 성균관대학교 박사학위 논문, 2004.

이행훈, 《학문의 고고학—한국 전통 지식의 굴절과 근대 학문의 기원》, 소명, 2016.

이행훈, 〈최한기의 기학과 사상적 지향〉, 《동방문화와 사상》 2, 2017.

이헌창, 〈한국사 파악에서 내재적 발전론의 문제점〉, 《한국사시민강좌》 40, 2007.

이헌창, 《경제·경제학》, 소화, 2015.

이현석, 〈근대화론과 1970년대 문학사 서술〉, 《한국현대문학연구》 47, 2015.

임형택, 《실사구시의 한국학》, 창비, 2000.

임형택, 〈벽사 이우성의 삶과 학문〉, 《창작과비평》 177, 2017.

장병한, 〈심대윤 경학에 대한 연구〉, 성균관대학교 박사학위 논문, 1995.

장병한, 〈白雲 沈大允의 근대성 사유체계 일고찰—19세기 실학 정신과 근대성과의 관련성 파악을 중심으로〉, 《한국실학연구》 18, 2009.

전성건, 〈다산 정약용의 경학과 《경세유표》〉, 《다산학》 31, 2017.

전해종, 〈釋實學〉, 《진단학보》 20, 1959.

정옥자, 《조선 후기 조선 중화사상 연구》, 일지사, 1998.

정욱재, 〈이현희본 《張孝根日記》 비판—1916년~1920년을 중심으로〉, 《한국독립운동사연구》 76, 2021.

정재정, 〈조선 후기 실학 연구의 동향과 국사 교과서 서술의 변천〉, 《역사교육》 39, 1986.

정종현, 〈'茶山'의 초상과 남·북한의 '實學' 전유—1950년대 최익한과 홍이섭의 정약용 연구를 중심으로〉, 《서강인문논총》 42, 2015.

정호훈, 〈한국 근·현대 실학 연구의 추이와 그 문제의식〉, 《다산과 현대》 2, 2009.

조건, 〈제3~6차 교육과정기 《국사》 교과서의 실학 서술과 특징〉, 《역사와 교육》 35, 2022.

조기준, 《韓國資本主義成立史論》, 대왕사, 1973.

조기준, 〈經濟史學에 뜻을 두고 40여년〉, 《한국사시민강좌》 9, 일조각, 1991.

조성산, 《조선 후기 낙론계 학풍의 형성과 전개》, 지식산업사, 2007.

조성을, 〈근대의 모색과 실학사상—연구사와 과제〉, 《한국사상사학》 19, 2002.

조지훈, 〈韓國民俗學小史—解放前〉, 《민족문화연구》 1, 1964.

조창록, 〈鶴山 徐浩修와 《熱河紀遊》—18세기 西學史의 수준과 지향〉, 《동방학지》 135, 2006.

지두환, 〈朝鮮後期 實學硏究의 問題點과 방향〉, 《태동고전연구》 3, 1987.

진재교 외, 《19세기 한 실학자의 발견—사상사의 이단아, 백운 심대윤》, 성균관대학교 대동문화연구원, 2016.

천관우, 〈磻溪 柳馨遠 硏究〉 상·하, 《역사학보》 제2호·제3호, 1952·1953.

천관우 등, 《한국 실학의 개척자 10인》, 신구문화사, 1974.

천관우, 「實學」槪念成立에 關한 史學史的 考察〉(1969), 《근세조선사연구》, 일조각, 1979.

최근식, 〈호치민의 《목민심서》 애독 여부와 인정설의 한계〉, 《평화학연구》 11, 2010.

최식, 〈19세기 '實事求是'의 다양한 층위와 학적 지향〉, 《한국실학연구》 19, 2010.

최우석, 〈만들어진 자료, 《묵암비망록》 비판〉, 《한국독립운동사연구》 77, 2022.

최익한, 《실학파와 정다산》(1955), 청년사, 1990.

최창규, 〈尤庵學의 民族史적 再定立—朝鮮朝 道學과 韓國學의 正脈〉, 《백제연구》 10, 1979.

한국사상사연구회 편, 《실학의 철학》, 예문서원, 1996.

한국사연구회 편, 《韓國實學의 새로운 摸索》, 경인문화사, 2001.

한영우 등, 《다시, 실학이란 무엇인가》, 푸른역사, 2007.

한우근, 〈李朝實學의 槪念에 對하여〉, 《진단학보》 19, 1958.

한우근, 《韓國通史》, 을유문화사, 1970.

한정길, 〈조선 양명학의 實心實學과 조선 후기 實學—爲堂 鄭寅普의 陽明學觀에 대한 비판적 성찰을 중심으로〉,《한국실학연구》28, 2014.

허선애, 〈탈−근대적 문학사의 가능성과 제안들—《한국문학사》논쟁과 그 이후의 문학사 방
　　법 논의를 중심으로〉,《어문론총》78, 2018.

허태구, 《정조의 무치》, 휴머니스트, 2020.

허태용, 〈조선 후기 중화론과 역사 인식〉, 아카넷, 2009.

허태용, 〈千寬宇의 시대구분과 조선시대 연구〉,《백산학보》107, 2017.

허태용, 〈'實學'이라는 틀의 歷史的 鳥瞰〉,《조선시대사학회》103, 2022.

현상윤, 《朝鮮儒學史》, 민중서관, 1949.

홍이섭, 《朝鮮科學史》, 정음사, 1946.

찾아보기

438

실학實學, 우리 안의 오랜 근대

2024년 10월 12일 초판 1쇄 인쇄
2024년 10월 19일 초판 1쇄 발행

글쓴이	이경구
펴낸이	박혜숙
디자인	이보용 김진
펴낸곳	도서출판 푸른역사

　우) 03044 서울시 종로구 자하문로8길 13

　전화: 02)720−8921(편집부) 02)720−8920(영업부)

　팩스: 02)720−9887

　전자우편: 2013history@naver.com

　등록: 1997년 2월 14일 제13−483호

ⓒ 이경구, 2024

ISBN 979−11−5612−285−2 93900